海船船员适任证书知识更新培训适用
海船船员履行 STCW 公约培训适用

船舶驾驶台资源管理
(BRM)

胡甚平 编著

方泉根 审

上海浦江教育出版社

内容简介

本书共十章，内容包括绪论、人因素与船舶安全、船员行为与工作态度、组织与团队、通信与交流、决策与领导、疲劳与压力、计划与程序、危机与应急、工作安全分析等。

本书是高等航海院校航海技术（海洋船舶驾驶）专业本科生、专科生的专业课程教学用书，也适用于载运工具运用工程专业研究生教学用书，还可作操作级与管理级船员、海事管理机构和航运公司的安全管理人员的参考用书。

图书在版编目(CIP)数据

船舶驾驶台资源管理：BRM/胡甚平著. —上海：上海浦江教育出版社有限公司，2013.8
ISBN 978-7-81121-293-8

Ⅰ.①船…　Ⅱ.①胡…　Ⅲ.①船舶驾驶—资源管理—高等学校—教材　Ⅳ.①U675

中国版本图书馆 CIP 数据核字(2013)第 190899 号

上海浦江教育出版社出版
社址：上海海港大道 1550 号上海海事大学校内　邮政编码：201306
电话：(021)38284910(12)(发行)　38284923(总编室)　38284916(传真)
E-mail：cbs@shmtu.edu.cn　URL：http://www.pujiangpress.cn
上海图宇印刷有限公司印装　上海浦江教育出版社发行
幅面尺寸：185 mm×260 mm　印张：13　字数：310 千字
2013 年 8 月第 1 版　　2013 年 8 月第 1 次印刷
责任编辑：蔡则齐　　封面设计：赵宏义
定价：36.00 元

前 言

20 世纪 90 年代中期，根据国际海事组织《1978 年海员培训、发证和值班标准国际公约》(STCW 公约)的有关规定，为了保证确保船舶在海上的安全，欧美的一些国家，如瑞典、挪威、荷兰和美国的交通与海事安全主管部门、船东协会、航运公司和引航员协会在开发值班人员安全教育与技能课程的基础上，借鉴北欧航空公司(Scandinavian Airlines，SAS)成功地为航空飞行人员举办"飞行机舱管理"课程(Cabin Resource Management，CRM)的经验，并结合各自实际情况为船舶驾驶员和引航员开发了"驾驶台资源管理"(Bridge Resource Management，BRM)教学培训课程。该课程在船舶安全营运的实践上发挥了很大的效用。

国际海事组织在 2010 年新修订的 STCW 公约马尼拉修正案中，把驾驶台资源管理作为强制性适任要求列入标准，这充分表明"驾驶台资源管理"在当今船舶营运与人员适任培训中的重要性。为了进一步提高海船船员素质，保障水上人命和财产安全和保护海洋环境，加强船舶保安，确保船员适任性，适应我国航海教育培训的新形势和满足海船船员适任考试、评估和发证规则的要求，编者在人民交通出版社出版的教材《船舶驾驶台资源管理》的基础上，重新全面编写了本书。

本书着重解析公约中相关规定，结合近年来航海课程教学实践和安全管理实践，对知识体系做了新的逻辑设置，力图体现"驾驶台资源管理原理的知识""领导力和团队工作技能的应用"和"领导力和管理技能的运用"等知识方面的新变化，满足新修订的 STCW 公约的履约要求。同时，还将目前安全管理领域最新的风险管理与危机管理的基础知识也编入本教材知识体系内，以提供资源管理的适用工具。

本书共十章，内容包括绪论、人因素与船舶安全、船员行为与工作态度、组织与团队、通信与交流、决策与领导、疲劳与压力、计划与程序、危机与应急、工作安全分析等。第一章第一二节和第三、五、六、十章由胡甚平编写，第二、四章由席永涛编写，第一章第三节、第九章由赵观洋编写，第七、八章由轩少永编写。在编写过程中，范济秋高级船长、李建国高级船长等给予了很多帮助。全书由胡甚平教授统稿，方泉根教授审定。

由于驾驶台资源管理知识涉及领域非常广泛，理论与方法体系还在不断研究和探索中，虽然编者在本书的系统性、整体性和实用性等方面做出了努力，也进行了一些有益的尝试，但是囿于学术水平有限，加上时间仓促，本书难免存在疏漏与错误，恳请专家学者和读者批评指正。

编者
2013 年 6 月

目　录

第一章　绪论
Introduction

海上运输承担了我国目前93%的外贸货物运输量、99%的进口铁矿石和95%的进口原油。所有海上运输的快速发展带来了船舶通航密度的不断增加，每天航行于中国沿海水域的船舶种类繁多，船舶数量已达1.27万艘次，预计到2020年船舶年流量将达到500万艘次左右，加上海上油气田开发、海上风电场建设、海洋工程、渔业捕捞、水产养殖以及旅游休闲等海上活动日益频繁，商船航行与渔业生产等各类用海之间的矛盾不断增多，沿海水域通航环境日趋复杂，船舶安全航行风险加大。海洋运输历来是高风险行业：船上有限的空间，被人员、货物、机器能量系统充分利用，密度甚高，相互间的干扰容易引发事故；船体属于薄壳系统，运动于礁石、浅滩间，航行于急流、狂风、巨浪或浓雾中，难免会发生海上事故。如何避免水上交通事故的发生，保障船舶营运安全，海运界多年以来在不断尝试运用新的科学技术。资源管理学的引入是海运界近年来对“船舶更安全、海洋更洁净、航运更高效”的积极探索。

第一节　船舶安全与资源管理
Ship Safety and Resource Management

正如人们在日常生活中收听广播或观看电视所知道的那样，事故经常在空中、公路与铁路上发生，也经常会在大海上发生。对在船舶上工作的人员往往能深刻地理解到对值班人员而言的三条真理：

大海是危险的(The sea is dangerous)。

你改变不了自然规律(You can not change the law of nature)。

我们会犯错误(We make mistakes)。

在相当长的早期航海历史中，海上的不可抗力是导致船舶灭失甚至人命伤亡的主要原因。探索船舶营运安全的人们不断强化船舶的结构与设备配置来提升船舶与人命安全水平。随着船舶技术与工程的发展，沿岸和港口交通事故、污染事故也不断增加，这引发了业界新的思考。人因素作为发生海上事故的主要原因得到了越来越多人的重视。在国际海事组织层面，各缔约国在不断强化船舶技术规范的同时，积极引入管理来预防和预控海上风险，甚至引入管理手段来加强对船舶营运公司、岸基人员、船员的要求，开创了“船舶管理”与“安全运输”相结合的新局面，实现了继海上人命安全公约(SOLAS)，海员培训、发证和值班标准国际公约(STCW)模式下的海运系统中“教育＋技术＋管理”共同作用的安全控制模式。

一、"船舶驾驶台资源管理"的由来(History of "Bridge Resource Management")

20世纪90年代初期,欧洲一些国家的交通安全主管部门和航运公司在对事故的发生与预防方面作进一步全面调查、分析的基础上,在安全教育和多种使用知识及技能的培训方面做了很大的努力。其中,比较有影响的是北欧航空公司(SAS)为航空飞行人员举办"飞行机舱管理"课程,该课程在安全教育与培训领域获得了成功。为了确保船舶营运的安全,瑞典、挪威、芬兰和荷兰等欧洲国家的交通与海事安全主管部门、船东协会、航运公司和引航员协会等也一直致力于值班人员安全教育与技能课程的开发。早期,开设了驾驶台团队工作/驾驶台团队管理[Bridge Team Work(BTW) / Bridge Team Management(BTM)]。这些课程着重人因素分析和人失误的预防,对船舶营运安全控制中的航次计划提出了细节性要求。

90年代中期,瑞典、挪威、芬兰和荷兰等欧洲国家在BTW、BTM等课程的基础上,借鉴北欧航空公司的飞行机舱管理课程的经验和结合各自实际情况,共同开发了"驾驶台资源管理(Bridge Resource Management,BRM)"培训课程。此后,英国和美国等许多海运发达国家的航海院校都全面开展这方面的教学与研究工作,并为其国内的值班人员开设了各级各类BRM培训课程。这些课程积极引入管理学的知识,着力推动理念的转变,在人因控制上要求从"严格监督"的控制阶段向"团队管理"的协同阶段发展,最终形成本质安全文化。

我国航海院校自20世纪末以来,通过参加国际航海学术会议的交流,结合相关人员参加国外该课程培训的体会与心得,对该课程的国内化开发与设置进行了一些研究,并在2000年以来为香港和内地一些航运公司的值班人员正式开设了"驾驶台资源管理"课程。2006年,方泉根教授等提出了基于SAS公司14模块课程的"概论、船舶事故与人失误、文化意识、情境意识、通信与交流、团队与团队工作、决策与领导、航次计划、疲劳与压力、程序与制度、船舶应急处理、工作危害性分析和BRM案例分析"等框架体系,确立了国内BRM培训课程的知识内容。

国际海事组织在STCW 78/95中将BRM的内容列入了推荐性的B部分,但是在2010年新修订的STCW 78/10(马尼拉修正案)中,把该内容作为强制性适任标准而列入A部分,并在A部分第II章"船长和甲板部"人员适任能力的内容中,对操作级人员新增了"领导力和团队工作技能的应用(Application of leadership and teamworking)"、对管理级人员新增了"领导力和管理技能的运用(Use of leadership and managemental skill)。由此可见,BRM知识的学习与培训已成为强制性要求的内容。

在海上事故绝大多数是因人失误造成的观点已形成共识的今天,很多人都认为只要值班人员具有良好的知识与技能,并制定了相关的操作程序与规定,就能保证船舶营运与操作的安全和营运效益。实际上,除了上述这些重要的因素外,值班人员对待自己工作的态度和日常的管理技能在船舶安全和营运效益上也有着非常重要的作用。因此,为了提高和确保船舶的安全与营运效益,在为船员提供业务知识与技能培训的同时,还必须紧密结合知识与技术的培训,积极采取措施加强他们的安全意识,改进和提高其工作态度与管理船舶技能的水平。

二、管理学原理 (Background of Management Theory)

管理学是研究如何合理组织和协调人类活动，特别是人类有组织的集体活动，以提高稀缺资源利用效率，增进人类福利和提高生活质量的科学。管理学的研究对象主要是人类的集体活动(组织)。从不同阶段需要展开的工作看，管理是计划、组织、领导和控制的综合过程。为了进行有效的管理，管理者必须在管理工作中遵循“效益原则(追求效益的规则)”“人本原则(以人为中心的规则)”和“适度原则(寻求适度管理的规则)”，并在系统观点的指导下，采用科学的管理方法。管理科学化是由管理活动的科学化与管理研究的科学化两个方面组成。从社会科学来看，管理学融合了社会学、心理学、行为科学、人类工效学、政治经济学等学科的成果；从自然科学来看，管理学从数学、统计学、信息学、系统工程学、计算机科学以及其他科学中汲取了营养。因此，管理学的方法论具有显著的多学科性。

人类的知识都是在不断猜想与反驳中逐步积累的，管理知识的获取也是如此。管理实践活动也需要有创造性和灵活性，在实际管理过程中，由于环境的复杂性和多变性，不可能找到一套固定的公式来解决所有的管理问题。正是从这个层面上讲，人们通常将管理实践活动称为完成任务的艺术。事实上，由于管理知识是对人类管理行为的抽象，其普适性特性就必然要求过滤掉具体的背景知识。越抽象的知识，就具有越强的普适性，运用这些知识的实践活动也需要更高的创造性和艺术性。当前管理实践的艺术性也与管理科学的发展不够成熟有关，不少领域与问题还有待开拓和解决，需要管理者具有创新性思维。这恰恰说明了加速管理科学化的必要性，管理实践活动的艺术性根植于管理的科学性。

同其他学科一样，管理学也是在继承先人思想遗产的基础上发展起来的。中国古代的顺道、重人、求和、守信、预谋等管理思想，西方工厂制度初期组织管理活动研究，直到泰勒、法约尔和韦伯现代管理理论创始人的学说观点，都对管理科学有突出的贡献。20 世纪中期以来，由于企业经营环境发生了重大变化，旨在解决企业内部生产或人事关系的古典理论不再能有效地指导企业处理内外运营环境的问题，直接导致管理理论丛林的蔓生。20 世纪 80 年代以后，科学技术的迅速发展，对生活质量的普遍重视和对工作意义及其性质重新认识，以及国际经济一体化趋势，促使东西方管理思想相互交融，这给管理实践带来了很多变化，出现了从科学到艺术、从硬管理到软管理、从手段人到目的人、从竞争到协作、从集中到分散等管理发展新趋势。同时，管理理论的广泛应用与实践的时代也来临了。

广义上讲，任何人类活动都需要统筹安排和协调治理。也就是说，任何个人为了使得自己的活动取得比较高的质量或效率，都会有意识或者无意识地将自己在活动中所要利用的时间、物质等资源进行合理的计算和安排；任何集体为了有效地取得每一个成员的贡献，都需要对他们的努力进行协调。集体或者组织需要通过特定的活动来实现其确立的目标，任何活动的进行都是以利用一定的资源为条件的。要促使组织目标的有效实现，管理需要研究的是怎样充分利用各种资源，如何合理安排组织的目标活动。

国际海事组织在 1995 年修订的 STCW 78/95 的第二部分(PART B)引入了“驾驶台资源管理”一词，表达了值班安全中引入管理的建议，开创了“船舶管理”与“安全运输”相结合的技能要求。

三、安全管理学原理(Principle of Safety Management Theory)

安全管理学是研究安全控制的一门科学，是管理科学的一个特定领域，它包括劳动保护管理、事故管理、工业灾害控制、风险分析、安全信息系统等分支学科。通过人类长期的安全活动实践,以及安全科学与事故理论的研究和发展,人们已清楚地认识到,要有效地预防生产与生活中的事故、保障人类的安全生产和安全生活,人类有三大安全对策:一是安全工程技术对策,这是技术系统本质安全化的重要手段;二是安全教育对策,这是人因安全素质的重要保障措施;三是安全管理对策,这一对策既涉及到物的因素,即对生产过程设备、设施、工具和生产环境的标准化、规范化管理,也涉及到人的因素,即作业人员的行为科学管理,更为实现人一机一环境因素的协调发挥重要作用。安全管理的目标是利于活动平稳顺利地开展下去,即人们所进行的一切活动是为了生存发展,防止混乱、防止事故、防止伤害和防止损失,而不是为了逃避伤害,确保安全。

安全管理的发展是随着工业生产的发展和人们的安全需求的逐步提高而进行的。安全管理首先是常规的安全管理,有时也称为传统安全管理,如安全行政管理、安全监督检查、安全设备设施管理、劳动环境及卫生条件管理、事故管理等。这阶段的安全管理,可以说是纯粹的事后管理,即完全被动地面对事故,无奈地承受事故造成的损失。在积累了一定的经验和教训之后,管理者采用了条例管理的方式,即事故后总结经验教训,制定出一系列的规章制度来约束人的行为,或采取一定的安全技术措施控制系统或设备的状态,避免事故的再发生,这就有了事故预防的概念。因而,传统上,安全管理是在人类生产劳动过程中为防止和控制其事故发生并最大限度减少其损失所采取的决策、组织、协调和整治的行动。它利用管理的活动将事故预防、应急管理、事故管理与保险补偿四种手段有机地结合在一起,以达到保障安全的目的。这是狭义的安全管理。

现代安全管理是现代社会和现代企业实现现代安全生产和安全生活的必由之路。现代安全管理是安全管理工程中最活跃、最前沿的研究领域。现代安全管理工程的理论和方法有:安全原理、安全目标管理法、安全行为科学、风险分析方法、系统安全分析方法、安全文化建设等。现代安全管理工程的意义和目的还在于:要变传统的纵向单因素安全管理为现代的横向综合安全管理;变传统的事故管理为现代的事件分析与隐患管理(变事后型为预防型);变传统的被动的安全管理对象为现代的安全管理动力;变传统的静态安全管理为现代的动态安全管理;变过去组织只顾经济效益的安全辅助管理为现代的效益、环境、安全与健康的综合效果的管理;变传统的被动、辅助、滞后的安全管理程式为现代主动、本质、超前的安全管理程式;变传统的外迫型安全指标管理为内激型的安全目标管理(变次要因素为核心因素)。这些反映出广义的安全管理,即在人类活动领域中为防止和控制其活动的负效应和各种有害作用的发生并最大限度减少其损失而采取的决策、组织、协调整治和防范的行动。

四、资源管理的定义及其职能(Definition and Functions of Resource Management)

1. 资源的定义(Definition of resource)

什么是"资源"? 我国的《辞海》将其定义为"资产的来源"。《牛津字典》和《剑桥字典》将"资源"分别定义为"可利用的资产(Available assets)"或"用以维持的手段(Means of support)"。广义的资源是指一切可被人类开发和利用的客观存在。从管理的角度,狭义的"资源"是指可被管理者利用的人、财、物、环境、信息和时间与空间等。

实践证明,任何一个组织若要维持自己的生存与发展,首先需要拥有一定的资源,其次是要能够对有限的资源进行合理应用和配置,使其达到最佳的使用效果,以支持组织目标的实现。以上这些都说明了资源是各种经营活动不能缺少的根本保证。

随着社会和科技进步,船舶也由简单系统向着复合系统进化,虽然结构本质上未有突破,但相关的功能外延日新月异。驾驶台作为各类资源的汇聚中心,信息数据更新、筛分及情况判读成为资源的必然要求。驾驶台作为全船的指令接收、处理、发布中心,需要面对各种类型和优先级的数据实时刷新,并将实时汇总的本船动力、通信、消防、救生等设备工况数据参与到下一步行动的制定。在安全管理范畴中,"船舶驾驶台资源"中需运用到的主要资源包括:

(1) 人力资源(Human resource)

人力资源是指人员的技能、能力、知识以及他们的潜力和协作力,它是最为重要也是最有活力的资源。涉及船舶安全航行的所有人员,包括船长、引航员、驾驶员、舵工和保证船舶动力、导航和其他相关设备正常工作的其他人。在驾驶台人力资源中,要求船长统筹、引航员指导、驾驶员操作、舵工支持,从而保证海上人命安全;要求大副对甲板设备的保管、轮机长对机舱设备的维护,从而保证船舶和货物等海上财产安全;要求瞭望人员不断对周围环境进行瞭望,检测人员不断测量水深等,保证环境安全,最终保证航行安全。

(2) 物质资源(Material resource)

物质资源是指涉及确保船舶本身正常航行和操作所需要的设备、仪器、物品、工具、备件等。有时也被称作硬件资源,物质资源是指船舶营运中所需要的物质性条件,它是确保船舶正常航行与操作的基本资源,是驾驶台人力资源有效发挥其领导能力和工作技巧的保障。驾驶台资源中的设备、仪器资源,如驾驶台的导航仪器、无线电系统、机舱的所有主副机系统、操纵系统,以及保证以上这些仪器设备和机械正常运行所必需的备件和保养工具等都是为船舶提供必要的安全保证。因此,船舶设备、仪器资源也是驾驶台资源中不可缺少的重要资源。当船舶航行遭遇危险的时候,需要罗经指示航向、雷达扫描周围环境、测深仪测量水深,然后把相应数据反馈到驾驶台,经过舵机改变航向、螺旋桨改变航速、气象和海况相关仪器进行修正,最终远离危险、航行在安全的航线上。

(3) 信息资源(Information resource)

信息资源是指涉及确保船舶本身正常航行和操作所需要的信息与资料,包括电子海图显示与信息系统、自动识别系统、命令簿、操作手册、使用指导书、海图、航次计划、航海出版物、港口信息等静态或动态信息。有时也被称作软件资源,还包括获取这些资料与外部信息的渠道、手段和有效性。它们都是确保船舶正常航行与操作的必要资源。

(4) 环境资源(Environment resource)

环境既是一种限制,也是资源的一种。环境资源的范围很广,包括自然环境、人文环境。对于船舶营运的环境,首先包括航行环境,即船舶航行所处的自然的和人工的背景,包括航道和港口。其次,涉及船舶营运过程中与有关部门的合作及支持的程度与广度,也涉及管理部门的规章制度环境。这类管理环境,包括公司、行业组织、船旗国和港口国中机关、公司、团体、人员等方面所形成的人文环境或社会环境。比如,公司支持、专家指导和主管部门监督等。

此外,在安全管理范畴中,环境资源还包括一些无形的资源,比如确保船舶本身正常航行和操作所需要的时间、空间,也包括团队人员中的技能、经验。这类无形资源也有助于组织目标的实现。

为了合理应用和配置以上不同类型的资源，在从事船舶安全航行的工作中，船舶值班人员应能掌握现代管理的基本知识与技能，通过对管理本身五大不同职能(计划、组织、控制、领导和协调)的运用，做到事先周密计划、现场组织和实施有效的控制，加以正确的操纵与指挥，并合理协调相关各方之间的关系及工作，从而顺利完成船舶安全航行的任务。

2. 管理职能(Functions of management)

什么是“管理”?《左传》中有“郑人使我掌北门之管”，意思是说“郑国人叫我管北城门的锁”，可见“管”即是今天的“锁”，它是个名词，后来才活用为动词。“管”有“禁锢、限制、统辖”等意思。文字学认定“王”字作为左偏旁的，一般都与“玉”相关。“理”的大致语义就是把山里的玉石雕琢成工艺品或器具的过程。因此，“理”带有“加工、整合、塑造”甚至“协调”的意思。“管”与“理”两个词属联合式结构，但容易被人错误地当作偏义复词，只重视一个字即“管”，而忽视了一个“理”字。所以管理者不仅要管，更要理。

现代管理学对“管理”一词有更加深入、透彻的解释。现代科学管理理论的创始人泰勒认为，管理就是“明确你要别人去干什么，并使他用最好的方法去干”；职能管理学派的代表法约尔认为，管理就是实行计划、组织、控制、协调和指挥的一个活动过程；行为学派的代表梅奥认为管理就是做人的工作，管理的主要内容是以研究人的心理、生理和社会环境之间的相互关系为核心，激励员工，调动人的积极性。我国著名管理学家周三多教授认为：管理是指组织为了达到个人无法实现的目标，通过各种职能活动，合理分配、协调相关资源的过程。给管理下过定义的著名管理学家很多，虽然表述方式和定义角度不同，但是在以下几个方面是有共识的，对理解管理有帮助：① 管理的过程包括计划、组织、控制、协调和指挥的活动；② 管理的主体是管理者，管理的客体是各种资源；③ 管理的任务是实现组织目标。综合以上，所谓管理，就是为了有效地实现组织目标，由专门的管理人员利用专门的知识、技术和方法等资源对组织活动进行计划、组织、控制和指挥的活动。

船舶的管理活动具有哪些基本的职能？不论是对船舶组织的一般管理，还是对船舶组织活动的某方面的具体管理，它都是一个涉及计划、组织、控制、指挥(领导)、协调等各项工作的过程。见图 1-1。

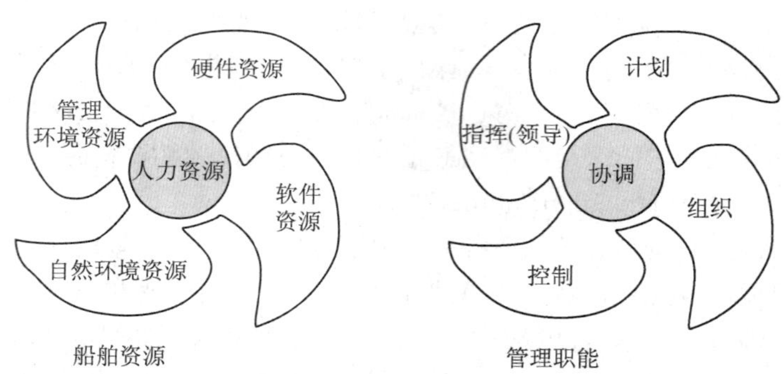

图 1-1　船舶资源与管理

计划职能是管理工作中的首要职能。计划是指对未来的行动或活动以及未来资源供给与使用的筹划。计划指导着一个组织系统循序渐进地去实现组织的目标，而计划的目的就是要使组织适应变化中的环境，并使组织占据更有利的环境地位，甚至进入一个完全不同的环境。计划工作的具体内容包括:研究活动条件;制定业务决策;编制行动计划。因此,计划无非是一种降低组织在资源配置过程中的不确定性的一种手段。希望通过事先的安排有准备地迎接未来,或按照设定的目标循序渐进工作,从而减少未来不确定性对组织的冲击,减少未来工作过程本身可能产生的不确定性。

组织职能就是把计划的实现落实到组织的每一个环节和岗位上。为保证计划的有效实施,组织有两个含义:首先是指一群人按照一定的规则为了实现一定的目的组成一个团体或实体,其次是指将组织内各种资源按照配比及程序要求有序地进行配置。管理的组织职能包括组织机构与结构设计,人员配置,启动组织以及监视组织运行等。如果没有将无序的资源按照配比及程序的要求在整合之初及整合过程中达到有序化,有效配置资源就成为一句空话。而这样一种有序化行为也就是降低预定成果或业绩获取的不确定性。

控制职能就是检查每一件事情是否与所拟定的计划、管理者的指令和确定的原则相符。控制是指根据既定目标不断跟踪和修正所采取的行为,使之朝着既定目标方向动作并实现预想的成果或业绩。由于现实行为是在各种不确定性因素下作用的,故每一行为有可能会偏离预定要求,从而可能使既定目标或业绩难以达成。如果产生偏差,则要分析偏差产生的原因以及偏差产生后对业务活动的影响程度。在此基础上,如有必要的话,还要针对原因,制定并实施纠正偏差的措施,确保计划活动的顺利进行和计划目标的有效实现。控制不仅是对某时点以前组织活动情况的检查和总结,而且还可能要求在某时点以后对组织活动进行局部、甚至全局性的调整。因此,控制在整个活动中起着承上启下的链接作用,也因而使得管理过程得以周而复始地不断循环。

指挥(领导)职能是利用组织所赋予的权利和自身的能力对下属的工作给予命令与指导,使下属及其工作处于有效运作的状态,逐步地趋向组织的计划和目标。为了有效地实现组织活动的目标,不仅要设计合理的组织,把每个成员安排在适当的岗位上,还要努力使每个成员以高昂的士气、饱满的热情投身到组织活动中去。有效的领导要求管理人员在合理的制度环境中,利用优秀的素质,采用适当的方式,针对组织成员的需要及特点,采取一系列的措施去提高和维持组织成员的工作积极性。

协调职能是指一切工作都要和谐配合,以使整个组织活动顺利进行,并且有利于组织取得成功。协调是指将资源按照规则和配比安排的一种活动,也是将专业化分工条件下各自的工作行为成果有序统一的活动。专业化分工后由于一个人只需拥有从事这类活动的专门技能从而便于加强知识的积累,使工作效率得到提高,然而专业化分工本身也带来风险和不确定性。这种由分工之后的合作不在一个工作主体之间进行,而是在多个工作主体中进行的状态,直接导致了不同工作主体之间的配合问题,如果配合不好则可能使总体效率下降,甚至产生负效用。为了防范这种状况的出现,就需要协调行为,没有协调就不会有合力,由分工产生的不确定性就无法消除。

五、资源管理的作用(Function of Resource Management)

根据 ISO 9001《质量管理体系 要求》及 ISO 9004《质量管理体系 业绩改进指南》等标准的管理思想,对于一般组织中的资源管理涉及到如下的内容:

(1) 人力资源的管理:首先一个组织需要明确自己为实现某种设定的目标所需要的人力资源能力要求;其次根据这一能力要求实现人力资源的配置;第三,对已经配置的资源进行相应的能力评价，如果不能满足规定的要求，需要采取培训或相应的其他措施保证满足需要；第四，对于采取的措施需要进行相应的评价与记录，以验证管理的效果；第五，对于能力的评价可以从教育、培训、技能与经验等方面进行。

(2) 基础设施的管理：应确定、提供并维护相应的硬件、软件与支持性的设备设施的管理，确保现在及以后的满足需要。

(3) 工作环境的管理：首先，工作环境作为一种资源管理，包括工作所处条件，如物理的、环境的及其他因素，温度、噪声、天气等；其次，自然资源(含能源)的管理，从自然资源的可获得性和使用有关的风险和机会进行管理，涉及到组织运行的全过程。

(4) 知识、信息与技术资源的管理：从现在的需求上与将来的影响上考虑这些资源的管理，包括识别、获取、维持、保护、使用和评价等过程。

(5) 供方和合作伙伴资源的管理：一个组织的生存与发展是离不开价值链上的合作伙伴的；同样需要进行选择、评价与改进管理。

(6) 财务资源的管理：包括了确定并获取相应的财务资源，监控并报告使用的情况，报告财务资源使用的效果以及如何改进等。

资源管理是对可利用的资源或用以维持财源的管理技艺、行为或处理。这种行为或处理可以理解为包括以下方面(见图 1-2)：

图 1-2　资源管理

(1) 获取。它主要包括资源规划、选择与配置。为了实现组织的战略目标，管理者要根据组织结构确定职务说明书与员工素质要求，制定与组织目标相适应的资源需求与供给计划，并根据资源的供需计划而开展获取与配置等工作。显然，只有首先获取了所需的资源，才能对之进行管理。

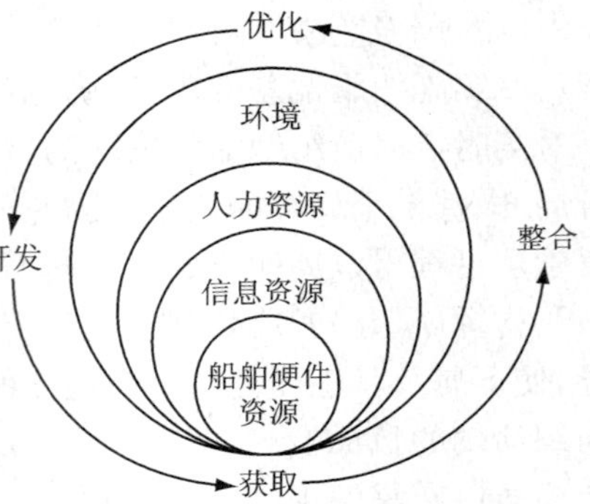

(2) 整合。这是使资源合理利用和配置的过程，是资源协调职能与组织同化职能，是组织成员之间个人认知与组织理念、个人行为与组织规范的同化过程。比如，人力资源管理强调个人在组织中的发展，个人的发展势必会引发个人与个人、个人与组织之间冲突，产生一系列问题，其主要内容有：① 组织同化，即个人价值观趋同于组织理念、个人行为服从于组织规范，使员工与组织认同并产生归属感；② 群体中人际关系之和谐，组织中人与组织的沟通；③ 矛盾冲突的调解与化解。

(3)优化。这是对资源实施合理、公平的动态管理的过程，是实现管理中的控制与协调职能。它包括：① 科学、合理的风险评估与绩效考评；② 以考绩与评估结果为依据，对资源使用动态管理，包括人力资源晋升、调动、奖惩、离退、解雇等，物质资源的优化配置，信息资源管理等。

(4)开发。这是资源开发与管理的重要职能。广义上的资源开发包括资源数量与质量的开发。以往在开展资源开发工作时，往往只注重物质资源的投入、员工的培训与继续教育，而忽略了物质资源的配置、员工的有效使用以及与环境相适应。事实上对资源的有效使用是一种投资最少、见效最快的资源开发方法，因为它只需将资源的最大化效能充分发挥出来即可转换为劳动生产率。当资源得到有效使用时，对员工个人而言，其成就感增强，劳动积极性提高；对组织而言，则表现为资源得到合理配置、组织高效运作、劳动生产率提高。

以上几项基本职能是相辅相成，彼此互动的。它们包含功能性管理作业与支援性管理作业。功能性管理作业直接用以完成资源管理任务，而支援性管理作业则是支持和保证功能性管理作业的顺利进行，它们是风险分析与安全评估。风险分析为资源管理效能提供基本依据，所以起着核心作用；安全评估为各项资源管理作业提供方法与手段，也起着支持作用。

六、船上管理者和管理技能（Manager Onboard and Management Skill）

在管理学上，管理者是指一个组织中，从事管理活动的有关人员。管理者据其责任、权力等的不同可以分为：高层管理者、中层管理者以及基层的作业管理者。管理者按照管理的领域划分，有综合管理者和职能管理者。管理者据其业务的不同来划分，可分为职能管理者与直线行政管理者。当然还有其他划分方式。在同一组织中的主管人员是所有这些管理者的有机组合。他们的结构状况直接影响着组织的管理效率和组织的发展。

特别对于某个组织来说，它直接决定和影响着组织的安全、效益乃至于生死存亡。管理者必须要了解复杂的组织形式、分析组织间的相互关系、合理设置组织结构并不断完善它，适当地处理技术、经济、管理等各种因素，并使组织成员接受或赢得共识。

管理者应对外部环境作出积极反应。一个成功的管理者不但要能够有效地做好自己的本职工作，而且应对外部环境及其变化做出反应。这一点实质就是要求管理者不但应具有应变能力而且还应善于变革与创新。对管理者来说，必须要具备以下方面的较高素质：首先是身体素质。身体要健康、精力旺盛并且行动敏捷。其次是智力素质。要有较高文化素质与专业知识素质，有一定的知识深度和广度，有较强的理解与学习的能力，有明辨是非的判断能力，有较强的记忆力，头脑灵活、思维敏捷而且专注。再次是道德素质。要求管理者有责任感、正直、坚强、有魄力、有创造力、忠诚自尊、敢于批评与自我批评。最后是能力素质。处于一定职位上的管理者，必须具有一定的能力，包括分析能力、协调能力、表达能力、决策能力和组织能力。管理者把各种管理知识和业务知识应用于实践，解决实际问题。

哈罗德·孔茨认为管理者具备的技能主要包括四类：技术技能指在业务方面的知识和掌握的熟练程度及其在实践中应用的能力；人际技能指同员工共事的能力，是协调、配合、引导以及创造一种能使其员工安心工作的能力；概念技能，是管理者纵观全局、系统分析和解决问题的能力，也是洞察组织与环境要素间相互影响和相互作用关系的能力；处置技能。处置技能是在日常工作中管理者能实现以下工作：一是敏锐地发现问题并分析产生问题的原因与主要原因；二是能从组织全局出发，统筹规划、全面安排、果断地做出正确的决策，并影响和说服成员来实施。

第二节　船舶驾驶台资源管理
Contents of Bridge Resource Management

为了解和明确“船舶驾驶台资源管理”的实际内涵，更好地应用现代管理方法做好船舶的安全工作，值班人员有必要正确认识和熟悉相关“船舶驾驶台资源管理”的定义与内容。

一、“船舶驾驶台资源管理”与驾驶台团队工作/驾驶台团队管理的关系(Relationship between BRM and BTW/BTM)

实际上,在欧洲一些国家的交通安全主管部门和航运公司在对事故的发生与预防方面进行研究的成果中,先于“船舶驾驶台资源管理”出现的是驾驶台团队工作(BTW)和驾驶台团队管理(BTM)。20世纪90年代以来,团队正在改变着传统的组织的运作模式,有效地提高组织的绩效。团队管理被视为未来的推动力。这些内容在理论体系上都是引入团队管理来进行安全管理研究。不论是驾驶台团队工作还是驾驶台团队管理,无疑都是以驾驶台团队安全工作为目标,研究船舶安全运输工作中团队成员的分工与合作、交流与沟通,研究驾驶台团队工作中安全管理的环节,诸如航线设计、船位控制、设备使用,受限水域的引航与程序,航次计划评估等团队管理的技能。以上这些内容基本上是以船舶安全运输技术为基础,借助模拟器进行团队工作技能的训练。

现在,在驾驶台资源管理知识体系内,不仅保留和集成了驾驶台团队工作和驾驶台团队管理的知识体系,进一步扩展了管理知识的运用,强调遵守安全作业方法、建立和保持有效沟通、有助于船上有效的人际关系、理解并采取必要的措施控制疲劳、组织船上应急程序、优化资源利用、控制对紧急情况的反应等危机管理和人的行为方面的内容。因此,驾驶台资源管理内容更加注重“领导力和团队工作技能的应用”“领导力和管理技能的运用”的船员强制性适任能力要求。

二、“船舶驾驶台资源管理”的定义(Definition of BRM)

实践证明,任何一个组织若要维持自己的生存与发展,首先需要拥有一定的资源,其次是要能够对有限的资源进行合理应用和配置,使其达到最佳的使用效果,以支持组织目标的实现。以上这些都说明了资源是各种经营活动不能缺少的根本保证。船舶驾驶台资源就是在船舶驾驶台这一特定工作环境中用以维持船舶安全的可利用资产或者手段的整体。

管理是指组织为了达到个人无法实现的目标,通过各种职能活动,合理分配、协调相关资源的过程。管理的主体是人,管理的对象是各种资源。管理的目的是实现组织目标。

资源管理则是可利用的资产或用以维持财产的控制和组织,也可以认为对可利用的资源或用以维持财源的管理技艺、行为或处理。对资源的应用和配置实质上就是对资源的管理。船舶值班过程中,值班人员必须通过本身的技能,在充分利用船舶自身的各种不同设备,综合考虑外界自然环境对船舶的作用与影响的基础上,驾驭和控制船舶按照预定的计划和其他相关的要求,安全地完成货物的运输或人员的转运工作。实际上,船舶的所有安全运输环节就是一种对以上多种不同资源合理应用和配置的过程。

因此,“船舶驾驶台资源管理”的定义是协调和利用驾驶台所有人员的技能、知识、经验和驾驶台内外的相关资源,以保障船舶安全生产和提高船舶营运效益。

三、“船舶驾驶台资源管理”的作用与目的(Function and Aims of BRM)

“船舶驾驶台资源管理”的目的在于通过进一步加强船舶营运安全工作理念的学习与教育,以便使值班人员能在正确思想认识的基础上,提高与转变管理认识与理念,端正自己的工作态度，熟悉与掌握一些实用的船舶资源管理的相关知识与方法，进而提高自己在船舶安全管理方面的水平，确保船舶的航行安全。

事实证明，目前大多数船舶事故发生的主要原因并不都是值班人员缺乏技能及培训或船舶缺乏相应的规章与程序，而往往是值班人员在从事具体工作或履行其职责的过程中缺乏管理技能，进而缺乏正确的思想认识与工作态度。这也是业界开始着手研究适任证书(Certificate of competency)转向胜任证书(Certificate of proficiency)的职业素质要求。

2010 年国际海事组织在新修订 STCW 公约的马尼拉修正案中提到，海上值班应基于下列驾驶台和机舱的资源管理原则：应确保根据情况合理地安排值班人员；在安排值班人员时应考虑人员的资格或适合能力的局限性；应使值班人员理解其个人角色、责任和团队角色；船长、轮机长和负责值班的高级船员应保持适当的值班，并最有效地使用可用资源，如信息、装置/设备和其他人员；值班人员应理解装置、设备的功能和操作，并熟练使用；值班人员应理解信息及如何回应来自每一工作站/装置/设备的信息；所有值班人员应适当地共享来自工作站/装置/设备的信息；值班人员在任何情况下应保持适当的相互交流；并且对为安全而采取的行动产生任何怀疑时，值班人员应毫不犹豫地通知船长、轮机长或负责值班的高级船员。

船舶驾驶台资源管理强调的是驾驶员在团队工作、团队形成、内部沟通和外部通信、领导、决策和管理等方面的技术，并将这一技术运用到有组织和有纪律的管理之中。

1. 转变思想理念，端正工作态度

航海工程作为一个工程技术，长期以来一直是通过科学技术来培养船员。随着科学理论的不断进步，逐步意识到技术运用过程中有管理方法的问题。引入管理科学中的方法论，有计划、有组织、有控制、有激励、有协调、有创新性地将船舶安全管理水平上升到一个新台阶，驾驶人员必须通过船舶驾驶台资源管理的理论与知识的学习，通过改变理念、端正态度、规范行为来理顺工作思路与关系、改变和完善自己的工作行为，从而将相关的理论知识与管理方法应用到实际工作中，以确保船舶及其人员、货物和环境的安全。

船舶在海上、沿海或港内航行时，在驾驶台上工作的人员不论多少，各成员都是团队成员之一。即使海上值班只有驾驶员一人，及时获得船舶人员的支持也是团队工作的要求之一。还有当引航员登轮后，他也成为驾驶台团队的重要成员。为了确保船舶营运的顺利和安全进行，船长、驾驶员和引航员在工作中需积极配合和协调。因此，应充分认识驾驶台团队工作的必要性，并在明确自己职责义务的基础上，协调好相互的关系，共同协作做好船舶的航行工作，实现个体行为向团队行为的转变。

2. 提高情境意识，及时发现与终止失误链和事故链

在船舶事故所涉及的各种因素中，船舶人员的人失误往往是导致这类事故发生的最为主要的因素，因为它们总是直接或间接地与人的因素有着密切的联系。因此，为了预防船舶事故的发生，值班人员必须充分明确人的因素在事件失误链中的作用与迹象。值班人员应能正确认识和了解各种内、外界因素对船舶营运安全的影响，掌握船舶的实际状态，始终保持高度的情境意识，对即将发生的情况或局面做出正确的判断，检查和监督其他驾驶台成员所采取的操作行动，注意这些行动对船舶营运安全的影响．利用集体的智慧，规避风险。

通过驾驶台资源管理，掌握船舶的实际状态，始终保持高度的警惕和情境意识，对即将发生的事情和局面做出准确的判断，检查和监督驾驶台成员所采取的操作行为和对船舶航

行的影响,利用集体的智慧规避风险,及时破断失误链或事故链,终止失误链或事件链的发展和避免事故的产生。为此,船舶驾驶人员应对船舶的安全航行做出周全的计划,并加以实施和全程监控,以达到预期的安全目标。

3. 注重文化意识与背景,保持良好的通信与交流

船舶管理者在从事船舶安全管理的工作中,应始终贯穿人性化管理的理念。应充分注意船员在生理、心理因素方面的特点;应特别注重相关人员之间,包括引航员各自的文化意识与背景,了解不同国家与民族之间的文化差异,并通过采用尊重、理解、学习等方法化解异国异族之间在信息沟通方面的矛盾。同时,他们还应采取多种有效的手段加强和保持内部与外部之间的通信与交流,正确掌握和充分运用适当的通信与交流方法,积极有效地沟通、协调多方之间的各种工作关系,从而有序和安全地完成船舶营运的各项工作任务。

4. 改进管理作风,提高操纵决策水平和应变能力

通过驾驶台资源管理,明确驾驶台团队工作的重要性,摆正团队成员各自的位置,充分发挥团队成员的作用,依靠团队成员集体的智慧和力量,认真地收集信息资料,正确地操纵船舶。同时团队成员应协调好与他人的关系,虚心听取其他人员的意见,形成一种和谐的团队氛围,特别在关键和发生紧急情况的时刻,能采取积极有效的果断措施,防止事故的发生。

5. 执行规章制度与操作程序,确保船舶各项作业的安全

通过驾驶台资源管理,合理使用驾驶台的人力和设备资源,充分认识认真执行规章制度与操作程序的必要性和重要性,检查和监督驾驶台团队人员所采取的操作行动对船舶航行安全的结果和影响,特别重视船舶紧急情况下应急程序的执行与操作,并验证效果,藉以提高船舶航行中的操纵决策水平和应急情况下的应急技能和应变能力。

四、“船舶驾驶台资源管理”的内容(Contents of BRM)

根据国际海事组织和我国交通运输部海事局有关海员培训、发证和值班标准,海上防污染,海上人命安全和安全管理等国际公约与国内法律法规规定的内容与要求,结合船舶营运安全工作的实际情况与需要,“船舶驾驶台资源管理”主要包括以下内容。

1. 阐述管理技能与资源管理对船舶安全工作的影响

要有效地预防生产与生活中的事故、保障船舶运输安全,在安全科学中有安全工程技术对策、安全教育对策和安全管理对策三大安全对策。安全管理这一对策不但涉及到物的因素,即对生产过程设备、设施、工具和生产环境的标准化、规范化管理,而且涉及到人的因素,即作业人员的行为管理,还为实现人—机—环境因素的协调发挥重要作用。船员的管理技能是以安全为目的进行有关决策、计划、组织和控制方面的活动的能力。提高管理技能要求驾驶员具有一定的整体观、系统观和全局观,把航海技术运用提升到整个船舶、全体船员和海洋环境的层面来实施,而在当前随着配员的减少、重视安全转变为追求安全的过程中,这被证明是实施安全管理的基础性工作。

2. 分析人失误和船舶事故的发生与预防之间的关系

绝大多数船舶事故是与人失误有关的。为了减少和预防船舶事故的发生,必须明确在船舶营运的失误链中人的因素与最终事故发生之间的关系,并根据这些特定的关系采取相应的措施,破断失误链的产生与发展,从而达到减少和预防船舶事故发生的目的。值班人员必须随时保持高度的情境意识,全面了解和掌握当时的通航或作业局面与相关的信息,才能

积极地采取合理的措施与行动避免船舶事故的发生。

3. 阐述态度对船员安全行为的影响

人的不安全行为产生的原因复杂性，是多种因素综合作用的结果。在本质上讲，需要从人—机—环境整个系统出发，提出相应的控制措施才能预防事故。要实现行为的转变，必须先有态度的转变。也就是说，值班人员首先必须具有正确的工作态度。而态度的转变又需要理念的转变。从管理的角度上看，要想实现安全的本质化，首先要转变理念，从而转变态度，最终实现船员行为的转变，达到安全行为的输出。

4. 明确组织与团队工作在船舶值班中的必要性

船舶人员组织形式多年来随着船舶配员的变化而变化。但是这种组织形式其实会因船舶类型和所处的环境条件进行很多的调整，这些调整会对船舶安全运输有影响。

船舶在海上、沿海或港内航行时，在驾驶台上工作的各个成员都是团队成员之一。人力资源开发，团队模式的设计，在船舶管理工作中引起业界的重视。

5. 强调船舶通信和人员沟通在船舶值班安全中的重要性

船舶之间的通信和人员之间的交流沟通是船舶安全航行的基本保证之一。由于通信设备与外界条件的局限性和人员之间在不同语言等方面的限制，船舶在航行的过程中常因这些局限性与限制而引发紧迫局面的产生或导致事故的发生，所以值班人员应注重船舶通信与人员交流沟通的重要性，并通过采取必要的措施防止类似危险情况与事故的发生。

值班人员的实际工作涉及不同国家、不同地域、不同公司的船舶与人员。来自不同国家、不同地域的船员在他们各自的工作中经常体现出多元文化意识的特点，这对船舶安全工作的实际操作产生一定的影响。为此，值班人员之间应通过对彼此文化意识的理解与尊重，从而保证船舶营运的正常进行和安全。

6. 探讨船舶值班中决策与领导工作方式的改进

鉴于船舶营运工作的特点，值班人员在船舶营运与靠、离泊等作业的过程中必须根据船舶操纵与安全的需要做出一些科学决策，并客观地在驾驶台团队工作中发挥领导的作用。他们所作的决策和自己所处的指挥地位，在船舶的实际航行工作中具有非常重要的作用。如何改进和提高自己的科学决策水平，更好地发挥驾驶台团队工作领导的作用，对船舶安全航行具有非常积极的意义。

7. 掌握正确处理工作压力和疲劳对安全影响的方法

由于通航或作业局面的复杂性和一些港口自然航道的实际情况，船舶营运作业在特定的条件下，有时是一项高难度和高强度的工作，再加上有时工作繁忙、船期周转快，而船员编制又有限等因素，值班人员极易产生很大的工作压力和过于疲劳的现象，而许多船舶事故都是在这些情况下发生的。为此，值班人员在实际工作中有必要掌握自我正确处理工作压力和消除疲劳的方法。

8. 正确理解执行船舶计划、规章制度和操作规程

船舶营运时必须严格执行国际海上避碰、防污等相关公约与安全规则，并遵守我国政府和主管部门制定的涉及特定水域安全的规章制度。同时，值班人员还必须根据航行与作业的需要，认真地按照规定的各类操作规程来控制和操纵船舶。为了提高船舶安全航行的水平，必须进一步规范值班人员执行规章制度和操作规程的行为。

9. 提高船舶危机管理和应急处置的技能

船舶营运时经常面临一些由于自然原因、船舶原因或人的因素而突然发生的异常情况与紧迫局面。因为航行水域的限制与复杂性,如果驾驶人员稍有处理不当,即可引起严重的后果。为此,值班人员必须在工作中熟悉和掌握各种不同紧急情况与局面下的应急处理方法,并不断提高自己在处理和应对这些不同紧急情况与局面的技能。

第三节　资源的配置与优化
Allocation and Prioritization of Resource

船舶驾驶台值班人员需要通过特定的活动来实现其确立的安全与防污染目标,这些活动的进行都是以利用一定的资源为条件的,也就是说,船舶驾驶台值班活动过程实际上都是各种资源的消耗和利用过程。要促使组织目标的有效实现,管理需要研究的是怎样充分利用各种资源,如何合理安排组织的目标活动。

一、驾驶台资源管理的特点(Characters of BRM)

1. 船上船舶管理的要求(Requirement of onboard mamagement)

1) 船上管理的一般要求(Principle of onboard mamagement)

船上船舶管理的总体要求是:保持所有的通信、记录和文件系统随时更新,并能被接班人员所使用和理解;确保所有的船舶图表和操作手册及其索引完整并得到妥善保管;确保新船员在涉及他们在船舶管理系统中的操作方面得到指导;确保所有的高级船员接受的培训达到高效船舶管理所需要的程度,而这些培训可能在适任证书课程中未充分涉及;开展岸基船舶管理部门委托给船员的任何工作;当实际操作发生任何合理变化时,调整船上的组织形式。

在业务操作上,船上船舶管理的要求是:以尽可能好的方式执行涉及船舶承租人指令;确保船舶一抵港就能快速结关进港;确保不发生因可能导致的港口国监控检查发现的缺陷;确保所有与货物有关的文件如舱单、积载图和装载分布表等保持有效,以供应急时使用。

在维修保养与安全上,船上船舶管理的要求是:保持所有相关的法定检验、船级检验和证书的有效;确保消防和救生设备的定期检查,并处于随时可用状态;确保船上的维修保养根据计划体系按时进行;确保备件、物料的清单和试验证书(如有)妥善保存,且备件存储在良好的环境中,以避免锈蚀或发生事故。

在船上人力资源管理方面,船上船舶管理的要求是:保存符合法令和管理要求船员健康和工作时间的表格;通过定期检查,确保生活区和备件仓库保持清洁卫生;确保船员根据国际卫生规则及时接种,确认任何编外人员按管理部门或租船人的要求同样接种;确保船上淡水舱按照要求进行氯化或相应的处理。

在航行安全与污染控制上,船上船舶管理的要求是:监控有关航行危险的信息和与航行安全相关的其他报告的可能来源,并确保对这些信息进行适当和及时的处理;安排海上有效的值班以确保任何时候航行安全;保护海洋环境,尤其是在相关国际和港口规定的框架内。

2) 船舶资源管理的职能(Function of resoures management)

船舶的正常工作和效率取决于很多方面，包括：对所有部门人员的职责、责任和权力的范围有清楚的认识；训练有素、适任的员工；部门间的密切合作；良好的有关船舶及其细节信息库，各部门都能进入此库；注意保存记录的细节，尤其是备件情况；保存在航次期间所有的采购，包括所有收据和交付通知的复印件，以便岸上检查；按次序地对通信进行处理和记录；要考虑那些并不完全熟悉船上通用语言的人；严格遵守船长制订的有关机密信息和文件的保管制度；船上有良好的办公系统，配有充足的设备；指示保持简明扼要；有一个高效的注意系统，以便将来重要的行动和报告不易被忽视；确保各部门及时地更新日志；限制部门内部的指示、决定和重要记录的确认信件等。总体上讲，船舶资源管理的内容，涉及在船人员的管理职能。

（1）船舶营运管理，如：揽货、调度、添加燃油、货物的装卸、货物装卸的港口设施、船舶买卖及闲置、船舶出租、确保承租人与船舶管理部门之间的联络。

（2）船舶质量管理，如：配员、维修保养、供应物料、船舶保险、最大限度地为经营人使用船舶以及非经营人进行的所有活动。

（3）船上行政管理，由船员发起并运用的组织方法，以便覆盖船舶管理的各个方面，包括：法定的入级和维修保养事务、船员福利和培训、执行总公司或承租人的指令、任何总公司的委托职能，如购买船舶物料等。

（4）船上安全管理，要求保护人命、船舶财产、环境保护和避免社会的负面影响。

以上内容都要求在船人员实现资源的优化利用。要优化利用资源，必须先对工作环境进行深入分析，然后针对环境制订计划，从而提高管理效率和工作效率。

2. 驾驶台资源管理的环境分析（Environmental analysis of BRM）

任何组织活动都是在一定环境中从事活动的，组织下的资源管理也是在环境条件下进行的。环境的特点及其变化必然制约资源分配、优化内容的选择。环境分析是通过分析资源配置活动的内外部影响因素，揭示活动条件变化的规律，预测其未来变化，为组织活动和内容的选择与调整提供依据。

1）外部环境（External environment）

外部环境资源的范围很广，如自然、交通、水文、气象、社会、港口与通航管理、引航员等，总体上涉及自然环境、通航环境、管理环境。

（1）对于船舶营运的自然环境，即船舶营运所处的自然的和人工的背景，比如航道、锚地、港口等。

（2）船舶航行水域所面对的船舶交通与通航环境，包括气象条件，交通密度，通航秩序，所处水域的潮汐、潮流等水文和能见度，等等。

（3）有效的信息资源环境。船舶营运过程中与有关部门的合作及支持的程度与广度，也涉及管理部门的规章制度环境。这类管理环境，包括公司、行业组织、船旗国和港口国中管理机关、公司岸基支持部门、团体、人员等方面所形成的人文环境或社会环境。外部资源还来源于陆上提供的地理信息和气象信息；港口提供的港口、航道信息，航行通告、警告信息；航运公司提供的航行安全保障信息、公司规定、货物装卸信息等。它们可包括：

——通过船舶 AIS、NAVITAX 接收机、甚高频（VHF）、气象传真接收机、船舶数字气象仪、卫星通信等设备，陆上定期向航行中船舶提供海洋水文气象信息、地理信息、气象导航信息等。驾驶台团队根据上述信息内容，制订或调整航行计划，经船长同意，上报船舶管理部门。陆上信息支援系统将使船舶航行更加安全、便捷,从而提高船舶航行经济效益。

——为加强船舶交通管理,保障船舶交通安全,提高船舶交通效率,保护水域环境,船舶交通管理部门发布以下信息,如航行通告、航行警告、危险品管理、防污、船舶交通管理(VTS)、船舶安全监督、油污应急计划、船舶安全管理、船舶搜救、航标助航等信息。

——为提高船舶运输效率,节省船舶靠离港时间,港口管理部门通过船舶代理向船舶提供港口信息,如泊位、装载或卸载货物时间、货物资料以及港口管理所涉及的相关信息等。

——航运公司航行安全保障人员定期召开船舶航行安全会议,研究保证航行安全策略、分析总结发生事故的原因及对策,并将相关内容通过通信方式传送至公司管理的每艘船舶。航运公司定期选派有经验的船舶管理人员访船,了解船上的安全状况,并提出合理的安全建议。

这类资源在一定程度上为船舶安全提供保障和有利条件,但有时也会产生一定的负面影响。比如,港口国监控可以促进船舶安全营运,但也会对船舶营运周期有影响,有时会延长在港口滞留的时间。

船舶航行值班人员应详细了解本船所经水域情况、浅滩浅点及航行障碍物,查看潮流、潮汐的情况,阅读最新气象资料和航行通告,了解通航密度及航行环境对船舶的影响,拟进出港口、港内航行、靠离码头、系泊作业的情况,上下引航员的作业区域及狭水道航行等,做到对外部环境心中有数,确保船舶的安全。

2) 内部环境(Internal environment)

船舶除了受外部环境影响之外,还受到如船舶尺度、设备、信息、船员、安全文化等内部环境的影响。内部环境包括船舶物质环境和管理人文环境。

(1) 船舶的尺度、吨位、吃水对船舶的航行有较大的影响。

(2) 相关助航仪器的配备和使用有助于航行的安全,如雷达和 ARPA 的使用和设定,AIS 数据输入与接收情况,电罗经、磁罗经航向及误差,GPS 定位仪和综合导航仪或电子海图的使用,航向记录仪、测深仪、计程仪的使用情况等。

(3) 船舶还应按要求配备健康合格的船员,制定船员管理制度以及船员在航行值班中的交接班情况记录规定。公司 SMS 文件及来自岸基的支持、公司对船舶有效执行公司安全和环境保护的方针以及相关文件体系的监管。

(4) 驾驶台团队,其成员包括船长、大副、二副、三副、值班水手以及值班的轮机员。驾驶台班组的所有成员需持有相应的船员适任证书和国际海事公约规定科目的培训证明。担任实职之前,接受过相关模拟器培训和实船的操作训练,拥有良好的操船技能、较强的语言表达能力,有一定的判断能力,并且身体健康。

(5) 有效的信息资源环境。驾驶台团队应依据相关公约检查船舶航海图书资料的配备,并确保航海图书资料及时更新、改正和正确的使用。

如果将一切有利于确保船舶航行安全和海上生产活动的上述各项资源表述为"正常资源"的的话,那么当上述资源中的某一项或多项资源存在缺点、欠缺而可能导致事故的发生时,这种带有潜伏危机状态的资源可称为"缺陷性资源"。它可以包括船员生病或技能低下;硬件中设备损坏、仪器故障、物品备件缺乏;软件中资料不齐、计划不周密和诸如时间紧迫、空间狭窄等容易导致事故发生的不安全因素等。"缺陷性资源"即人或物的不安全因素往往是导致事故发生的直接原因。但是,人和物的不安全因素的形成是有其主观与客观条件的,而管理不善则是人和物的不安全因素最根本的源头。因此，人们在抓安全工作时，一般都是从源头上着手，即强调安全管理，做好做细各项工作，防止不安全因素即“缺陷性资源”的产生，从而达到杜绝事故发生的目的。

人、物或环境上的有些“缺陷性资源”可以在工作中被发现或通过检查被查到，但可能有更多的这类“缺陷资源”已经存在或正在形成却没有被发现或查到。如某船员对其岗位所要求的部分技术性工作不熟悉、不熟练；机械或设备的磨损与不适用；初次挂靠或久违的港口资料不齐；某航次的班期特别紧张等。“缺陷资源”小的如机器上某个不太重要螺丝松动，大的如船体结构由于某种原因受到严重损伤。客观上每条船舶或多或少、或在某个时段总是存在这样那样的“缺陷性资源”。老龄船的机器设备甚至船体结构问题多多，“缺陷性资源”比比皆是，随处可见；即使是新船也可能存在如仪器调试不精确、机器设备之间安装磨合没到位而处于存在“缺陷性”的状况。航海要求每一条船舶在开航之前、开航当时乃至整个航海过程中都能保持适航状态。这是人类充分认识了海洋和海上风险后，对航海船舶的最基本要求。随着航海经验的积累，科学技术的进步和发展，船舶越来越先进和大型化，使用的机器、设备和仪器日臻完美，物资物料齐全充裕，规章制度详尽完善，人员训练有素。即使如此，船舶的“缺陷资源”总还是存在的。

二、资源的配置（Allocation of Resourse）

1. 资源配置计划的作用（Function of resourse allocation plan）

管理是通过计划、组织、指挥及控制工作诸过程来协调所有资源，以便实现既定的目标。可见，计划是所有管理职能中的首要职能。计划首先体现了管理的全局视觉，人不可能没有计划就开始在那边埋头苦干，否则万丈高楼永远不可能盖成，原因是人们总是修修补补局部，当局部与整体矛盾时，又得推翻重新开始；计划是为了充分利用资源；计划是为了充分预见困难，不至于在实施工作时对突发困难不知所措。计划的作用可分为：① 指明方向，协调活动；② 减少重复和浪费；③ 有利于有效地进行控制；④ 预测变化，减少冲击。

有了计划，工作就有了明确的目标和具体的步骤，就可以协调大家的行动，增强工作的主动性，减少盲目性，使工作有条不紊地进行。同时，计划本身又是对工作进度和质量的考核标准，有较强的约束和监督作用，所以计划对工作既有指导作用又有推动作用。例如，装卸货计划就是对货物的装卸工作进行具体的分工和布置，协调各级船员的行动，并在装卸货的过程中对装卸货工作进行管理和协调，使装卸货工作能够顺利进行；航次计划就是对将要发生的航次进行具体的规划，将里程、转向点、海况、潮汐、重要物标、分道通航、危险物标、港口情况、通信联系的方式等信息进行汇总分析，实际上就是对相关的资源进行管理，对制定的航次计划进行安全评估，为船舶能够安全到达目的港打下良好的基础。

2. 资源配置计划的执行与动态管理（Execution of plan and dynamic managemrnt）

编制计划仅仅只是计划工作的开始，更重要、更大量的工作还在于积极地组织计划的执行。为了有效地完成各项目标，对计划的实施建立以下四个部分的模式，形成进度监控的动态循环系统：

（1）分解、落实计划目标

指标分解就是将计划指标分解为若干具体指标。这些具体指标能反应计划指标的要求。指标的落实是指将各项具体指标落实到各部门和个人。指标层层分解、逐项落实，就能使每个部门和每个船员明确应尽的责任和努力的目标,从而有利于计划的实施。

(2) 严格实行考核制度

为了衡量各部门和每个船员是否完成了自己的任务,必须进行严格的考核。所谓考核就是用实绩与任务进行比较,测量其任务的完成程度。考核必须全面客观。

(3) 坚持激励原则

在严格考核的基础上,对成绩优良者,给予精神上的表扬和物质上的奖励。对完不成任务的部门和人员,给予批评和经济制裁。正确运用激励原则,可以推动计划的顺利实现。

(4) 加强控制

控制是保障计划完成的重要条件。它是根据计划要求,对实际实施执行情况进行测定、比较和分析,发现偏差,及时采取措施加以调整。必须经常和定期对计划实施情况认真地检查,以便即时发现和解决计划实施过程中存在的问题,对计划进行补充和调整。

三、驾驶台资源的配置(Assignment of Bridge Resource)

船舶驾驶台资源的分配原则需要满足:① 系统原则。也就是岗位需求配置原则,确保每个岗位配置相应职责下的资源。② 安全原则。资源配置是以安全为目标,在资源分配中需要以风险程度相匹配的资源配置原则。③ 可行原则。资源分配应该是可行和可操作的,确保人尽其才、物尽其用,同时,对于缺乏资源可以使用替代资源。④ 信息原则。信息资源是非常重要的资源之一,在安全管理上,信息资源应该做到共享、公开。此外,时空资源转换原则也是一种处理安全问题的决策依据。

1. 人力资源配置(Allocation of human resoures)

人是生产力诸要素中最活跃的要素,同时也是驾驶台资源中的最基本、最活跃的要素。人的活动是目的性和能动性的统一体,人力资源的发挥是其他资源发挥的基础,也是其他资源发挥功能的主体。所谓驾驶台人力资源配置,就是指在驾驶台团队中,为了提高工作效率,实现人力资源的最优化,根据团队的目标和战略而实行的对组织的人力资源进行科学、合理的配置。任何组织的目标和任务,都是经由人的活动才能够顺利完成的。为驾驶台团队选配合适的人员,这是人力资源配置的首要任务,选配各类合适的人员,以使实现团队目标所需进行的各项活动都有合适的人员去完成。其次,人员的配备必须能促进团队组织功能的有效发挥,将团队成员加以合理组合,把不同素质、能力和特长的人员分别安排在适当的岗位上。只有这样,团队设计的任务才能实现,团队结构的功能才能发挥出来。最后,在管理的过程中,充分开发团队人力资源,通过适当选拔、配备和使用,充分挖掘每个成员的内在潜力,实现人员与工作任务的协调匹配,做到人尽其才,从而使驾驶台团队人力资源得到高度开发利用。另外,驾驶台团队的人员配备应做到因事择人、动态平衡和经济效益。

2. 设备资源使用(Allocation of equiptment resourse)

驾驶台资源管理中有一种非常重要的物质资源即设备资源,它是指确保船舶正常航行和操作的所需设备、仪器、物品、工具、备件等。也就是说在人的因素之外,驾驶台的导航仪器、无线电系统,机舱的所有主辅机系统、操纵系统,以及保证以上这些仪器设备和机械正常运行所必需的备件和保养工具等都是所指的设备资源,它们为船舶航行提供必要的安全保证。设备资源使用上一般划分为重要设备和一般设备。

但是由于每种设备都有它的优缺点,加上每个人的素质和能力不同,在使用驾驶台设备时，应知道每种设备的工作性能和状态，综合使用各种设备和方法，扬长避短，才能发挥相关设备的最大功能。例如，“纳西河轮”航行于华北—美西线，在韩国沿岸附近水域，来往船只较多，同时由于釜山、光阳等几个国际港口的存在，使得各船之间交汇的态势比较复杂。在这种情况下，可通过雷达、AIS、VHF 等相结合来正确判断过往船舶的航行态势，及时沟通，从而做出正确的避让措施，真正做到知己知彼、保障安全。再如雷达的测距性能很好，但测量方位就比罗经差一点，用单物标方位距离定位时，综合使用雷达和罗经会比较好；GPS 使用很方便，得到船位比较容易，但在沿海航行时，如果有机会利用物标定位的话，最好还是用雷达船位来校核 GPS 船位；ARPA 雷达中绝对运动、相对运动、CPA 和 TCPA 等在避碰中的正确运用；AIS 对相关来船数据的显示和校核；计风不计流的计程仪数据；主机在各种不同状态下的操纵性能；等等，都对安全的航行和避让十分关键。

3. 信息资源使用(Allocation of information resoures)

信息资源指确保正常航行和操作所需的信息与资料，包括电子海图、AIS、命令簿、操作手册、使用的指导书、海图、航次计划、航海出版物、港口信息等。信息资源的使用往往涉及到使用者的因素和信息本身的因素，比如使用者对信息的解释，信息本身的实效性和准确性可靠性等。船舶相关人员必须保证能及时获得对安全提供保障的航行和操作所需信息和资料，然后将收到的信息如航海通告、航行警告、天气预报等进行认真的分析，并把他们运用到制订的航次计划中去，根据具体的情况，制订相应的应急计划和预案。在海上航行时，如收到 AIS、VHF 提供的动态信息、航行警告、航行通告，应及时对航次计划进行修正。另外，所有航海仪器的说明书、操作手册等也能为船舶的安全提供保障的信息，他们能对船舶人员正确决策和避免安全隐患提供帮助。

4. 应急资源规划(Allocation of emergency resoures)

船舶在海上航行，常常会遇到一些紧急情况，如设备故障、失火、污染等，当船舶遇到上述情况时，应该启用相关的应急资源去减少或减轻损失，以避免损失进一步扩大。一般地，对不同的紧急情况需采取不同的措施。为了将资源合理地进行利用，需要对相关的资源进行合理的规划，包括人、物、时间、空间(场地、水域)、方式(手段)、措施等。

船舶应变部署表、溢油应变部署计划就是一种比较合理的、对各种应急资源进行合理规划的比较好的组合。在平常的演习中进行演练，以便在危险发生时从容对付，合理利用资源把损失降到最少。在船舶上用图表的形式表述符合 SOLAS 公约要求的船舶遇险时紧急报警信号及全员应变部署。由于船舶所处的环境复杂多变，随时可能发生各种危及船舶和人员安全的事故，为了避免造成严重后果，把损失降到最低，船舶上必须备有各种应变设备和器材，船员必须明确自身的应变职责，掌握足够的应变知识，并能熟练操作应变系统、设备和器材，还必须制订一套完整的应急计划。同时，要按照应急计划的要求进行相应的演练，以提高在紧急情况下的应变能力，从而把损失降到最小，确保人员、船舶的安全及防止海洋污染。

四、驾驶台资源的优化(Prioritization of Bridge Resources)

驾驶台资源管理就是合理利用和协调所有资源，以保证船舶的安全和效益。在资源协调过程中，会有资源利用的优化问题，一般地，资源配置中需要考虑的因素有安全性、时效性、可靠性和难易性等。往往是越安全的资源优先，越实时的资源优先，越可靠的资源优先，越容易获取和使用的资源优先。船舶在航行时经常面临自然原因、船舶原因和人的因素而突发异常情况和紧迫局面,提高船舶和驾驶台团队的应急处理能力是保证航行安全的重大要求。驾驶台资源管理的优化主要包括以下几点:

1. 人力资源的配置最为重要(Most important factor—allocation of human resource)

涉及船舶安全航行的所有人员,包括船长、引航员、舵工和保证船舶动力、导航和其他相关设备正常工作的其他人,实际上涉及的人员基本上包括船舶的绝大多数人员,以及他们的技能、能力、知识、潜力和协作能力。而航行安全必须依靠所有相关人员的团队协作精神,船长要发挥驾驶员的所有当值人员的主观能动性,尤其是复杂航区和进出港操纵,协助瞭望,发现情况及时提醒,相互弥补不足,必要时可根据实际情况增加当值人员。

现在船舶周转比较快,进出港口频繁,人员极易疲劳,要注意合理安排作业时间,保证能满足 STCW 公约所要求的最低休息时间,因为疲劳会使人的思维和反应迟钝,在作出决策时会发生偏差,导致失误和错误的发生,所以船舶领导应根据实际情况做出调整,避免船员因疲劳发生事故。驾驶员在驾驶台值班如必须进行必要的海图作业,应叮嘱当值水手特别注意加强瞭望,并尽可能缩短时间尽快回到岗位。

当引航员进入驾驶台的时侯,自然成为驾驶台团队成员,接纳引航员作为重要的一员加入驾驶台团队是非常重要的。船长与引航员应进行短暂的讨论,船长应告知引航员船舶的操纵特性,特别是异常特征和相关信息,比如锚的状态、主机类型和控制、人员的可用性等。引航员在船时,不解除船长或值班驾驶员对船舶安全所负责任和义务,船长对船舶安全负有最终的责任。引航员虽然接管了船舶的指挥权,但当船长认为必要时可随时收回。这些都是一些资源的优先排序和重新组合问题。

2. 各种环境因素必须加以充分考虑(Full consideration for various environment factors)

除了一些必要的因素外,海上环境、航线水文数据的可靠性、助航标志的可用性和可靠性、吃水和货物种类对航线的限制、交通密集水域、天气及海况能见度、沿岸可用水域、引航员的操作水域、船舶定线和报告制的规定、推进器和舵设备的可靠性等都在考虑之列。对上述的相关因素和资源进行分析和处理,也就是对航次计划进行相应的评价:哪些部分已解决,哪些部分没有解决;没有解决的原因,是缺少资料或资料不够,如是否抽选了海图、是否选择了相关的书表、海图和书表是否进行了改正、是否考虑了吃水和积载情况、是否要申请气导航线、相应的表格是否填写等。在作出合理的评价后,对现有的资源进行整合和再分配,根据情况做出合理的安排。

凡是"缺陷性资源"总是对船舶的安全生产有威胁的,而"缺陷性资源"导致事故发生的可能性又是不确定的。"缺陷性资源"有大小轻重各种程度的差别,但是大"缺陷性资源"不一定造成事故。如某船进港前发现主机操纵有问题,倒车启动不出来。虽然这种问题比较大,进港靠泊时可能会造成事故,但因为谨慎采取了各种弥补措施(如抵泊位前尽早停车,使用极慢车控制余速,备妥双锚,多要协靠拖轮,等等),最后并没有发生事故。小"缺陷性资源"则有可能造成大事故。如某船上船员房间的垃圾桶不是铁皮做的,并且没有放水,这种情况应当说是个小问题,不太会引起注意。但因船员将没有掐灭火焰的烟蒂连同废纸杂物一起倒入这种垃圾桶内,导致发生火灾而烧毁全船的惨痛事故也确实发生过。因此,船上"缺陷性资源"无论其大小轻重都有可能导致船舶事故的发生,会对船舶安全产生严重的威胁,需要予以高度的重视。

3. 制度化应用资源是资源优化运用的手段(Systematic applicaticn of resource—optimum mean for use of resources)

ISM 规则要求公司在其 SMS 体系中建立一系列的管理程序、操作程序和应急程序等,操作有计划并根据需要按正确的优先顺序分配资源,以执行必要的任务,其目的就是采用文件化程序的方式进行安全管理,程序加强的目的在于实现三大目标,即保障海上安全、防止人员伤亡和避免环境损害,尤其避免对海洋环境和对财产的损害。SMS 体系运行的环境和条件在不断发生变化,这些变化包括法规的变化、船舶设施设备的变化、通航条件的变化等,体系文件也不能一成不变。为了保持体系的可操作性、适合性,公司必须定期或不定期在公司范围内,船舶在全船范围内开展资源管理的复查和优化,以便对于实际操作不适合的体系文件规定及时修改或更新,从而提高体系的运行质量。

思考题

1. 试说明安全管理的研究对象与作用。

2. 试说明管理的基本职能有哪些。

3. 试说明资源管理的功能有哪些。

4. 试说明如何成为一名管理者。

5. 试述管理学的引入对船舶营运安全的影响。

6. 船舶驾驶台资源管理的定义是什么?船舶驾驶台资源管理与驾驶台团队工作、驾驶台团队管理之间的关系如何?

7. 试说明船舶驾驶台资源的种类,各自的作用。

8. 试将船舶驾驶台团队中的角色作比较,说明管理工作在日常工作中的池位与相互关系。

9. 试讨论如何确定船舶驾驶台资源的优先排序。

10. 试讨论在靠泊作业船舶驾驶台资源中的环境分析。

第二章 人因素与船舶安全
Human Factor and Ship Safety

据统计,全世界每年死于交通事故的人约有三十多万,受伤致残者达一千多万。每年全世界各地的机器旁失去双手、眼睛,甚至生命的人不计其数。造成事故的原因很多,但由于思想麻痹、违章操作而造成的就高达86%,其中领导不重视安全、违章指挥占16%,其他原因占14%。这些数字证明了事故发生率与人因素有密切的关系。研究和分析事故发生的原因,就必须研究和分析发生事故时人因素,同时也应研究事故发生的外因,即设备情况、预防措施、保护用品、环境温度、照明条件等。但是外因条件多数还是与人因素相关,归根结底,事故还是由人失误造成的,所以保证"人—机—环境"系统的可靠性和安全性,必须考虑人因素。安全管理学层面说,预防天灾是不可能的,但预防人为的灾害却是可能的。换句话说,对付天灾的措施是尽力减轻其发生后的损害,而对付人为灾害的最佳方法,是从一开始就努力杜绝灾害的发生。本章还就情境意识的定义、构成要素、情境意识的获取与保持和团队情境意识等方面进行说明和讨论。

第一节 事故因果连锁与人因素
Causal Theory of Accident and Human Factors

早在1919年格林伍德和1926年纽伯尔德,都曾认为事故在人群中并非随机分布,某些人比其他人更易发生事故,因此,就用某种方法将有事故倾向的工人与其他人区别开来。1939年法默和凯姆伯斯又重复提出:一个有事故倾向的人具有较高的事故率,而与工作任务、生活环境和经历等无关。1951年阿布斯和克利克的研究指出,个别人的事故率具有明显的不稳定性,对具有事故倾向的个性类型的量度界限也难于测定。1971年邵合赛克尔主张将事故倾向素质论仅供工种考选的参考。他只着意于多发事故,而丝毫无意涉及人的个性。广泛的批评使这一单一因素理论——具有事故倾向的素质论,被排出事故致因理论的基础地位。受泰勒的科学管理理论的影响,"多发事故人"的认识逐渐被淘汰,管理缺陷被视为根本原因。

一、事故致因理论(Causal Theory of Accident)

1936年由美国人海因里希(W. H. Heinrich)提出事故因果连锁理论。海因里希认为,伤害事故的发生是一连串的事件,按一定因果关系依次发生的结果。他用五块多米诺骨牌来形象地说明这种因果关系,即第一块牌倒下后会引起后面的牌连锁反应而倒下,最后一块牌即为伤害。因此，该理论也被称为“多米诺骨牌”理论。多米诺骨牌理论建立了事故致因的事件链这一重要概念，并为后来者研究事故机理提供了一种有价值的方法。1953 年，巴尔将上述骨牌原理发展为“事件链”理论，认为事故的前级诸致因因素是一系列事件的链锁，一环生一环，一环套一环。链的末端是事件后果——事故和损失。

1. “多米诺骨牌”效应(Domino effect)

事故因果连锁的理论，用以阐明导致伤亡事故的各种原因和伤害之间的关系。该理论认为，伤亡事故的发生不是一个孤立的事件，尽管伤害可能在某瞬间突然发生，却是一系列原因事件相继发生的结果，并用五个竖立的骨牌(骨牌效应)来形象说明这种因果关系，即当第一块倒下后，会引起连锁反应而导致其余的骨牌倒下。因此，这一效应也被称为“多米诺骨牌”理论。

海因里希的多米诺骨牌模型阐明了伤害五因素的事件链。伤亡事故五因素的多米诺模型的主要用途在于事故调查过程中可用此查明因果关系，也可用于加强安全管理。可以应用多米诺骨牌原理来阐述一种可防止的伤亡事故的发生，系一连串事件在一定顺序下发生的结果。按因果顺序，伤亡事故的五因素：社会环境和管理欠缺(设 M)促成人为的过失(设 P)，人为的过失又造成了不安全动作或机械、物质危害(设 H)；后者促成了意外事件(设 D)(包括未遂事故)和由此产生的人身伤亡的事件(设 A)。五因素连锁反应构成了事故(见图 2-1)。

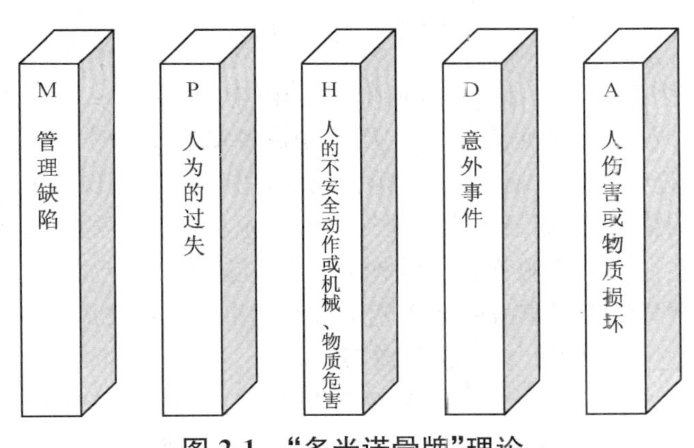

图 2-1 “多米诺骨牌”理论

伤害之所以产生是由于前面因素的作用。在意外事件及伤害发生前，一切工作应以减少环境内机械的危害及人为的不安全动作为原则。防止事故的着眼点，应集中于顺序的中心，即设法消除事件 H，使系列中断，则伤害便不会发生。如果移去一枚骨牌，也就是使其一因素出现的概率为零，例如 $P(H)=0$。这时随机事件变成不可能事件，即可避免伤亡事故的发生。安全管理工作的中心是防止人不安全动作，消除机械的或物质的危害，这就不必加强探测技术和控制技术的研究。人为的过失常常是事故的直接原因，它是问题的中心。控制事故的方法也必然针对人的失误。

2. 失误链与事件链(Error chain and event chain)

事故致因理论认为，海上事故或灾难很少是由一种人失误或单一事件所造成的，它们几乎都是由一系列不严重的失误或事件的叠加、互为因果导致的。也就是说，这些事故或灾难都是失误链或事件链发展的最终结果。换言之，一系列失误链或事件链的连续发展，将导致事故或灾难的发生。这些失误链或事件链可能是顺序地发展,也可能是无序地发展;它们之间可能有联系,也可能没有联系;它们之间的联系可能是明显的,但也可能是不明显的。无数事故证明,在事故发生以前,实际上已经存在了正在不断发展的失误链。这种失误链客观上也就形成了事件链(也有人称其为事故链,Accident chain)。在常规情况下,由潜在因素而形成的失误链通过一定时间与条件的发展而进入增长期,在特定条件下,当不安全行为发生后,又发展进入了临界期,直至最后的工作差错而导致事故的最终发生(见图 2-2)。

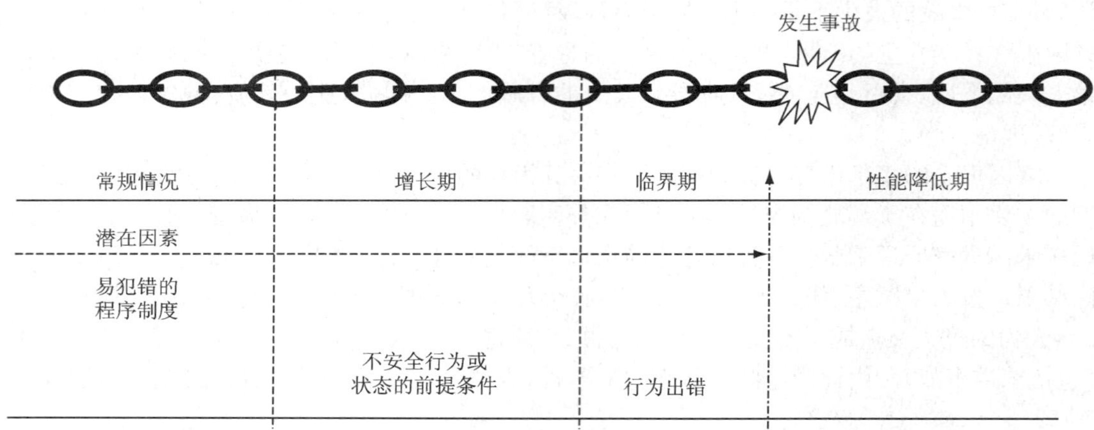

图 2-2 失误链

从表面上看,很多船舶事故都发生在船舶营运中与他船会遇或靠、离泊位等作业的过程中突发紧急情况和/或主机、副机、舵机等主要船舶设备发生故障时的实际操纵之中,这就是古语常说的"屋漏偏逢连夜雨""祸不单行"等。同时,失误链也表现为人、物、环境等因素相互作用和相互影响的情况,比如不同人出现失误的累积和叠加。实际上,导致这些紧急情况和故障发生的原因往往是与船舶营运与作业中的人失误紧密联系在一起的。客观地讲,失误链或事件链的发展导致最后事故的产生就是一种因果的连锁反应,失误本身具有累积、放大和自繁衍等特征,这是典型的"多米诺骨牌"效应。

在实际工作中,失误如任其发展,骨牌链或事故链向前倒,即一倒都倒,最终导致损失或伤害;失误链或事故链也将从增长期进入了临界期直至导致事故的最终发生。但是,如果移去其中的一块骨牌或连锁中的一个部分(因素),则这种骨牌和失误链或事故链之间的连锁关系即被破坏,事故发展的过程也就被中止了。在船舶营运中,只要真正认识事故的作用机制和人的不安全行为的危害性,并及时发现和中止人失误即不安全状态,中断事故连锁的进程,就能避免事故发生。

现代化和信息化等高科技装备的出现,带来了操作的复杂性和紧张度,使得人们难以适应,常常发生动作失误。于是,产生了专门研究人类的工作能力及其限制的学问——人机工程学,它对航海安全的发展也产生了深刻的影响。人机工程学的兴起标志着工业生产中人与机器关系的重大改变。以前是按机械的特性来训练操作者,让操作者满足机械的要求;现在是根据人的特性来设计机械,使机械适合人的操作。这种在人机系统中以人为主、让机器适合人的观念,促使人们对事故原因重新进行认识。越来越多的人认为,不能把事故的发生简单地说成是操作者的性格缺陷或粗心大意,应该重视机械的、物质的危险性在事故中的作用，强调实现生产条件、机械设备的固有安全，才能切实有效地减少事故的发生。这时期的事故致因理论比只考虑人失误的早期事故致因理论有了较大的进步，它明确地提出事故因素间的关系特征，事故是三种因素相互作用的结果（见图 2-3）：一要考虑人和设备的因素，二要考虑作业环境因素，三要考虑引起事故的媒介。

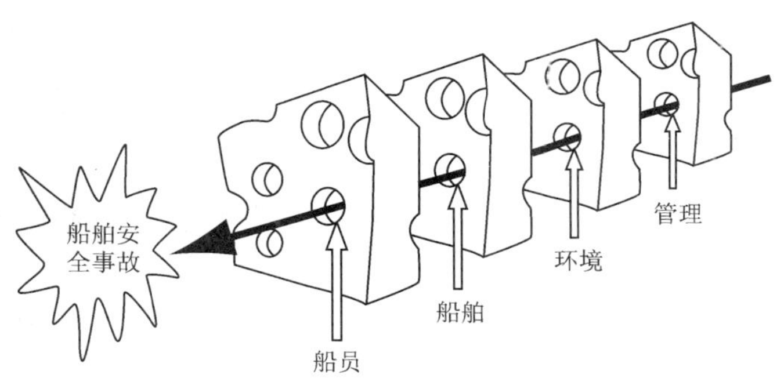

图 2-3　Reason 提出的"奶酪"模型

3. 事故因果连锁理论（Causal theory of accident）

博德在海因里希事故因果连锁理论的基础上，提出了与现代安全观点更加吻合的事故因果连锁理论。博德的事故因果连锁过程同样为五个因素，但每个因素的含义与海因里希的都有所不同。

（1）管理缺陷。对于大多数组织来说，由于各种原因，完全依靠工程技术措施预防事故既不经济也不现实，只能通过完善安全管理工作，经过较大的努力，才能防止事故的发生。管理者必须认识到，只要生产没有实现本质安全化，就有发生事故及伤害的可能性，因此，安全管理是组织管理的重要一环。安全管理系统要随着生产的发展变化而不断调整完善，十全十美的管理系统不可能存在。由于安全管理上的缺陷，致使能够造成事故的其他原因出现。

（2）个人及工作条件的原因。个人原因包括缺乏安全知识或技能，行为动机不正确，生理或心理有问题等；工作条件原因包括安全操作规程不健全，设备、材料不合适，以及存在温度、湿度、粉尘、气体、噪声、照明、工作场地状况（如打滑的地面、障碍物、不可靠支撑物）等有害作业环境因素。只有找出并控制这些原因，才能有效地防止后续原因的发生，从而防止事故的发生。这方面的原因是由于管理缺陷造成的。

（3）直接原因。人的不安全行为或物的不安全状态是事故的直接原因。这种原因是安全管理中必须重点加以追究的。但是，直接原因是现场失误，是深层次原因的表征。

（4）事故。这里的事故被看做是人体或物体与超过其承受阈值的能量接触，或人体与妨碍正常生理活动的物质的接触。因此，防止事故就是防止接触。可以通过对装置、材料、工艺等的改进来防止能量的释放，或者操作者提高识别和回避危险的能力，佩带个人防护用具等来防止接触。

（5）损失。人员伤害及财物损坏统称为损失。人员伤害包括工伤、职业病、精神创伤等。在许多情况下，可以采取恰当的措施使事故造成的损失最大限度地减小。例如，对受伤人员进行迅速正确地抢救，对设备进行抢修以及平时对有关人员进行应急训练等。

根据该理论，操作者的这种不安全行为及生产作业中的不安全状态等现场失误，在实际工作中不能停留在表面现象上,而要追究其背后隐藏的管理上的缺陷原因,并采取有效的控制措施,从根本上杜绝事故的发生。操作者的不安全行为及生产作业中的不安全状态是由于组织领导和安技人员的管理失误造成的。管理人员在管理工作中的差错或疏忽,组织领导人的决策失误,对经营管理及安全工作具有决定性的影响。管理失误又由安全管理体系中的问题所导致,这些问题包括:如何有组织地进行管理工作,确定怎样的管理目标,如何计划、如何实施等。管理体系反映了作为决策中心的领导人的信念、目标及规范,它决定各级管理人员安排工作的轻重缓急、工作基准及指导方针等重大问题。

二、影响船舶航行安全工作的因素(Influent Factors to Safety Navigation of Ships)

船舶工作是由人(船员、引航员)、机器(船舶、货物、设备等)、环境和管理等四个要素组成的有机整体。该项工作在进行过程中,将受到人的因素、船舶因素,环境因素和管理因素的影响与制约。为了全面了解船舶事故的发生原因,掌握产生原因的由来及其相关的因素,以便采取有效的措施和行动来避免,有必要对以上各因素做一定的分析和研究,见图 2-4。

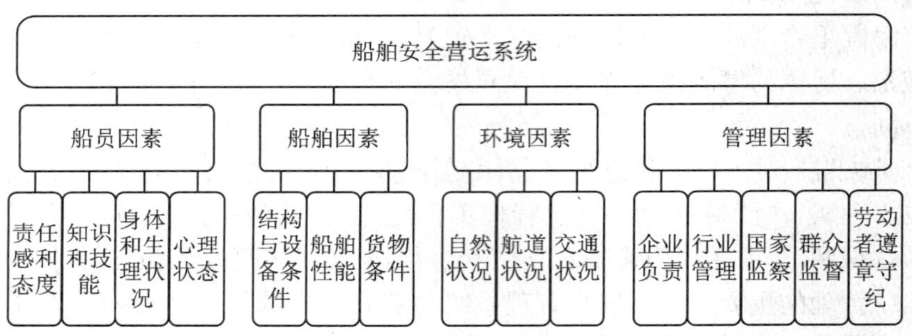

图 2-4 船舶安全营运系统组成

1. 船员因素(Crew factor)

在船舶营运工作中,船舶值班人员等的人的因素是最活跃、最重要的一个因素。如前所述,船舶事故绝大部分是人失误造成的,因为这类事故的发生总是直接或间接地与船舶值班人员的人的因素有着密切的联系。

在船员因素中,它们包括了船舶值班人员的责任、知识、技能、经验、气质、健康状况,以及心理、生理和行为特点等方面的情况。

(1) 责任感和态度。在所有这些因素中,这是最为基本的因素。责任心是做好任何工作的基础,是船员职业素质的基本要求,也是安全行为的必要条件。态度是影响人员行为的重要因素之一。安全态度对人的行为具有指导性和动力性的影响,它支配着人们在船舶营运过程中对待安全问题应作出何种反应及如何作出反应。他们应具有极高的责任心和职业道德水准,极强的情景与安全意识,顽强的战胜困难的意志与毅力,忠于职守的热忱与执着,模范的工作习惯以及临危不惧巧于应变的能力等所反应出的心理状态。如无上述态度,再丰富的技术知识、熟练的技能和健康的体魄都将难以发挥作用。

(2) 知识和技能。船舶值班人员的知识和技能也是构成船员因素的重要部分。尽管不同的船舶要求船舶值班人员知识的深、广度会有差别,但为使船舶安全航行所必需的知识是不可缺少的。而且船舶越复杂，自动化程度越高，所要求的知识水平就越高。技能与知识虽有密切关系，但在本质上却各有其特殊的内容与要求。即使理论知识学得非常好，但没有从事船舶操纵的实际经验，也是不能安全驾驭船舶的。当然，如只有一些实际技能而无足够的理论知识，也将对自己的工作带来极大的局限性。一般地说，这些操作技能只能通过实际技术训练或实践才能获得，它们必须能适应经常不断变化的外界条件的要求，还必须能及时满足不断更新的技术与设备的发展的需要。

(3) 身体和生理状况。非常重要的因素是船舶值班人员的身体和生理状况，因为它是充分运用自己知识和技能的基本条件。很难想象一位健康状况不良的船舶值班人员会有足够体力去学习和灵活应用自己的知识和技能，会适应船上多变的自然条件以及紧张工作的要求。健康状况不良，会降低各感官的功能，容易出现疲劳，难以集中注意力并正常和安全地完成自己的任务。

(4) 心理状态。必须强调的因素是船舶值班人员的心理状态。船员的喜怒哀乐、忧愁思虑、惊恐悲伤等情绪是在某种条件下产生的，并受客观因素的影响。若受到外部刺激而呈现某种兴奋状态，会使人的思维与动作的脱节，造成思维与动作的不协调，或者动作之间的不连贯，而这是人的安全行为所忌讳的。又比如人的气质、性格也是心理特征的表现。因此，对船员进行上岗前的安全培训，帮助其树立安全意识和安全心理是十分必要的。

2. 船舶因素(Ship factor)

船舶因素主要表现在其本身的适航性能方面，即船舶设备装置、操纵性能资料、货载配置等方面的状况。没有适航的船舶，再好的驾驶技术，不论怎样遵守规章，事故还是难免的。

(1) 结构与设备条件。由于航行环境千变万化，船舶在设计、建造和性能方面，船舶应具备在各种海况或工况下正常航行与操纵的能力。具体来说，船舶的尺度、船体结构、水密隔舱、无线电通信设备、助航设备和各种设施，如锚、舵、系固、起货、系泊、拖揽等设备都应符合安全航行的要求。对于船舶而言，船舶备件和物料也是非常重要的安全条件。

(2) 船舶性能。船舶性能主要表现为操纵性，是船体、螺旋桨和舵与水作相对运动所产生的水动力，使船舶保持和改变其运动状态的性能。或者说船舶对值班人员实施操纵的响应能力。船舶固有操纵性是指船舶不考虑外界环境条件、操舵装置性能、值班人员的技术水平等的差异所表现的自身固有的操纵性。而船舶控制操纵性则是考虑了上述因素的船舶，在具体操船环境下实操时所表现的操纵性能。这些性能既反映船舶安全特性，也考虑环境响应。

(3) 货物条件。货物属于物，在安全理论中“物、机、技术”属于侧重点不同的同一类要素。货物性质包括：重量和硬度；已移动或滚动；忌热、忌湿、忌压、忌倒置、忌气味、忌污染性；扬尘污染、挥发气味；易破碎易腐烂；贵重性；危险性等。这些性质涉及货运质量和人、船、货的安全，须通过合理配载、衬垫、隔票、堆装、绑固、隔离、防盗、通风、冷藏等措施来保证。货物的保管与照料对船舶安全的影响在危险货物运输不断增加的今天越来越重要。

船舶的不安全状态是构成船舶事故的物质基础，它可以由一种不安全状态转变为另一种极端状态，即事故的发生。事故的严重程度也随着船舶不安全程度的增大而增大。从某种意义上来讲，生产发展和技术进步的过程，实际上就是人们对物的不安全状态不断认识，并对这些工作和问题不断完善并逐步克服的过程。当船舶的不安全状态还没有被人们认识的时候，一旦时机成熟就很有可能转变为事故。而当船员认识到船舶的不安全状态，并想方设法加以预防时,船舶的不安全状态就会消除。

3. 环境因素(Environmental factor)

环境因素主要包括了船舶所处水域的自然状况、航道状况和交通状况等。

(1) 自然状况。自然状况是指船舶所处水域的气象、水文、潮汐的情况。通常船舶在航行过程中受到了风浪、潮流、雾以及其他自然现象的影响,这些自然现象在多数情况下是无法彻底回避的。船舶值班人员必须应用良好的船艺,采用合理的操纵方法顺应自然条件。

(2) 航道(泊位)状况。航道状况是指船舶所处水域的地理情况,包括航道、码头泊位、锚地等。船舶在航行中由于航道宽度、弯曲度,以及岩礁、浅滩等碍航物的客观存在,风和流的实时变化,要求船舶值班人员必须如同对待自然条件一样,积极控制好船舶的动态与位置,适应航道条件的种种限制。

(3) 交通状况。交通状况则是指船舶所处水域中的交通密度、流量方向、交通秩序、交通局面以及保障航行安全的航道设施状况。船舶值班人员也必须充分考虑交通条件,注重不同时间、季节、航段等的特点。有时,还包括辅助作业条件,比如拖轮和应急水域等。

大洋中距岸较远的航船,因水深原因虽与航道关系不太密切,但任何船舶都会有近岸航行的情况。航道状况与自然状况的不同点在于,它可以通过人们有目的的治理而直接或间接地使航道环境得到改善,如除去碍航物、对航道疏浚或裁减弯度以及设置各类助航标志等。除大洋航行海域宽广之外,沿岸、狭水道及港湾航行均可认为会造成各类船的各种形式会遇,特别是进行渔捞作业的渔船大量存在的海域,更是交通密集、常发生海事的地区。交通状况还会随社会经济的发展以及季节、时间的变化而变化,所以渔汛期渔船密集于某一特定的水域,而由于进出港时间的关系,在港湾进口附近水域,在某一时间段内表现得特别密集。

4. 管理因素(Management factor)

事故的直接原因虽然是由于人、机器、环境等致因因素引起来的,但发生船舶事故的本质往往与管理不善或管理中存在缺陷密切相关。对船舶营运安全来讲,生产管理和安全管理是密不可分的一个问题的两个方面,安全寓于生产当中,没有安全就不可能实现顺利生产。可以说,没有管理就无法组织运输生产,船舶安全就无保障。涉及船舶营运安全管理的单位与内容是多方面的。

我国现行的安全管理体制是企业负责、行业管理、国家监察、群众监督、劳动者遵章守纪。安全生产法实施以来,我国现行的安全生产新格局是政府统一领导、部门依法监督、企业全面负责、社会监督支持。船舶营运企业作为船舶安全责任的主体,应当对企业的安全生产负全面责任,因此,企业必须认真研究与落实安全生产的实际问题,遵循“安全第一,预防为主,综合治理”的指导方针,正确处理安全与生产的矛盾,提供安全的工作环境,切实解决生产中的不安全问题,消除事故隐患,以保障人民生命财产安全。船舶营运公司是指船舶所有人、经营人和管理人。船舶营运公司是安全生产系统中“管理”要素的重要组成部分。另外,由于船上安全的特殊性,我国的船舶事故防控由交通运输部全面管理,包括对国内海运行业的安全管理和与IMO、港口国政府等的协调。船舶的流动性使船舶安全成为国际性问题,因此,逐步形成了包括行业协会、船旗国控制和港口国控制在内的国际化的船舶安全管理网络。

安全管理实施不外乎安全制度、安全科技、安全教育、安全经济和安全责任五种手段。

目前，在安全制度层面，主要是行政管理制度的标准化和系统化；在安全科技层面，主要是数据化、信息化和智能化；在安全教育，主要是安全文化建设；安全经济层面，确立安全激励和基础投入；安全责任层面，主要是责任制建设和追究。

IMO海上安全委员会和海洋环境委员会经过有关国家专家对管理因素与人因素的关系的长期研究，于1997年提出与人相关的管理因素包括：① 不能保证纪律的遵守；② 指挥失败；③ 监督不足；④ 协调交流不足；⑤ 硬件资源管理不善；⑥ 船舶配员不当；⑦ 人力资源不足；⑧ 工作安排不合理；⑨ 不合理的规定、方针、程序和实际行动；⑩ 良好的规定、方针、程序和实际行动的不适当使用。另外，日本的角本定男对工业领域也总结出了作业安全管理的12个关键问题，具有相当的参考价值。这12个管理问题给予的启示就是：管理因素对于安全影响很大，往往是事故形成的根本原因。

三、人因素认识的深化(Deepening awareness of Human Factor)

自从20世纪30年代海因里希第一个提出引发事故最大的根源是人因素的理论后，陆续有一些安全工作者把目光投向人因素这一领域，对事故中的人因素进行研究。这些研究主要致力于事故的定量统计和分析，从中提取有关人因素的有价值的信息；致力于研究安全系统中人因素的地位，从中识别影响人失误的因素。实践证明，世界上所有事故的发生都具有它们的共性与特性，其中最为突出的共性就是绝大部分事故的主要原因均与人因素有密切的关系。人因素通常按对象、内容、过程、系统等进行分类。

人因素是指人在完成某一特定任务时，人的行为对这一系统的正确功能或成功性能的不良影响。人的因素涉及到心理学、行为科学、管理学、系统安全学、人机工程学等广泛的领域。个人远远不只是一种生产因素。在任何组织中存在人与人、人与物的关系。但人与物的关系最终表现为人与人的关系，任何资源的分配也都是以人为中心的。由于人不仅有物质的需要还有精神的需要，因此，社会文化背景、历史传统、社会制度、人的价值观、人的物质利益、人的精神状态、人的素质和人的信仰都会对人的活动产生影响。由于以上种种因素的影响，人在完成某一系统中的特定任务的过程中，人是否有足够的综合能力处理系统中出现的种种情况，就成为安全完成任务的关键因素。

IMO第A.884(21)号决议附录1中提出了IMO/ILO关于调查人因素的程序，它提供了一个分步骤的系统方法，该方法改变了人们事后对人进行惩戒的思路，开始关注事前预防预控机制。这种方法引入了软件、硬件、环境与人因素系统SHEL(HAWKINS,1987)模式。SHEL模式最早是由Edwards于1972年提出的，后经人们进一步改良，提出如图2-5所示的模型。

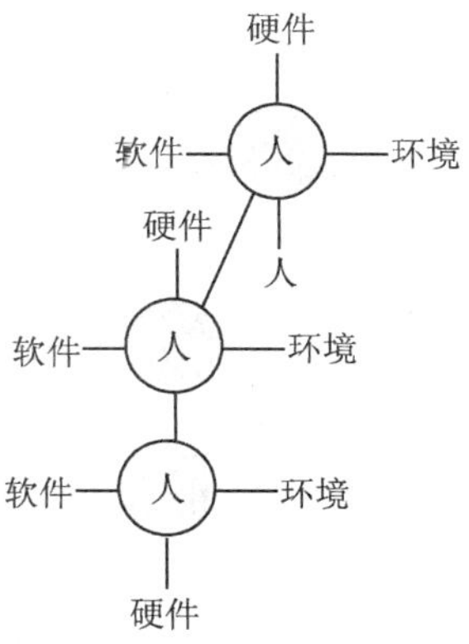

图2-5　SHEL模式

SHEL模式的4个基本要素是人(Liveware)、硬件(Hardware)、软件(Software)以及环境(Environment)。其中：人要素指与个人(Individual)相关的要素。作为一个生物体，人既有相应的能力也有其自身的局限性。人的行为要受到其体格、生理、心理以及社会心理等方面的影响。硬件要素指系统中的实体部分，如船舶、设备、货物等。软件要素指系统中非硬件部分，如航行计划、操作程序、应急预案、手册或计算机软件等。环境要素是指人—硬件—软件相互作用所处的环境,如气象、海况、交通密度、航道等。在SHEL模式中,人是整个系统的中枢,系统的其他要素必须适应、配合这一中心。

这里结合人—机—环境—管理的系统论观点,同样可参见图2-6划分人因素。该系统安全有效的运转不仅仅取决于个人要素,还取决于人与其他要素的和谐互动,强调各要素之间的紧密联系,是一个多维的动态系统。因此应考察系统各要素之间的关系(界面),包括以下四种界面:① 人—人界面(L-L):系统中人与人之间的互动,如人与人之间的领导、管理、交流、合作等关系。② 人—硬件界面(L-H):人与船舶、设备等硬件之间的相互关系,如船舶或设备的设计、布置等情况是否符合人的特性,是否便于人对硬件的管理、维护、使用或操作。③ 人—软件界面(L-S):人与软件之间的相互关系,如资料是否完备、合理,是否具有可操作性等。④ 人—环境界面(L-E):人与环境之间的关系,如工作条件是否限制了人的行为,外界条件是否影响了人的判断等。

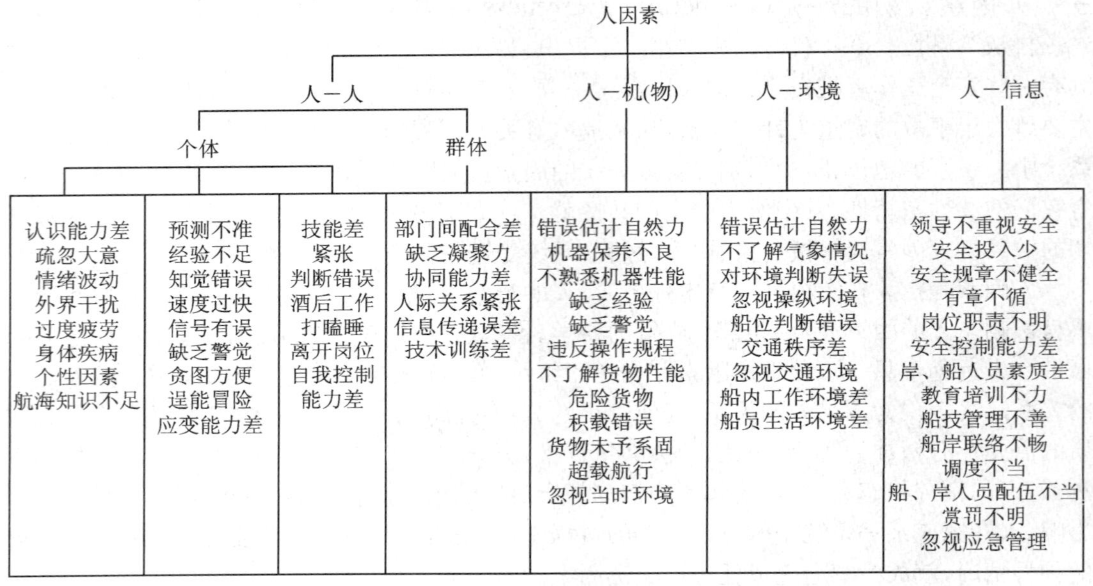

图2-6 人因素示例

人因素对安全的影响最终是由人失误所体现出来的。这些人失误的产生和人们在工作中的不安全行为有着不可分割的关系,而这些不安全的行为是在与物的某些不安全状态发生交叉时导致事故发生的。因此,从深层次来讲,需要关注加强船员管理方面的法规规定,对船员进行培训和船员培训机构的监督,同时改善人与环境之间的界面,以免外部欠佳的工作条件限制人的行为,影响人的积极性。体面的工作条件将提高船员的身体与心理舒适度,从而更好地完成工作任务。

目前,国际上有几种关于人的因素对海事影响的说法。根据“二八”定律,可以得出以下结论:在近期的海上事故中,约有80%与人的因素有关;在与人的因素有关的事故中,约有80%与管理有关;在与管理有关的事故中,约有80%与岸基管理有关。如果按照这种逻辑以数学方法计算,即所有事故中有51.2%与岸基管理有关。因此,对事故的分析,由于没有找到真正的原因,既不能使人心服口服,也不能真正地吸取教训,成为后事之师。

外部管理部门主要涉及对船舶通航加以管理与监控的港口主管机关,安排港口的引航、码头泊位、港作拖轮与带缆艇等作业的港务集团相关部门等；内部管理则主要为船舶值班人员对自己船舶的全局管理，包括船舶值班人员的学习与船舶安全航行工作的指导与安排，以及在船舶营运作业中安全保障体系的正常运作等。实践证明，许多船舶事故中所存在的船舶值班人员的不安全行为，船舶主机、设备、环境的不安全状态，相关单位与部门之间的协作问题等，都与相关管理中的缺陷有关。

四、墨菲定律(Murphy's Law)

墨菲是美国爱德华兹空军基地的上尉工程师。1949 年，他和他的上司斯塔普少校，在一次火箭减速超重试验中，因仪器失灵发生了事故。墨菲发现，测量仪表被一个技术人员装反了。由此，他得出的教训是：如果做某项工作有多种方法，而其中有一种方法将导致事故，那么一定有人会按这种方法去做。

1. 墨菲定律(Murphy's Law)

西方的"墨菲定律"是这样说的：凡事只要有可能出错，那就一定会出错。(Anything that can go wrong will go wrong.)

"墨菲定律"的原话是这样说的：如果有两种或两种以上的方式去做某件事情，而其中一种选择方式将导致灾难，则必定有人会作出这种选择。(If there are two or more ways to do something, and one of those ways can result in a catastrophe, then someone will do it.)

因此，根据"墨菲定律"可以得出推论如下：任何事都没有表面看起来那么简单；所有的事都会比你预计的时间长；会出错的事总会出错；如果你担心某种情况发生，那么它就更有可能发生。

2. 墨菲定律的启示(Understanding of Murphy's Law)

对待这个定律，安全管理者存在着两种截然不同的态度：一种是消极的态度，认为既然差错是不可避免的，事故迟早会发生，那么管理者就难有作为；另一种是积极的态度，认为差错虽不可避免，事故迟早要发生的，那么安全管理者就不能有丝毫放松的思想，要时刻提高警觉，防止事故发生，保证安全。正确的思维方式是后者。

根据墨菲定律可得到如下两点启示：

1) 不能忽视小概率危险事件

由于小概率事件在一次实验或活动中发生的可能性很小，因此，就给人们一种错误的理解，即在一次活动中不会发生。与事实相反，正是由于错觉，麻痹了人们的安全意识，加大了事故发生的可能性，其结果是事故可能频繁发生。在数理统计中，有一条重要的统计规律，假设某意外事件在一次活动中发生概率为 $p(p>0)$，则在 n 次活动中至少有 1 次事件发生的概率为：$P_n=1-(1-p)^n$。由此可知，不论 p 多小，当作业次数 n 越来越大时，P_n 就会越来越接近 1。譬如，中国运载火箭每个零件的可靠度均在 0.999 9 以上，即发生故障的可能性均在万分之一以下，可是在 1996 和 1997 两年中却多次出现发射失败，虽然原因是复杂的，但这不能不说明小概率事件也会常发生的客观事实。纵观无数的大小事故原因，可以得出结论：认为"小概率事件不会发生"是导致侥幸心理和麻痹大意思想的根本原因。墨菲定律正是从强调小概率事件的重要性的角度明确指出：虽然危险事件发生的概率很小，但在一次实验(或活动)中，仍可能发生，因此，不能忽视，必须引起高度重视。

2) 墨菲定律是安全管理过程中的长鸣警钟

安全管理的目标是杜绝事故的发生,而事故是一种不经常发生和不希望有的意外事件,这些意外事件发生的概率一般比较小,就是人们所称的小概率事件。墨菲定律告诫人们,安全意识时刻不能放松。要想保证安全,必须从现在做起,从我做起,采取积极的预防方法、手段和措施,消除人们不希望有的和意外的事件。如果说“墨菲定律”指出了“差错难免”,那么,“新墨菲定律”则指出了“事故可防”,把它当作警钟,时刻警惕,杜绝后患。其实,即使差错已经发生,也并不可怕,因为不是每个差错必然酿成后果。这就是说,在差错与后果之间,还有一条最后的防线——检查。检查出来了,后果就完全可以防止。要把墨菲定律改动一个词,把“do”(做)改成“see”(看),即成了“新墨菲定律”:“有可能发觉出错,必将发现。”(If anything can see wrong, it will.)显然,这个“新墨菲定律”更凸显出辩证法的活力。也正是它,有力地促进了安全理论和安全实践。

第二节　情境意识
Situational Awareness

从理论上讲,船舶运动充满了事物发展复杂性和偶然性的特点。船舶运动的变化要求对船舶所处环境和条件的复杂性和偶然性有更加全面综合和有动态感的了解。从常识上讲,所谓复杂性,指的是一种众多因素相互作用的状态,不仅仅表现为一个系统内各种因素之间极大的差异性,而尤其表现出这样一种极其难以预料的活跃性,即一种由众多因素以及这些因素的可变性和它们之间大量不同性质的关系而产生的活跃性。所谓偶然性,指的是两个或两个以上的因果关系或不同目的组成的“链条”不期而遇的不可预见性;从更广泛的意义上讲,对偶然事件的确定,既涉及到对属于同一个数量级复杂程度的说明,又牵扯到对既定对象特点的描述。正因为如此,为保证船舶的安全营运,保持对船舶运动的情境意识是十分必要的。

一、情境意识的定义(Definition of Situational Awareness)

情境意识,英语为 Situational Awareness,简称 S/A,有的译作“局面意识”“情景意识”“警惕性”“态势感知”等。情境 situation,《古今汉语词典》中指“情况,境地”;与情景 circumstance 不同,在《古今汉语词典》中指“情形,景象”。也有人认为,“境”与“情”紧密相关,情境是“一个人在进行某种行动时所处的特殊背景,包括机体本身和外界环境因素”(《辞海》),故情境也包含客观的“境”与主观的“情”以及由“情”萌生的主观的“境”之意,相应于英语的 feeling and context。意识是心理学上的用语,定义为人所特有的一种对客观现实的高级心理反映形式,是指生物由其物理感知系统能够感知的特征总和以及相关的感知处理活动。意识与生俱来,就是感知能力,任何生物都有感知能力。意识是思维主体对信息进行处理后的产物。思维活动所产生的意识以信息的形式储存、表现和传递输出,意识传播的实质是信息传播。情境也是心理学的一个概念,是指在一定时间内各种情况的相对或结合的境况,与个体直接联系着的环境(也即与个体心理相关的全部事实)相联系的一种组织状态。人的心理活动直接受情境的作用,环境只有经过情境才对心理起作用。安全心理学最关心的是个体与具体环境的关系，个体对具体环境的感知。

同一行为、同一刺激在不同情境下，会产生不同的心理反应。M. R. Endsley(1988)认为，情境意识是指对某一时空中环境要素的知觉和理解，以及对下一阶段状态的预测。因此，可以认为船舶人员的情境意识是指在一个特定的时间与空间内对影响船舶安全的因素和条件的准确感知。它是人们对于事故发生的一种预知和警惕，属于思想和思维活动的范畴。情境意识不是一种特定的行为，而是工作态度和思维活动的产物，它决定着人的行为与动作。同时，情境意识具体是指由理解力、注意力、判断力和执行力所组合而成的一种表现。情境意识表现如图 2-7 所示。

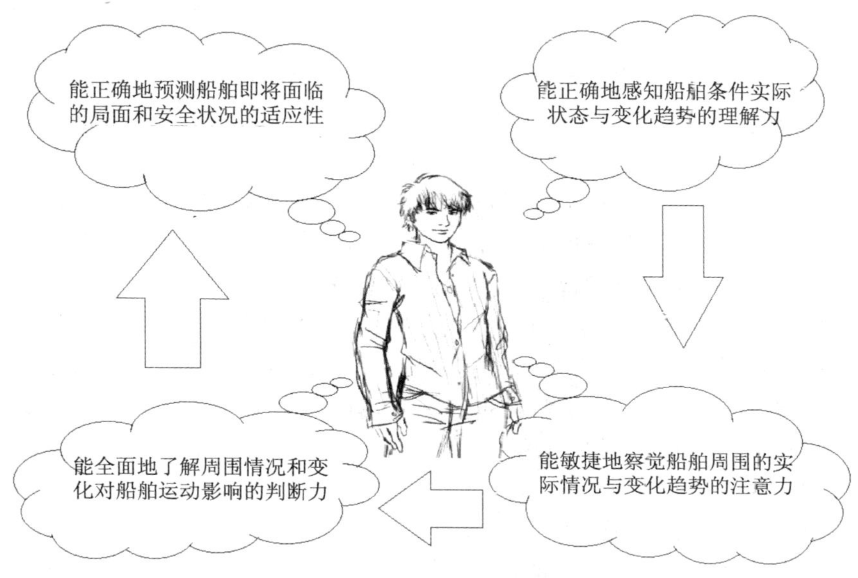

图 2-7　良好的情境意识

1. 正确地感知船舶条件实际状态与变化趋势的理解力(Ability cf proper understanding of practical status and changing tendency of ship)

船舶是船舶值班人员和引航人员操作和控制的工具，同时也是人员和货物的载体。船舶本身对于船舶作业安全有重要的关系，也是安全营运系统的组成因素，主要表现在适航性上，即船舶设备装置、操纵性能资料、货载配置等方面的状况。没有适航的船舶，再好的驾驶技术和完全遵守规章，事故还是难免的。

船舶在设计、建造和性能方面，具备了一定程度上在预定航区航行承受一般风险的能力。具体来说，虽然航行环境千变万化，船体结构、水密隔舱、机械设备和各种设备都符合安全航行的要求，反之就会形成船舶不安全状态。这种不安全状态常常是以静态的形式出现。因此，对于船舶条件的实际状态与变化趋势能正确地感知，并对船舶适航状态的完全理解是良好情境意识的要求之一。

船舶的不安全状态是构成船舶事故的物质基础，它可以由一种不安全状态转变为另一种状态。事故的严重程度随着船舶不安全程度的增大而增大。从某种意义上来讲、生产发展和技术进步的过程，实际上就是人们对物的不安全状态不断认识、不断完善并逐步排除物的不安全状态的过程。当船舶的不安全状态还没有被人们认识的时候，一旦时机成熟就很有可能转变为事故。而当船员认识到船舶的不安全状态,并想办法预防时,船舶的不安全状态就会消除。而以上表现出来的感知就说明了船舶人员能正确地感知船舶条件的实际状态与变化趋势的理解力。

2. 能敏捷地察觉船舶周围的实际情况与变化趋势的注意力(Ability of sensitive observation of practical environment and changing tendency around ship)

船舶在多种介质中运动,包括风、流、浪、涌等环境因素对于船舶运动与安全的影响是船舶人员所熟知的。船舶周围的实际情况包括船舶所处水域的自然条件、航道条件和交通条件等。时至今日,尽管科学技术飞速发展,但仍然不能依靠人力改变台风的路径,仍难于彻底避免大洋上波浪对船舶营运的有害影响以及雾的障碍作用。值班人员除利用适合于各种自然条件的航行方法谋求安全之外,再无其他办法。也就是说,目前的主要着眼点仍放在船员或者船舶巧妙地顺应自然条件,以克服其不利影响来谋求航行安全。因此,大多数与自然条件密切相关的海事均可认为是与之失衡的结果。

交通状况与自然状况及航道状况有极大的相关性,若将能见度不良、航道狭窄等条件加在一起,交通状况的影响程度便会很大。这样,交通状况并不是固定不变的,它是随附近环境的变化而变化的。因此,船舶操作人员应随时随地较为确切地掌握船舶周围的实际情况与变化趋势,并与之相适应地驾驶自己的船舶。这对于船舶安全是很有意义的,同时也是情境意识的组成要素之一。在狭窄水道和港口航道及其附近等复杂水域航行,务必保持高度警惕,使用安全航速,戒备可能遇到的各种复杂困难局面或紧急情况。大风浪中航行对航向航速采取适当调整,必须满足维持正常舵效和保持主机良好工作状况的要求。浅水区域中操纵,保持足够的富裕水深、控制航行速度、消除横倾十分重要。靠近码头时尽可能保持进泊的夹角为零度,扎拢速度小于 5 m/min。接近引航站、锚地前,根据船舶操纵要素,逐步减速,停车淌航,适时制动。海上航行中的避让行动应严格执行"规则"第八条的规定,及早地采取行动。在实际操纵时,避让的标准是早让、宽让、让清并保持在安全距离上驶过。大型集装箱船舶在海上航行时速为 25 kn,避让行动的提前量(除对追越和被追越船外)以两船的 12 min 雷达矢量线接近相交时为行动距离。两船即使对遇,TCPA 为 12 min,单凭本船采取转舵避让,以 15°/min 的转向角速度,6 min 改变航向达 90°,剩余 TCPA 仍然大于 6 min,即使另一船采取了相反的行动,仍有时间采取措施避免危险。

3. 能全面地了解周围情况和变化对船舶运动影响的判断力(Ability of thorough identification of influence of changing situation around ship on ship movement)

为了实现有效而正确的操纵决策,操船者必须对信息进行处理,结合操船模式进行有效的评估,最后形成操船指令。在这个过程中,很明显信息本身是输入部分,真正起作用的是这些信息下造成的船舶运动的影响,才是关键。操作者对这些信息的输入条件下需要运用逻辑与知识进行正确的判断,才能有正确的决策。如图 2-8 所示。

信息输入是操船者进行操纵决策的前提部分。按照船舶操纵理论,影响船舶操纵的信息有:① 船舶的动态信息:本船的运动信息,包括船舶位置、航向、航速及变化趋势,还有各种操纵器在作用状态和发挥作用情况,等等。② 船舶的静态信息:本船的尺度、主机性能、操纵性能、载货状态等船舶静态信息。③ 自然环境信息,包括风、流的方向及其强弱,尤其是它们对船舶运动施加外力造成的影响情况。④ 航行条件信息,包括航道环境和交通状况,即航道的可航水深、可航宽度,航道助航设施情况,航行航道的交通状况,附近船舶的运

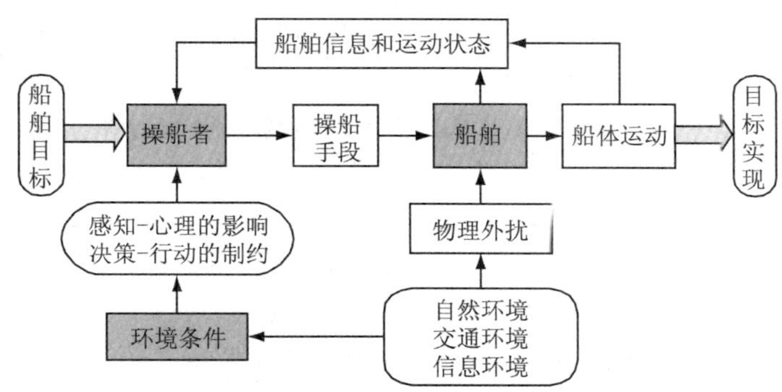

图 2-8 影响船舶操纵的信息

动状况，以及有关的操船法规等。因此，情境意识需要全面地了解周围情况和变化对船舶运动影响的判断力。

4. 能合理地采取有效措施与方法确保船舶安全的执行力(Adaptability of proper prediction of near-term future and safety situation)

船舶值班人员应当具有一定的专业技能知识来预见自己的特定行为会导致可能发生船舶动态结果，比如安全或事故。如果由于自己的疏忽大意而没有预见到以致发生船舶事故的后果或者是已经预见到船舶有危险，但因轻信不一定会导致发生事故后果的行为就是疏忽。情境意识要求船舶值班人员应尽其技能和谨慎驾驶的职责。在特殊情况下应有必要的戒备和采取适当措施避免事故后果。比如，船舶靠离泊过程中，需要注意航道航行船舶对船舶操纵与避碰的影响。由此可见，良好的情境意识能够使值班人员了解船舶即将面临的局面，并能正确地预测船舶安全状况。

二、情境意识的构成 (Components of S/A)

情境意识，是安全意识的一个重要组成部分，在船舶安全中起着相当关键的作用。安全意识作为团队成员在船舶营运中对各种各样有可能对自己或他人造成伤亡和损害的工作条件的一种警觉和戒备的心理状态，对事故的发生有着千丝万缕的联系。许多事故的经验教训表明，有着良好的对当时情况和局面的安全戒备，是预防和控制事故发生的有效措施。

为了充分理解情境意识在安全方面所起的作用，认识情境意识的构成要素是十分必要的。作为船舶安全的保障，从各个构成要素着手是船舶值班人员培养情境意识的有效手段。而情境意识的构成涉及很多因素，其中主要表现为：经验与训练；操纵与操作技能；身体与心理状态；对情况的适应与熟悉感；驾驶台领导与管理技能(图 2-9)。

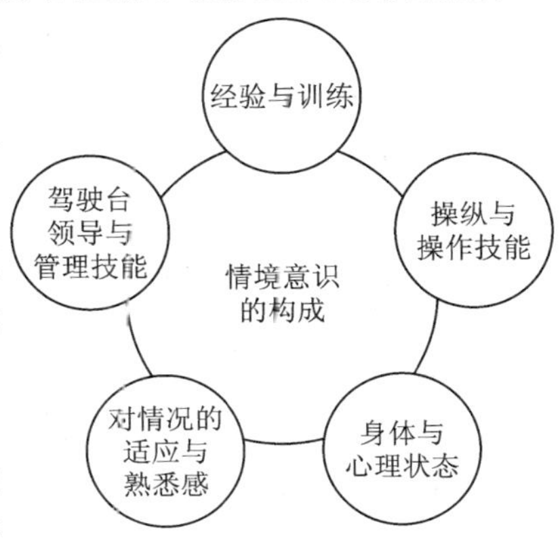

图 2-9 情境意识的构成要素

1. 经验与训练(Experience and training)

情境意识最基本的影响因素是经验与训练。经验和训练是获取知识的重要途径，知识越丰富，理解力、判断力和适应性强，情境意识自然越高。

尽管不同船舶不同级别要求船员知识的深度广度会有差别，但使船舶安全营运所必需的知识是不可缺少的。而且船舶越复杂,自动化程度越高,所要求的知识水平就越高。船舶值班人员日常工作中的传统习惯和经常性的做法,即运用船舶作业人员所对应职责应具有的知识、经验、技能和在各种情况下所要求的戒备以避免危险的习惯作法,都可以作为成功应付不同条件和局面的经验,而这些经验可以认为是情境意识的基本内容之一。

训练能使人的机体形成巩固的动力定型,可使参加活动的资源数量减少,动作更加协调、敏捷和准确,不易产生疲劳。如船舶在航行时,值班人员总结出以下经验:① 在航船让锚泊船;② 操纵能力良好的船主动避让操纵有困难的船;③ 通常不穿越他船首前方;④ 尾随他船应保持适当距离;⑤ 熟悉本船操纵性能,注意浅水影响及船吸、浪损等效应;⑥ 避免在弯曲水道相遇等;⑦ 避免在交通频繁水域或航道附近锚泊;⑧ 强风时应远离他船,备车松长锚链;⑨ 发现他船走锚危及本船时应及时采取备车,备好碰垫和松链等措施。

2. 操纵与操作技能(Shiphandling and operational skills)

技能是构成情境意识的重要因素。操纵与操作技能越强,理解力和适应性也越强,情境意识越高。技能与知识虽有密切关系,但在本质上却各有其特殊的内容与要求。即使读书破万卷,但没有从事船舶营运的实际经验,也是不能安全驾驶船舶的。当然,只有些实际技能而无足够的理论知识,也具有极大的局限性。技能是通过实际技术训练才能获得的能力,特别是船舶实际操纵技术,必须能够适应经常不断变化的外界条件的要求。又必须能够及时跟上不断更新的技术与设备的发展,因此,除了经由一定数量的切身体验来掌握实际技能之外,则难有其他捷径。

3. 身体与心理状态(State of health and physiology)

情境意识非常重要的构成因素是健康状况,它是充分运用自己知识和技能的基本条件。很难想象一位健康状况不良的船员会有足够体力去学习和灵活应用自己的知识和技能,会适应海上多变的自然条件以及紧张工作的要求,以保持良好的情境意识。健康状况不良,会降低各感官的功能,容易出现过劳、疲劳,甚而无精打采。航海中许多误操作引发海事事故的严重教训,重要原因之一正在于此。

情境意识的构成因素也包括心理状态。极高的政治责任心,极强的安全意识,极高的道德水准,顽强的战胜困难的意志与毅力,忠于职守的热忱与执着,模范的工作习惯以及临危不惧巧于应变的能力,等等,都是应有的心理状态。在这种状态下,船舶值班人员的注意力集中,情境意识高。无上述心理状态,丰富的技术知识、熟练的技能和健康的体魄便失去了发挥的基础,情境意识更是无从谈起,某些方面精神上的"不注意"就有可能酿成海事事故。分析许多海事事故的成因,凡是与"不注意"有关的,大都在情境意识上存在重大欠缺的问题。

4. 对情况的适应与熟悉感(Adaptability and familiarity of situation)

心理学研究表明:人在认识客观世界的过程中,从对客观事物的感知到对客观世界的改造,具有两个心理过程。一个是认识过程,另一个是意向过程。认识过程主要包括人的感知和思维过程。外部世界的客观事物作用于人的感官时,会在人的头脑中产生对事物的映像,这种映像就是人们所获得的对客观事物的感知认识。在感知认识的基础上,通过大脑进行思考、分析和判断,即思维,形成知觉。这是人们认识客观事物的首要心理活动过程。其次是意向过程,它是人们在对待和改造客观事物时的心理活动过程。这种活动过程包括人们的喜怒哀乐,克服困难的态度,全神贯注、聚精会神地进行工作的能力等。对情况的熟悉程度越高，认识过程中对局面和条件的感知越容易，在思考、分析和判断上容易达成与实际情况相一致的结论，情境意识自然也越高。从某种意义上来讲，船员不断地改变服务船舶种类，不断地改变服务航线，对团队情境意识是一个负面的影响，所以船舶对本船的团队情境意识和综合能力时时刻刻都要有一个清醒的认识。

5. 驾驶台领导与管理技能(Bridge leadership and management skills)

船舶作业是一个多部门多人员相协同的工作。就驾驶台来讲，船长、引航员、驾驶员、舵工是常见的一种工作组合。单凭个人的力量是不可能保持高水平的情境意识的。要想得到良好的情境意识，充分发挥每一成员的作用与功能以及相互之间的支持和监督是十分必要的。

安全管理工作的具体目的就是要消除物的不安全状态和人的不安全行为。从"物"的因素来看，即本质安全化，绝对安全是不可能的。就现代科学技术水平来说，任何一艘船舶，要做到绝对安全，消除"物"的不安全状态是很困难的，也是很难办到的。此外，由于船舶生产规模不定型，运输作业相对不稳定，所以不安全因素总是客观存在的。从人的因素看，要绝对安全也是不可能的。人在生产活动中最活跃、最富有创造性，即具有主观能动性。许多事故的发生，可以说明这一点，无论物的不安全状态怎样，只要发挥人的主观能动性，主动地去认真检查，物的不安全状态就可基本上消除。而人的行为是受思想所支配的，是不易控制的，也是会出现不安全行为的。因此，安全管理中，在注意物的不安全状态的同时，要密切注意人的不安全行为。正因为如此，驾驶台领导与管理技能的高低与驾驶台团队成员所形成的情境意识有着密切的联系。

三、团队情境意识 (Team Situation Awareness)

单凭个人的力量是不可能保持高水平的情境意识的，这意味着良好的情境意识需要团队人员的协助和配合。根据科学实验的结果，一般人的脑力大都只能同时记忆 7 项不同的事情。船舶驾驶台同时接受和处理大量的信息，如引航、码头、拖轮、周围他船、潮流、吃水、航标、机舱、船首、船尾、舵令、车令、雷达、VHF、信号等。船员在接听 VHF 电话时很难顾及其他情况变化，难免要分散注意力，致使其指挥不连续，发生失误。事故发生前，船舶所处的环境就像一个电子邮箱一时间被塞爆了一样。

良好的情境意识就具有识别一个过失链和在事故发生前将其破断的能力，可随时知晓团队与任务相关的将发生的事情，识别和找出失误。丧失情境意识表明一个过失链正在形成。情境意识越好，事故风险将越小。低情境意识产生高风险，而高情境意识减少风险，如图 2-10 所示。

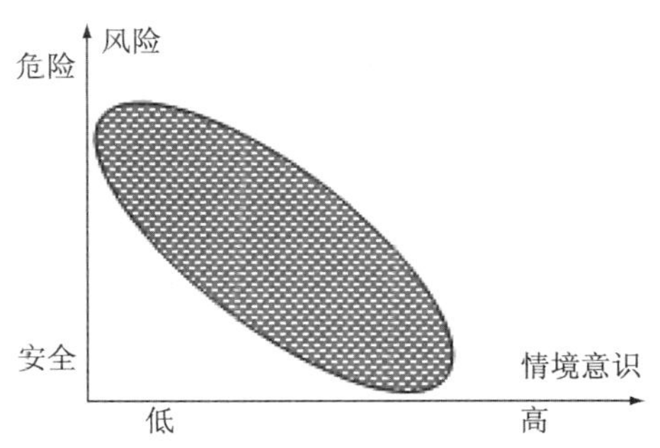

图 2-10　情境意识和安全的关系

在发生事故的许多场合下，其原因并不是船长不具备经验和技能，而往往是禁不起时间和空间的挑战。如果能把事故的形成演化为慢动作，那么避免这个事故可能就是轻而易举的了。显然，这一时期最好的措施就是利用团队的集体力量。因此，团队成员应认识他们各自的任务，并在保持高水平的情境意识中发挥作用，以做好他们应做的工作。团队情境意识是包括船长、引航员和船上其他所有船员各人情境意识的综合。

团队成员在做好各自的工作的过程中,可以依靠团队情境意识来达到船舶的安全。为了保持情境意识,及时发现事故链形成的迹象,中止事故链达到安全营运的目的,可积极推行以下方式:

1. 驾驶台工作的计划和准备(Plan and preparation for work on bridge)

船舶营运中,船舶人员应认真阅读港口指南、航路指南、灯标表、潮汐表、海图资料、航行警告和港口的有关航行法规等资料,特别是对船舶所经航道和所经水域的风向、风速、流向、流速、潮时、潮高、航道水深、限制高度、航标、障碍物、急转弯地带和拖轮等情况要做到心中有数;并制订周密详尽的航次计划、进出港计划、靠离泊计划和多种应急预案。提前做好计划,知道将要发生的事情和处置措施,是情境意识中极为重要的内容。平时工作中培养安全的做法和习惯,可在正常操作中使用安全惯例,以留出时间和精力解决难题。

2. 最大程度地加强个人情境意识(Maximization of personal level of S/A)

任何团队的工作最终还是依靠个人工作而完成的。因此,最大程度地加强个人情境意识,是保持良好团队情境意识的主要内容。个人情境意识的培养和提高是十分关键的工作。

(1) 运用良好的船艺。"良好的船艺"包括了"船舶值班人员通常做法或当时特殊情况可能要求的戒备"。事实上,船舶操纵本身就是良好船艺的归纳、总结与制度文化。但制度或程序只是良好船艺的一部分,而不是良好船艺的全部。因此在船舶营运过程中除了要严格遵守规则规章外,还应有在任何情况下运用良好船艺之责任。比如在船舶避碰过程中:作为顶流进港的逆水船相对于顺水船容易控制船舶,应意识到按照良好船艺或港章要求,都应承担更多、更大的避让责任,并应有相应的戒备。船舶已近泊位,航道的附近都是码头,在航道边还有可供小型船舶通航的岔道河口,在船舶驶近这些航段时,作为良好的船艺应十分警惕沿岸码头可能会有船舶离靠操纵,进出航道;可能会有小型船舶从河口岔道驶进或驶出,强行穿越航道。此时船舶值班人员应该像在马路上车开到了人行道斑马线附近时要减速慢行进行观察一样,既要防止突然情况的发生,也要防止浪损小船。在当时的环境和能见度不良的情况下应派瞭头,备妥双锚,在碰撞前的关键时刻可协助紧急停船。应充分注意到小型船舶在船员配备、导航设备、人员素质等方面的特点而进行主动避让。

(2) 克服不确定性。不确定性本身也许不危险,但它意味着有差异,但差异原因需要证实。克服不确定性要求强化经验总结,积极实施训练。训练的内容可以是多设备资源的利用。同样是船舶进出港,往往会碰到各种会遇船舶,他们的航行动态和意图具有不确定的情况,特别是在航道交叉口。又比如,靠泊计划往往也会受到泊位安排、生产调度等的影响,在船舶进港过程中会遭受到引航计划变更、靠泊计划变更等不确定问题。这些不确定的处置要求值班人员在船舶操作过程中留有余地和方案准备,并尽早获得信息做好应对准备。

(3) 警惕过失链中相关环节存在的可能性。船舶始终在一个充满不确定性和多因素共同作用的条件下运转,要维持船舶安全的状况,需要船舶人员分辨各个环节现有作业因素出现干扰而形成失误链的可能性,且有充分的时间采取行动中止链形成并防止再次发生。有时难以避免发生,但有良好的意识能在适当的时机运用"中断点(abort point)"来采取适当的行动。这点在船舶避碰过程中的"安全航速"应该是安全的前提下的航速控制,而安全在船舶作业过程中的"专业判断"要求尤为突出。比如船舶有可能出现紧急情况或突发状况,进出港过程中需要一直保持备锚以及海上雾航时需要备车等。

(4) 团队成员的支持与协作。在一个特定的环境中,每个人的感知会有所不同。在驾驶台资源管理中,引航员对航道、水深、环境、错船、靠离泊等方面的感知会胜过船长;在本船操作特性、停船、船速、旋回等方面船长的感知更敏锐。这里的期望显然是一个驾驶台的综合情境意识,是一个团队的情境意识。

(5) 灵活把握注意力的集中和转移,合理组织值班船员。比如,船舶进出港口过程中,特别是船舶人员各自的位置、角度、常规职责、应急职责、信息沟通交流方式和记录、应急处置、驾驶台工作规程等,形成一个注意力范围足够广泛,反应灵敏、信息畅通、互补、完整无瞭望技术死角的操船整体。避免由于个体的错觉,以及主观臆断造成失误。

3. 充分认识其他驾驶台团队成员的作用(Recognition of other teammembers' functions)

充分认识其他驾驶台团队成员的作用,要正确感知你周围情况,敏捷地察觉周围情况的变化并全面了解周围情况变化对我轮的影响,最终能对即将面临的局面加以正确考虑和计划,并作出相应应急措施的准备。

在船舶作业过程中,船长负责船舶的管理和驾驶。船长领导全体船员,遵守国际公约以及国家法律、法规,熟悉和执行公司的安全和环境保护方针,根据船公司的要求安全优质地全面完成运输生产任务;船长有权根据其专业知识及经验判断采取一切必要措施,并有绝对权力采取决定性行动,保证海上安全,防止人员伤亡,避免对环境(尤其是海上环境)造成危害以及对财产造成损害。

值班驾驶员在当值期间是船长的代表,对船舶营运安全负全面责任。值班驾驶员在值班时间内应始终保持在驾驶台或与之相连的场所,当必须进入如海图室、GMDSS操作部位时,应尽量缩短时间,并保证确认这样做是安全的;即使船长在驾驶台,仍应继续对船舶的安全航行负责,直至被明确告知船长已承担此责任并彼此领会时为止;为了安全而采取的某种行动产生疑问时应及时通知船长。引航员在船引航时,并不解除船长或值班驾驶员对船舶安全所负的职责和义务;双方应密切合作,并保持对船舶位置和动态进行精确的核对;如有任何怀疑,应要求引航员予以澄清;其后如仍有怀疑,应立即报告船长。

操舵水手对于船长、驾驶员或引航员发出的舵令必须先复诵,执行后还应再复告一次。如未听清或不懂应立即询问清楚后再执行。发现舵效异常应立即报告。夜间航行,在接班前或交班后按要求进行巡回检查,并将检查情况报告值班驾驶员。进出港时,值班水手除瞭望外,还应协助驾驶员注意车、舵命令执行是否正确。

引航员在船上引航时,发挥熟悉和了解航道和港口情况的优势,运用其具有的驾驶和操作船舶能力,为船舶进出港和靠离泊提供引航技术协助和咨询。船长并不解除管理和驾驶船舶的责任。并应保持同引航员良好的沟通与协调,认真监督引航员的引航操作。

通常来说,船舶驾驶台人力资源由以上人员所组成。在驾驶台团队成员中,由于每个成员有不同的经验与训练、操作技能、身体情况与思想以及有不同的对情况的适应与熟练程度、不同的领导与管理技能等多种因素原因,即使对同一个情景,不同的人也会作出不同的判断,而错误的判断往往造成船舶险情的发生以致造成事故。为保持船舶的安全运行,应最大限度地保证船舶情境意识的合理实现。

4. 重视通信中的反馈(Emphasis of importance to feedback in communication)

信息传递的完整性要求完成一个闭环式的通信过程。这需要高度重视通信中反馈的作用。一些案例分析表明,船长与引航员的沟通显然存在着问题,那就是“信息交流没有闭合”。如在某一事故中,当船长在雷达上观察到附近水域小船较多时就对引航员说:“还是抛锚吧。”但引航员没吱声。而以后所采取的一系列的减速和向左转向措施,究竟是不是去择地抛锚,船长当时并不是十分清楚,因为他没有从引航员的口中获得船舶将去抛锚的确切信息。至于对引航员的向左转向、“准备去抛锚了”等操纵行为,仅是船长从引航员的操纵动作中理解出来的。这种情况就谈不上相互间讨论准备何时、去何锚地和如何操纵等细节方面的沟通与交流了。同时也导致他们在关键时刻难以相互协助和积极采取应急措施。

5. 有效地检查和监督(Effective checking and supervising)

相互检查和监督是保持船舶情境意识和安全工作十分有效的措施。人非圣贤,难免会出现疏忽或者错误,船员需要保持相互检查的习惯,每一船舶作业人员还要乐于并善于接受他人的检查与监督。同时,因情况和环境千差万别,人与人的特点不同,很难给出一个像数学一样准确的检查结果,因而处理监督中的问题需要采用被激励,而不是被批评。在心理学上认为,一个人的成长与成功是离不开鼓励的,所以船舶管理艺术不仅仅是做指示、下命令,还在于积极采用激励、唤醒和鼓舞船员的方法,使他们为共同的工作目标而奋斗。

6. 培养风险意识(Raising risk awareness through carrying out Job Hazard Analysis)

船舶在要求驾驶员严格执行规章制度的同时,要善于对船舶即将处于不同水域、不同环境和不同情况的“航行风险等级”进行预见性的评估,从船舶值班人员的通常做法或特殊情况可能要求的戒备角度来说,船舶还应根据评估的结果,事先用“不同的航行风险等级”配套相应的“不同的戒备级别”(通常有戒备、高度戒备和特别戒备三种),制定对应的具体的戒备措施,并付诸实施,杜绝戒备上的漏洞,以期达到化解航海风险的目的。

第三节 人失误与船舶事故的预防
Human Errors and Prevention of Ships Accident

统计和分析的结果表明:海上事故有80%以上是由于人失误(Human Error)所致。在这种观点已成为人们共识的今天,许多人往往只是将其停留在文字或语言的表达与说明之中,而对形成这种观点的来由及其内涵尚缺乏全面的了解和正确的理解。应反复强调的是,海上事故或灾难很少是由一种人的失误或单一事件所造成的,它们几乎都是由一系列不严重的失误或事件的叠加、互为因果导致的。

一、人失误的定义与分类(Definition and Type of Human Error)

人失误(Human Error),又译成“人差错”“人为过错”“人体过错”等,是指在某一特定系统中的操作人员在完成任务的过程中因意识、判断或行为等出现疏忽(Neglect),从而不能根据当时环境和情况进行适当的操作,最终致使其无法正确处理面临的情况而发生系统运行的失常。从通俗的意义而言,它就是通常人们认为的该做的未做,不该做的却做了。由于人不同于机器,具有自己的头脑和思维,且每个人的智商、知识、技能等都因各自的智能、身体、受教育与学习情况、工作与生活环境等背景而各不相同。所有这些特点都会在实际的工作及发生的事故中加以体现。另外，虽然人擅长于应用知识来分析局面，解决问题，但是人不擅长于长时间进行重复工作和长期不间歇地保持精神高度集中，容易因厌烦、疲劳和枯燥而产生迟钝，所以在船舶营运的过程中经常可能发生船长或引航员下达了错误的指令，值班驾驶员摇错了车钟，或是舵工操错了航向等。

值得说明的是，人失误与人的不安全行为是有区别的：人的不安全行为是导致事故的直接原因，而人失误不一定是。人的不安全行为的主体是在事故现场的人员，一般是现场操作者；人失误的主体可以是不同岗位的人员，如设计者、制造者、维修者、管理者等各类人员。防止不安全行为采用 3E(工程、教育、管理)原则中的教育和管理比较有效；防止人失误采用 3E 原则中的工程技术和教育比较有效。人的不安全行为本身往往是错误的(有意识的)；人失误时行为本身往往不错，而是进行过程中偏离了预定目标(无意识的)。按照专家观点，人的不安全行为分为人失误和违规两种。人失误存在着操作人员水平不高和缺乏必要的学习与训练等因素影响，其可以发生在正常工作或发生在特殊情况的不同的环境之中。

人的不安全行为是导致事故的直接原因。人的不安全行为造成的船舶事故中，往往涉及到不同情况的人失误。有时人失误被认为是违背设计、操作和管理规程的错误行为，因此需要明确人失误、不安全行为等之间的关系以及分类。根据Reason(1990)提出的事故起因及通用失误模式系统(GEMS)，认为人不安全行为包括故意或非故意行为、无意或有意行为。无意识行为是非计划性的，这些差错存在于操作过程中；有意行为是按照计划进行的，但属于不适当的行为，这些差错存在于计划过程中。人失误与此两种行为都有一定的联系，有 3 种潜在失误类型，即疏忽、差错和错误，见图 2-11。其转化形式也需引起注意。

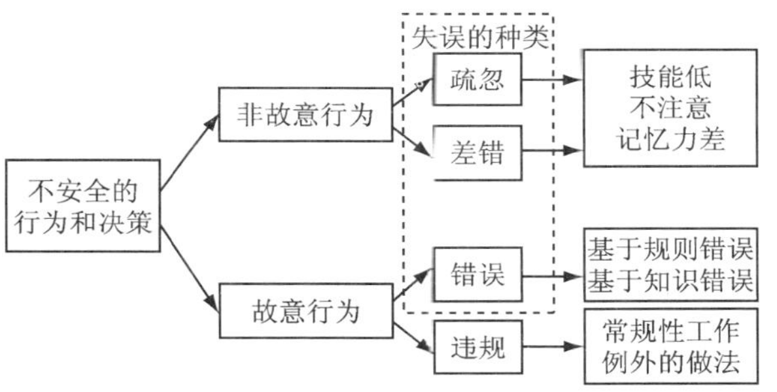

图 2-11　通用失误模式系统(GEMS)

1. 疏忽或差错(Slips and lapses)

由于疏忽或差错而导致的失误是最为常见的，他们的产生往往是与本身对待工作的态度和自己工作所处环境中的实际情况密切相关。

疏忽是一种无意识行为，它是注意力方面的失误。这主要表现在：刺激物出现了，但人没有感知到；或刺激物已被发现，但感知错了；或对刺激物感知不全面。这存在于操作过程中。行为差错是指人操作船舶的错误行为或应为而不为。差错也是一种无意识行为，它是记忆力方面的失误。例如由于自己对工作掉以轻心而注意力分散，或是对船舶的安全工作重视不够而未能保持高度警惕性，或是在实际工作中因工作压力太大或由于过度的疲劳等而造成对正常可预见环境的变化不能采取适当而有效的行动而导致失误的发生。这类失误在船舶值班人员的实际工作中经常发生。

另外，心理学上注意的稳定和分配会造成疏忽和差错。注意是一种常见的心理现象。它是指一个人的心理活动对一定对象的指向和集中。注意受到很多主、客观因素的影响，如需求、兴趣和爱好、知识和经验、情绪状态、人的精神状态以及受到的训练。注意的稳定性指注意长时间保持在某种事务或活动上的特性。心理学家们通过很多实验和调查，得出了一个基本结论：任何人的注意不能以同样强度维持在 30 分钟以上，超过 30 分钟，作业效率将明显下降，错误率上升。此为“三十分钟效应”。注意的分配是指在同时进行两种或两种以上活动时，把注意指向不同对象的特征。严格地说，在同一时刻，注意不能分配，即所谓“一心不能二用”。当同时在进行智力和运动活动时，智力活动的效率会降低得多些。因此，当一位驾驶员在数个小时的值班中，要同时进行多种智力和运动活动时，如要避让、瞭望、用车、用舵、记录、看雷达、计算、观察等，“走神”或发生差错的概率就会增大。

2. 错误(Mistakes)

错误是一种有意识行为，但并非有意违反规则或计划。这种差错存在于计划过程中。错误指人通过思维做出的决策与实际情况不符，如航路选择不当、来船动态判断错误等。通常包括基于知识的错误、基于规则的错误、基于技能的错误等。

1) 基于知识的错误(Knowledge-based mistakes)

基于知识的失误主要是指因本身的无知而犯错，即由于自己缺乏足够的相关知识或错误理解了船舶营运或作业中的一些关键性原则，而无法或不能正确应对或处理相关的局面或情况而导致的失误。这种失误在当今受过良好教育的船舶值班人员中间并不多见，但客观上因自己对工作的知识理解不深和运用不当的错误还是存在的。即使具备了基本的知识，在考试中能够获得满分，但从知识到技能，从经历到经验还有相当的距离，需要通过实践中的操作去完成这种转化和升华。这好比人们尽管具备了所有的有关海上生存的知识，但要真正学会海上求生，还需进行一定时间的实际操练。

2) 基于规则的错误(Rule-based mistakes)

基于规则的失误主要是指因本身没有正确或充分考虑相应的规则而草率决定并采取行动，或是没有注意到规则的适用性而错误地执行了规则、或是凭主观意念错误地应用被“简化的”规则而导致的失误。它也包括了由于对相关规则的信息不明确而犯错的现象。从现有的一些船舶事故来看，这类失误在客观上是经常发生和存在的，主要表现为船舶操作者运用规则进行行为输出时，由于外界环境发生了变化，而操作者没有及时调整适用规则而习惯实施行为，这与船舶事故有着非常密切的联系。其实，错误的转化形式是一种有计划的差错形式，即有意违反已制定的规则或计划。错误的转化形式常发生在人们的日常生活中，如人们经常修改行为程序或不严格遵守行为程序等，这些常常是由于设计不合理或行为规范制定得不当造成的。

3) 基于技能的错误(Skill-based mistakes)

基于技能的失误主要是指因本身缺乏从事本职工作的操作技能而导致在实际工作中发生的失误。它往往是由于缺乏足够的训练或缺少实际工作的实践经验而发生的，当然这也和自己与同事间相互交流经验过少有关。这类失误在一些担任驾驶工作时间不长或工作经历还不多的船舶值班人员中还是屡有发生的，并与船舶事故的发生也有着非常密切的联系。

3. 违规(Violation)

违规是指违反规则的故意行为，如习惯性的急转弯，走捷径、为了寻求刺激或逞能而违规，由于异常情况不得已而违规和文化制约等。违规不是失误，违规与失误都属于人的不安全行为。

1) 基于文化制约的违规(Violation from cultural conditioning)

基于文化制约的违规主要是指因本身工作环境中的团队人员由于文化意识与背景的不同而产生的局限性所引发的失误。它可以包括团队人员中由于不同语言的使用与理解、或缺乏上下级人员之间的交流与质询、或可能对意图的误解和毫无疑问地服从等具体原因而产生的失误。由于船舶值班人员所涉及工作环境的特殊性，如在国外港口经常与不同国家或地区的引航员组成新的驾驶台团队，这类因涉及不同文化制约所导致的失误也是常有发生的。

2）基于违反安全惯例的违规（Violation from safe practices）

基于违反安全惯例的失误是指本身因未能严格遵守实际工作中形成的通常的安全习惯做法所引发的失误。导致这类失误的发生常与过于自信或自满、对工作中良好的习惯做法与安全之间的关系不够重视、喜欢凭个人经验办事、不注重团队工作的作用、忽视别人的建议、查阅的书或出版物有误以及背离原定的计划航线有关。而因以上原因发生的失误，在目前船舶值班人员的实际工作中也是客观存在的，并在所有的失误中占有一定的比重。

二、失误链的线索和征兆 (Clues & Signs Indicating Error Chain)

在船舶事故中，经常涉及到两种主要情况，一是由于船舶的技术性故障引起的事故，二是完全由人失误造成的事故。前者主要涉及到影响船舶运动的3个主要技术系统发生的故障，它们包括动力系统、操舵系统和导航系统。这些系统产生的故障可能是完全性故障（Total fault）或间歇性故障（Intermittent fault），但是它们在船舶营运过程中所导致的后果都是非常严重的。必须注意的是，有些因船舶动力系统、操舵系统和导航系统导致的船舶事故中也常掺杂着一些人失误因素，例如在发生这些故障后的应急措施不当或不力等。从事船舶营运和安全管理的所有人员都必须深刻认识人失误的产生原因、特点及其后果，及时发现已产生的人失误与形成的失误链，果断采取有效措施来避免人失误，中断失误链的继续发展，从而达到船舶安全的目的。

对船舶周围局面和情况的判断与形成一个过失链的分析，在船舶安全层面上是一致的。情境意识的丧失也就表明过失链正在形成，见图2-12。要保持船舶安全，要求船舶具有良好的情境意识，在此基础上，才能采取相应的措施来终止事故链。由此表明，过失链形成的迹象与丧失情境意识的迹象是一样的。在船舶作业中，这些迹象通常有：

1. 不确定（Ambiguity）

图 2-12　失误链的线索和征兆

不确定是信息的不对称所形成一种特性。实际的或真实的信息与接受或处理的信息不对称，就会形成不确定性。不确定性出现，就难以正确感知信息，极易出现行为过失，从而形成过失链。不确定性是表明过失链形成的迹象，同时也是丧失情境意识的迹象。

比如由于操船者在船舶会遇并存在碰撞危险的情况下实施避让行动选择的不确定性为

避让行为的不确定性。统计数据表明,船舶会遇时,值班人员就根据当时情况和局面认真观测以判断是否与来船存在碰撞危险,如有碰撞危险时就需采取避让行动。在实施避让行动时,值班人员在避让的时机、船舶会遇距离、避让方式(转向或减速)和行动幅度上都存在着较大的差异和不确定性,并且值班人员的避让行动与船舶会遇态势以及船舶间距大小有关。

不确定性信息可分为四类,它们分别是:① 由于发生条件提供的不充分或偶然因素的干扰所产生的随机性;② 因信息的外延模糊导致的模糊性;③ 信息部分已知、部分未知而导致的信息不完整性;④ 由于决策者在主观上的、认识上的不足所产生的信息不完备性。

在船舶营运作业中,形成信息不确定性可能多数出现在由于两种或两种以上独立的信息源出现分歧:比如不同设备,不同人员,法规、规则、程序与系统或其他合成的来源数量达到或超过两个。

2. 注意力分散或瞭望不当(Distraction or improper lookout)

注意力是人的心理对一定对象的指向和集中,即心理活动有选择地针对一定事物,并使其在自己的大脑中达到一定的清晰度和完善程度。很显然,一般情况下,人必须将注意力集中在重要的事务上,并剔除不相关的信息。虽然可以转移注意力,但同一时刻只能专注于同一领域。当所有的过多的重要信息需要人来同时处理时,问题就随之产生了,或者说的注意力可能游离于一些使之分心的信息中。

不同的航行环境具有不同的注意广度。注意广度是指注意的范围或指在一定时间范围内所能把握一定清晰度的事物的数量。航行在茫茫大洋中,周围目标稀少,环境单一,可有足够的注意广度。当航行在复杂区域如狭窄水域、进出港、河道、靠离码头时,周围目标增多,环境复杂,来往船舶众多,驾驶员不仅要注意本船船位、车舵情况,还要注意他船动态、导航物标、障碍物,必要时还要注意航道的水深,以便避让来船时争取主动。在这样的局面下,一般驾驶员便可能缺乏一定的注意广度,有顾此失彼之感。

注意力分散(即走神)可由下列因素造成:① 领导与指挥的失误。领导的错误指挥会导致船舶人员不能把有限的资源用在关键的地方,导致人员的注意力分散。② 信息过载或冗余。当过多的重要信息需要人在同一时间进行处理时,就会发生信息过载的现象,危险就随之产生了,此时人的注意力可能分散,会出现游离于一些不很关键的信息上从而发生顾此失彼的现象。③ 压力和疲劳。压力和疲劳会使人处理信息能力下降。能力的下降就使船舶营运注意力分散,并拒绝接受其他信息。④ 紧急情况。在紧急情况下,人们的心理状态发生变化,出现惊惶失措、高度紧张,往往出现不知该怎么办、注意力不能集中。⑤ 经验不足。由于经验不足,人们面对局面时会不知该如何作为,将注意力集中在一些已知的细枝末节上,非常关键的情境信息由于经验不足而忽略了。

注意力有时无法集中,有时又无法灵活转移。海事研究表明,碰撞事故发生的重要原因之一是当事者疏忽瞭望。所谓疏忽瞭望,不仅指没有看见,或仅仅看到了来船,更多地是指没能将注意力集中于“来船是否致有构成碰撞危险”问题的充分估计上。在大洋航行中,当驾驶员在似乎没有危险的距离上发现来船时,一般不会将注意力集中于这一事件。而在复杂环境航行时,又由于需注意的事件太多而无法集中注意力。同时,要充分认识到,注意力过于集中在一个问题或某一方面,例如 VHF 通信,它可吸引一个人的全部注意力,从而忽视了处理其他更紧迫的事件,比如会遇船舶的避碰。这是注意力分散的另一种形式。因此,集中注意力和注意力灵活转移是驾驶员的重要素质。

事实上，在复杂水域航行，个人的注意力总是有限的，因而操船者要合理地组织驾驶活动和创造有利于注意力的驾驶台环境，形成一个注意范围较广，反应灵敏的操船整体，以克服单个人的注意力缺陷。由于船舶工作的特殊性，船员在海上工作中容易发生“走神”现象，因为“走神”而造成紧张局面，造成事故发生的事情时有耳闻。不论何种形式的注意力分散都是表明过失链即将或正在形成，同时也是丧失情境意识的迹象。

3. 感知不全面或混乱(Perception of inadequacy or confusion)

有关人员对局面失去控制的感知就是不知道随后将会发生什么。这常常是由于经验或训练缺乏造成的。对局面难以认定或发生混乱也通常是缺乏职业的直觉和认识不清而发生的。对局面失去控制感知是表明过失链形成的迹象，同时也是丧失情境意识的迹象。

对局面的正确感知，是情境意识的重要信息来源。它不仅能确认船舶目前所处的情况，同时可预测随后将会发生什么。这里以视觉为例，说明感知与事故之间的关系。

视觉是感知的重要途径。视觉给驾驶员提供绝大部分的交通信息，但不能提供全部。实验证明，在复杂航行环境中，有些驾驶员的视觉信息可占 87%，其余信息可由听觉获得。人的注意力广度与深度是一对矛盾。根据人的生理特点，通常集中注意力注视某一事物时，静视野十分狭窄，其感觉最灵敏的范围只有 3°，在 10°半径范围内尚可看清他物。这说明当只注视某一事物时，对周围环境的观察不利。因此，在集中精力操船的人，对突然外来的危险事件，往往视若不见而导致危险。为此，驾驶员在操船时，应不断地移动注视点，把瞬时视觉信息与自己以往的经验结合起来以迅速对环境做出反应。同样地，注意力要灵活变化，从而获得注意力集中和分散中间的平衡。

4. 通信中断(Communication breaking-down)

通信是信息传递的重要形式和手段。船内通信可能被物理因素干扰，例如噪声等。也可能因缺乏共同语言或不同的处理方法而中断。外部通信的中断可能是没有共同语言或误解造成的。不正确或不良的通信将导致指令不能被正确执行，要求重复指示，丢失信息，不能完整地接受和理解计划，等等。不论何种通信，若通信中断，则表明过失链形成的迹象，同时也是丧失情境意识的迹象。

听觉信息是视觉信息受限时的补充。船上的听觉信息是非常多的，如本船的主机声、货物不正常发出的声音、他船的声响信号、船舶交管中心或港口当局的 VHF 通信声等等。人的听觉，不仅与声源的频率、远近、强度等有关，还与人耳所处的环境噪声有关，若人耳常受强噪声刺激，会引起听力疲劳。船员长期处于主机噪声中，听觉多少会受影响。但是噪声对听力的影响程度与人的心理需要、情感、意志、个性特征及生理条件等有关。若一个人身体不佳，对航海事业不感兴趣，情绪烦躁时，噪声对听力影响相对增大。反之，保持良好的身体状况、旺盛的精力，善于调节自己的情绪，就能对周围噪声“听而不闻”。

5. 指挥不当(Improper CONN)

指挥是领导或指示团队成员同心协力去执行驾驶台值班的计划，实现船舶安全的目标。指挥涉及四个方面的作用：① 及时根据外界环境的变化，指示团队的成员与资源配合去适应环境，并采取适当的行为；② 调动团队成员的积极性，激励他们奋发努力，给他们创造发展的机会；③ 有效地协调团队成员的人际关系，使组织内有一个良好的工作氛围，从而降低内耗；④ 督促船舶团队成员尽自己的努力按照既定的目标与计划做好自己专职范围内的工作。

从指挥的四个功能来看,既要降低驾驶台成员在值班过程中努力程度难以发挥和难以判断的不确定性,又要降低值班工作经常性不一致的非确定性问题,还要督导所有成员按照责任要求进行工作以防止某个成员的工作差错导致全体的差错。因此,指挥行为也是一种降低组织运作过程中的不确定性的手段。指挥不当可能是情境意识不够,意味着错误的表现;是表明过失链形成的迹象,同时也是丧失情境意识的迹象。例如:未能进行正确的控制与指挥、超速、船舶不正确的航行、未能安排好瞭望人员、身边能胜任工作的人员不足等。

6. 偏(驶)离计划航线(Departure from passage plan)

由于在船舶营运中的指挥或监控不当而造成偏(驶)离计划航线,是过失链形成的迹象之一,同时它也是丧失情境意识的迹象,尤其是在可航水域受到限制的水域。这种情况通常是由于以下情况发生的:未制订或落实好航次计划,未制订或落实好背离航次计划的内容,未能采取进一步的措施达到已制订计划的目的与要求等。

7. 违反已建立的规则或程序(Violation of established rules or procedures)

建立规则或程序的根本出发点是通过规范对船舶安全与防污染的管理,提高船岸人员的质量管理意识和实际管理水平,进而有效降低人的因素造成事故的几率。没有正当理由而背离明确规定的规则和标准操作程序,是丧失情境意识的迹象,同时也是表明了过失链正形成的迹象。它们可包括:① 违反避碰规则、地方航行规则、驾驶台操作程序等;② 忽视公司政策与安全操作规程;③ 忽视相应的航海出版物或图书资料;④ 随意驶离计划航线。

8. 自满(Complacency or overconfidence)

自满意味着过于自信或盲目自信,容易产生不重视危险的心理。在这样的心理状态支配下,值班人员往往凭经验、印象、习惯进行操作,未能在作业过程中判断自己操作方法中的错误,会忽视异常情况,反而自我认为很安全。当突然出现与预料相反的客观条件变化时,由于没有心理准备,往往表现为惊慌失措、手忙脚乱,未能采取有力措施,终于造成事故。另外,值班人员对手中工作与任务过于熟悉,不考虑和轻视潜在问题也是自满的一种表现。这些想法都是丧失情境意识的迹象,往往会导致过失链形成。

三、确保船舶安全 (Ensurance of Ship Safety)

为了防止船舶事故的发生,就必须及时识别和破断与其相关的失误链和事故链。

为了能及时发现失误链与事故链的存在及其发展过程,船舶值班人员首先必须通过保持高度的情境意识,了解自己船舶内外部的实际情况,掌握和知晓周围局面对本船将产生的影响,从而能在发现失误链与事故链的存在后及时采取相应的措施来终止它们的发展。实践证明,一旦船舶值班人员丧失了情境意识,失误链与事故链客观已经形成,并将不断发展并可能导致事故的发生。由此可见,保持高度的情境意识是及时发现和中断失误链与事故链发展的基本保证,也是消除不确定信息因素的工具。

在及时识别失误链与事故链和果断采取措施将其破断的过程中,必须做好一些具体的工作、确定航次任务,制定包括航次计划、应急计划在内的预防措施实施培训与演习。实际上,在船舶营运中只要能注意好一些细节问题,就能做好失误链与事故链的识别与破断工作,甚至有时只要有一个细节真正做到了位,就能破断失误链与事故链,也就可能避免事故的发生。因此,从某种意义上讲,细节可以决定成败,而做好细节方面的工作必须认真做到态度、知识、技能和规则几个方面的要求。

1. 用心(Making every effort by mind)

实践证明,认真能将事情做对,而用心才能将事情真正做好。船舶营运是一项系统工程,而作为这项工程的主体,船舶值班人员需要充分发挥其适应能力、判断能力、操纵能力、应变能力、应急能力,以及自己的定力和体力。因此,仅有认真的工作态度还是不够的,还必须时时刻刻地用心做好工作。特别是应在工作中不能死板,而唯有多用心、多动脑才能及时识别失误链与事故链,并将其立即彻底破断才能确保船舶营运的安全。

2. 勤勉(Hardworking and encouragement)

近几年来,随着世界航运业的快速发展,国际海运贸易量和船舶吨位与数量的剧增导致船舶值班人员处于长期的高强度的工作状态之下。这种情况很容易使他们产生心理方面的惰性、懈怠和自负等不良心态。而这些情况的产生恰恰又是失误链与事故链产生的温床。在这方面最为突出的反映形式便是瞭望疏忽。由于对潜在的危险不敏感,以及自身应急反应不力等而导致船舶事故的发生是客观存在的。为了减少或避免这类事故,就必须勤勉,即对工作的一丝不苟,因为在许多情况下勤勉往往是避免最初失误的一大利器。

3. 积累(Accumulation)

船舶营运是实践性特别强的技术工作,及时地识别失误链与事故链,并将其彻底破断,需要依靠船舶值班人员自身的经验的积累和综合能力的提高。换言之,这些经验的积累和综合能力的提高是实现安全航行的重要保证。为此,船舶值班人员必须在工作中注重自己经验的积累和综合能力的提高。事实告诉人们,聪明的船舶值班人员不仅仅通过自己的工作实践来积累经验与教训,他们更多的是总结了其他人的经验,或从其他人所发生的事故中吸取教训来提高自己的业务水平。这种通过自己的工作实践不断总结经验与教训和通过交流吸纳以承袭别人的间接经验的方式,可以使自己具有更为良好的技术业务素养,拥有及时发现失误链与事故链和有效地破断它们的能力。

4. 遵章(Performance of rules and procedures)

船舶航行在不同的水域与地区,航行的特点要求有关主管部门或机构为之制定了许多相关的规章制度或操作规程。这些规章和操作规程会使船舶值班人员受到一定的约束。但从更高原则来讲,正是有了这些规章制度和操作规程才能使船舶在这些地区的航行安全得到保障。只有严格地遵章才能保证船舶处于较为有序和受控状态,从而大大降低了因无序和混乱而导致人失误最终造成事故的可能性。正是因为有了严格的操作规程,从而大大限制了船舶值班人员的随意性和冒进行为,同时在一定程度上弥补了一些年轻船舶值班人员在经验上的欠缺。更为重要的是,在执行这些相关的规章制度或操作规程的过程中,能有利于船舶值班人员及时做好对失误链与事故链的识别与破断工作。由此可见,作为担负船舶安全航行重任的船舶值班人员如能严格遵守规章和操作规程,就能确保船舶营运的安全。

综上所述,船舶值班人员在实际工作中虽然难以避免失误链或事故链的产生,但是可以通过自己的努力及时发现失误链与事故链的形成,并采取果断有效的措施来中断它们的发展,达到避免事故的目的。在采取破断失误链与事故链行动后,还应注意到这些失误链与事故链可能会再次产生。因此,船舶值班人员必须在随时密切注意失误链与事故链的是否存在的基础上,还应在采取破断和终止其发展的措施后,继续保持高度的警惕,认真观测和判断所采取措施或行动的效果,在必要时,可采取进一步的措施以确保船舶营运工作的最终安全。

思考题

1. 试说明人因素与船员因素的共同点与差异。
2. 试说明失误链模式在船舶安全控制中的作用。
3. 试说明情境意识的含义。
4. 试说明情境意识的获得与保持的方式方法。
5. 试说明人失误的种类以及在船舶控制中的迹象。
6. 试讨论船舶安全事故预防措施。

第三章 船员行为与工作态度
Behavior and Attitude of Crew

管理最重要的工作是协调人的行为。人的行为选择及其调整是一个相当复杂的过程。这个过程要受到许多个人内在的或者外在的因素影响。这些因素对个体或者群体的人在组织内部或者外部行为选择过程中的影响机制是许多人文或者社会科学研究的主题。行为科学的理论指出:人的行为受社会、生理和环境等因素的影响。因而,生产中引起人的不安全行为、造成的人失误的原因是复杂的。有了这样的认识,对事故原因的分析就不能停留在"人因"这一层次上,应该进行更为深入的分析。例如:在分析人的不安全行为表现时,应分清是生理还是心理的原因;是客观还是主观的原因。对于心理、主观的原因,要从人的内因入手,通过教育、监督、检查、管理等手段来控制或调整;对于生理、客观的原因,除了需要管理和教育的手段外,更重要的是从物态和环境的方面进行研究,以适应人的生理客观要求,减少人的失误。行为科学中的人的行为模式、影响人行为的因素分析、挫折行为研究、注意与安全行为、事故心理结构、人的意识过程等理论和规律都有助于研究和预控事故。

第一节 船员行为
Behavior of Crew

人的行为是复杂和动态的,它具有计划性、多样性、目的性、可塑性,并受各人安全意识水平的调节,也受到思维、情感、意志等心理活动的支配;同时,它还受到道德观、人生观和世界观的影响。为了确保船舶营运的安全,船舶值班人员必须正确认识人的因素与船舶安全行为之间的重要关系,并切实采取一些有效的措施来做好预防船舶事故发生的工作。

一、船员行为的定义与模型 (Definition and Modal of Crew' Behavior)

人的行为泛指人外观的活动、动作、运动、反应或行动。在许多情况下,人的行为是决定事故发生频率、严重程度和影响范围的一个重要因素。早期行为主义心理学认为,行为是由刺激所引起的外部可观察到的反应,即刺激—机体—反应(S-O-R)模式。近代行为主义者则认为把一切心理活动都认为是行为,并分成应答性行为(S 型)和操作性行为(R 型)两种类型。前者是指由一个特殊的可观察到的刺激或情境所激起的反应,后者则是指没有任何能够观察到的外部刺激或情境下的反应。在此基础上,工业心理学家梅耶提出刺激—机体—反应—行为完成(S-O-R-A)模式的行为理论,认为行为完成包括改变情境、生存活动、逃避危险、灾害及他人的攻击。现代行为主义者认为行为等于人和环境的函数,是人和环境相互作用的结果,并随着人和环境的改变而改变。为了安全目标,体现安全管理职能的行为便是安全管理行为。

在船舶控制过程中,由于船舶是一个机器设备系统,也是一个信息系统,所以船员的行为既有个体行为的特点,也有机器交互下的信息交换,还有安全管理行为的特点。鉴于这一特点,确立船员的行为模型应该是信息感知—处理—决策—反应或反馈(S-O-R-F),如图 3-1。

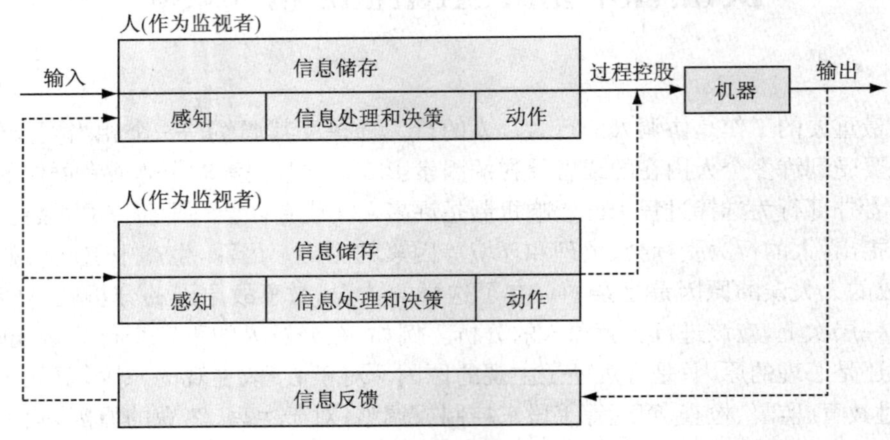

图 3-1　人—机自动化系统

1. 信息感知 (Information perception of crew's behavior)

船员在船舶营运中主要是依靠自己的视觉、听觉或其他适应当时环境和情况的一切手段,如通过雷达、AIS 等导航或通信设备的使用来对当时航行条件、船舶动态和与船舶相关的时间与空间等情况进行观察。当他们在长期和反复从事某一操作时,有时会因人本身的特点与局限性而产生自己的视觉与客观环境中对象之间的不一致,这种自己的视觉和客体不一致的错觉往往是不安全行为的起因,有时会导致事故的发生。它们大多是因视觉差错或思维判断差错而引起的,这主要涉及到船舶运动与定位的错觉或差错。如两船相遇已构成危险,有些船舶值班人员在特定的情况下却误认为两船没有危险,还有的把正在航行的船误看成是锚泊船。这些错觉和差错的产生经常与他们所处工作环境(如过大的噪声、振动、极端的温度变化或照明的不足等)和人的生理与心理状况(过于疲劳、压力过重或生病等)相关。

2. 信息处理 (Information process of crew's behavior)

人对信息的处理是受其信号通道限制的。研究表明,人只有一个单一的信号通道,所有的信息要按次序通过这个通道。当两个信息同时传向大脑时,其中一个必须等到另一个放入工作记忆中之后。这就是为什么人在同一时间只能注意一件事情的原因。但也有人认为人在同一时间能做两件事情。事实上,这只是人对一个信息源到另一信息源之间很快地进行扫描。例如,在正常情况下,船舶值班人员在值班瞭望中和他人聊天时,当他突然发现前边有来船、或是通航条件发生变化等情形时,他就会停止了在两种信息源之间的扫描,而把注意集中到后一信息源上。但是,船舶值班人员的注意力往往会受到人的生理和心理因素的影响,有时还可能会被某种事情的预先占有而分散了工作中的注意力,而这些客观存在的影响因素就难以保证他们工作正常,甚至引发事故。

另外,"不正确的假设"往往会影响船舶值班人员正确处理信息的能力。当有大量的信息冲击船舶值班人员的大脑时,他们不可能都非常仔细地处理全部信息,而只能对有些信息作一些粗略的推论和假设。但当这些信息进入工作记忆以后,信息被转化为判断,接着可在长期记忆中的有关判断被激活,最后形成新的命题网络。船舶值班人员脑中的不正确的假设可能会在自己工作记忆和长期记忆的命题联络之中产生错误,而这些错误的假设也常会引起工作中的失误。

3. 信息决策(Decision-making of crew's behavior)

船员在避让他船或操纵船舶靠、离码头的过程中,都是根据自己所做的决策而采取具体行动的,而这些决策是根据自己掌握的信息,运用专业技能与工作经验而制定的。但是,一旦信息来源有误或不全,或是本身的技能与经验的缺乏,有些船舶值班人员就会做出不当或不力的决策,而这些不当或不力的决策将导致船舶事故的发生。

实践证明,决策不当或不力在船舶事故原因中占有很大比例,即使受过正规教育与培训且有丰富经验的人,有时也会做出不当或不力的决策。因为船舶值班人员在做出决策时,经常会受情感、信息等因素的影响,或是因未能充分考虑所有相关的因素与信息和为了怕麻烦、走捷径而做出了不当或不力的决策。由于船舶营运的外部环境和内部条件的复杂性,船舶值班人员处理信息的时间是非常关键的。通常情况下,判断必须是在感知外部的信息后才能进行,而操作又必须基于判断的基础之上,所以内外部信息越复杂,决策难度就越大。同时,这种情况对决策的反应时间相对增长,且易引起错误的决策而导致错误的行为发生。

4. 船员反应 (Information reaction of crew's behavior)

船员的反应,实质上是安全控制船舶的行为或行动。这些包括定位、加速、减速、转向等操作行动,其正确与否是直接受航行信息的收集情况和对船舶动态的感知与思维的判断所制约的。也有一些技术能力较强的操作者虽因错误信息和感知而使船舶产生危险,但可能因其最后有效的应急决策和行动,最终控制危险而避免船舶事故的发生。但也有许多因错误信息和感知而产生的船舶危险情况最终还是以事故的发生为后果的。

人活动能力的研究表明,只要工作范围与内容不断增加,其操作行动或反应的准确性就会随之下降。例如船舶值班人员在靠、离泊位的作业中,码头障碍物越多,作业环境越复杂,甚至出现一些未预料到的特殊情况,则其用于思维决策的时间就越长,从而给操作的时机、时间和空间带来了影响,也容易因这些影响而产生操作的失误。

以上所述船舶值班人员的人的因素在自己行为模型中的错觉和在实际工作中对信息处理、决策和操作过程中的具体反映,再次要求相关的人员必须全面认识和高度重视人的因素与船舶事故的关系,以便能积极采取针对性的措施做好事故的预防工作。

二、船员行为影响因素(Influent factors to Crew behavior)

人们的工作态度、意识、知识、认知往往决定人的安全行为,因而人的安全行为表现出差异性。不同的船舶值班人员,由于人文素质的不同,会表现出不同的安全行为水平;同一个单位或生产环境,同样是船长、驾驶员或引航员,由于责任、认识等因素的影响,会表现出对安全的不同态度与认识,从而表现出不同的安全行为。为了达到抑制不安全行为的目的,有必要了解掌握影响人的行为的因素,并从安全行为科学的角度来认识和解决这一问题。

1. 影响人的安全行为的因素(Influent factors of human safety behaviors)

1）个性心理因素的影响

情绪为每个人所固有的，它是受客观事物影响的一种外在表现。这种表现是体验又是反应，是冲动又是行为。从安全行为的角度看，当情绪处于兴奋状态时，人的思维与动作则非常敏捷；处于抑制状态时，思维与动作显得迟缓；处于一定的紧急局面时，往往会产生反常的举动，这种情绪可能导致思维与行动不协调、动作之间不连贯，所以这是不安全行为的一种反映。

（1）气质（Temperament）对人的安全行为的影响。气质是人的个性的重要组成部分，它是一个人所具有的典型的、稳定的心理特征。气质使个人的安全行为表现出独特的个人色彩。例如，同样是积极工作，有的人表现为遵章守纪，动作及行为可靠安全，有的人则表现为蛮干、急躁，安全行为较差。

（2）性格（Characteristics）对人的安全行为的影响。性格是每个人所具有的最主要的和最显著的心理特征。它表现为对某一事物稳定和习惯的方式。性格表现在人的活动目的上，也表现在达到目的行为方式上。人的性格表现得多种多样，有理智型、意志型、情绪型。理智型用理智来衡量一切，并支配行动；情绪型对情绪体验深刻，安全行为受情绪影响大；意志型有明确目标，行动主动，安全责任心强。

2）自觉性特征的影响

这种安全行为自觉性方面的影响表现在从事安全行动的自制能力，包括目的性或盲目性、自动性或依赖性、纪律性或散漫性等。安全行为的自制方面，表现有自制能力的强弱，约束或放任，主动或被动等。安全行为果断性方面的特征，表现在长期的工作过程中，安全行为是坚持不懈还是半途而废，是严谨还是松散，是意志顽强还是懦弱。

2. 社会心理因素的影响（Influence of the social psychological factor）

1）社会知觉(Social perception)对人的行为的影响

知觉是眼前客观刺激物的整体属性在人脑中的反映。客观刺激物既包括物也包括人。人在对别人感知时，不只停留在被感知的面部表情、身体姿态和外部行为上，而且要根据这些外部特征来了解他的内部动机、目的、意图、观点、意见等。人的社会知觉可分为三类：

（1）对个人的知觉。主要是对他人外部行为表现的知觉，并通过对他人外部行为的知觉，认识他人的动机、感情、意图等内在心理活动。

（2）人际知觉。人际知觉是对人与人关系的知觉。人际知觉的主要特点是有明显的感情因素参与其中。

（3）自我知觉。自我知觉是指一个人对自我的心理状态和行为表现的概括认识。

2）价值观(Value)对人的行为的影响

价值观是人的行为的重要心理基础，它决定着个人对人和事的接近或回避、喜爱或厌恶、积极或消极。因此，要使相应的人员具有合理的安全行为，首先要使他们具有正确的安全价值观念。

3）角色(Role)对人的行为的影响

在船舶值班工作中，每个人都在扮演着不同的角色。每一种角色都有一套行为规范，人们只有按照自己角色的行为规范行事，工作才能有条不紊地进行，否则就会发生混乱。从某种程度上讲，这也是工作中是否和谐的一种体现。角色实现的过程，就是个人适应环境的过程。在角色实现过程中，常常会发生角色行为的偏差，使个人行为与外部环境发生矛盾。在安全管理中，需要利用人的这种角色作用来为其服务。

3. 环境与设备的影响（Influence of environmental and material factors）

人的安全行为除了内因的作用和影响外，还有外因的影响。环境、物质的状况对劳动生产过程的人也有很大的影响。环境变化会刺激人的心理，影响人的情绪，甚至打乱人的正常行动。物的运行失常及布置不当，可影响人的识别与操作，造成混乱和差错，打乱人的正常活动。

必须强调的是，有两个非常重要的因素也可能影响船舶值班人员的行为：第一，由于工作性质和连续的工作时间造成的精神疲劳；第二，由于生理节奏的打乱和不连续的睡眠，尤其是在夜间值班所引起警惕性的降低。精神疲劳可能会随着工作的单调程度和压力大小成比例地增加。值班人员行为与人相关的警惕性、注意力和适任性与其他各种制约因素具有非常密切的关系。

船舶值班人员在实际工作中经常遇到高强度的工作负荷和压力，因为休息时间的不足和过于疲劳导致一些生理方面的问题，或因缺乏足够的技能、经验或教育与培训等而带来心理方面的问题，所有这些问题都会对他们的行为带来一定的影响。船长、驾驶员、引航员和其他有关人员，是根据适任 STCW 公约评估体系而被任命的。而船舶是在动态的环境中运行的，船舶营运的时间也受到进港、装卸货物、离港时间和潮汐等因素的制约。这种由于工作环境和条件决定的，没有固定时间规律的工作与生活方式，很可能增加船舶值班人员产生人失误的风险。

三、船舶事故中涉及人的行为因素（Factors of Ship Accidents Involving Human Behavior）

船舶营运是一项涉及到多种因素与条件的综合性工作。与海上航行相比，当船舶在沿海水域或狭水道航行时，由于通航密度较高，水文、气象和交通的条件又比较复杂，所以船舶值班人员除了对船舶周围的通航情况保持高度的戒备外，还必须熟悉自己船舶及其设备的性能，及时和正确保持驾驶台团队人员之间的沟通与合作，以便保证船舶的安全航行。在船舶靠、离泊位的过程中，船舶值班人员必须正确地指挥拖轮和码头人员，以期通过有效的合作，确保船舶靠、离泊位的作业安全。因此，船舶值班人员在以上工作中往往要承受很大的工作强度和心理压力，因为在以上这些水域的航行与操纵中，任何的疏忽或过失都有可能导致船舶事故的发生。

为了降低风险，保证船舶安全，除了应全面认识人的因素与船舶事故的关系外，还应对船舶事故的综合因素加以认真分析，以有利于制定有效的措施来消除或减少人失误。根据船舶事故发生的实际情况，可将这类事故涉及人的原因及其综合因素归纳如下：

1. 主要原因的分类（Types of main causes）

如前所述，船舶营运涉及多系统与多人员的工作，所以可以将船舶事故原因分成主体原因和客体原因来加以分析，如图 3-2。其中：主体原因是指船舶值班人员自身的原因；客体原因则是船舶值班人员以外的其他原因，包括被风流、航道、通航密度等外界环境和拖轮、会遇的他船等因素。

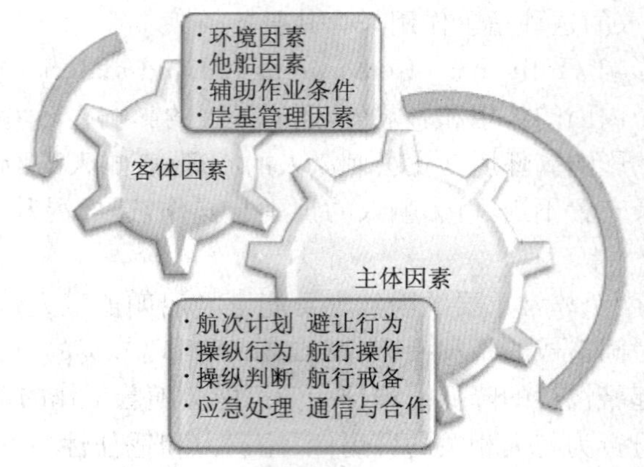

图 3-2 事故原因机制

2. 主体原因(Subjective cause)

主体原因是船舶事故中人的因素的一个重要组成部分。从许多船舶事故的原因分析中可以得知这些事故的发生往往涉及到船舶值班人员自身航行技术方面的原因,如船舶营运中的定位、避让、操纵、应急处理等技术因素。这里出现的主观上的因素,直接表现就是人的不安全行为。针对船舶安全所要完成的工作所需的行动,各种不安全行为可以划分为以下7类:

(1) 忽视或者违反规章制度。这是常见的不安全行为。有些是无意的,有些是不重视或因规章的漏洞、监督检查不严引起的。

(2) 工作交流或确认不充分。有些需要双方交流后才能进行协同作业,由于联系中断或者未能充分确认也可能出现差错。

(3) 操作人员判断错误及操作错误。这涉及操作者的感觉能力、信息处理能力和判断能力。

(4) 不安全的动作。由于操作者习惯性动作,或不安全心理下的不安全行为。

(5) 安全设备未使用或失效。这个主要是人的主观因素。

(6) 知识缺陷。这是由于训练不够、员工不了解不安全行为的危害。

(7) 身体缺陷。疲劳或者压力导致的身体机能失常以至于不能做出正确的反应。

以上不安全行为结合船舶营运值班工作,与航行技术相关的因素包括:

(1) 航次计划:指船舶人员所采用的操作方案与方法,包括技术方案和组织方案。

(2) 航行操作:指航行中对于船位与船速的控制程度。

(3) 航行戒备:指值班人员对船舶和周围外界局面情况的了解与判断。

(4) 避让行为:指航行中对于会遇船舶的避让行为。

(5) 操纵判断:指船舶在风、流、拖轮外界条件作用下对船舶影响程度的判断。

(6) 操纵行为:指航行过程中船舶在抛锚、靠离泊作业过程中的具体操作。

(7) 应急处理:指船舶在突发紧急事件时的应急方案、处理与行动等。

(8) 通信与合作:指船舶通过各种方式与外界各方的联系、沟通、合作等。

3. 客体原因(Objective causes)

客体原因也是船舶事故中人的因素的一个重要组成部分。它们包括:

（1）客观环境因素：是船舶作业时所处的外部环境条件的安全状态，包括自然原因、航道与码头原因、交通原因等。自然原因指航行水域的能见度、风、流等气象条件；航道原因指航行水域航道的自然特性与助航设施对船舶作业的影响；交通原因指航行水域的船舶交通状况与通航管理。

（2）他船因素：包括船舶设备原因，即所会遇船舶的设备装置、操纵性能、货载等状况及其行动的影响因素；以及船员原因，指会遇船舶上的船员行为的影响因素。

（3）辅助作业条件：包括拖轮原因，即航行过程中协同作业的拖轮的影响因素；码头泊位原因，即靠离泊船舶作业时所遭遇的安全状态。

（4）岸基管理因素：岸基部门人员对于船舶作业环境的管理状态，包括安全方针、生产调度、船舶信息交流、船舶资料与配件、管理制度与完善、船舶人员配备、通航秩序管理等。

通过对以上各种影响因素的深入分析，船舶事故中人的因素的影响可以细化成更多的细节情况和行为表现。

四、船员不安全行为的控制（Controlling Unsafe Behavior of Crew）

无论从哪个角度分析，人的不安全行为产生的原因复杂性，是多种因素综合作用的结果。那么，该如何有效地控制人的不安全行为呢？在本质上讲，需要从人—机—环境整个系统出发，提出相应的控制措施：首先，要确立符合工作岗位的人员，在岗前培训的基础上，做到人-机匹配；其次，船舶的设计、安装符合人使用的要求，反过来讲，人需要适应人—机系统的设计，做到现代化设备设施下的标准操作程序应用；最后，要创造良好的工作环境，使得人工作效率达到最佳状态。只有这样，才能使得合适的人在最佳的环境里做最合适的工作，从而使得不安全行为出现的概率达到最低。

在船舶团队的角度讲，避免不安全行为的发生，更加需要借助团队成员的力量。首先，要求成员具有不安全行为的识别能力，防止失误链的形成，从而预控事故。其次，严格把握人的行为中知识、规则与技能的影响，认真分析操作过程中的行为输出过程，正确运用知识、规则与技能。再次，由于船舶具有很强的容错性能，即使在船舶出现不安全状态的情况下，操作者必须在正确修复设备工况的同时，运用知识、规则与技能的能力，消除安全方面的负面影响，在此过程中若出现不安全行为，操作者需要使用替代方案（备用操作）进行修正。

第二节　船员态度对行为的影响
Influence of Crew Attitude to Behavior

一、态度及其作用（Attitude and Its Function）

工作态度就是指一个人对待人或事物所有看法的总称。即它是对某些人员与事情的思维方式，也是个体在一定环境中对事物或对象作出积极或消极反应的心理倾向。

态度是影响组织管理者和员工行为的重要因素之一。态度一词原指身体的姿势或者身体的位置，后来演变为专指心理状态的术语，指个体对于某一对象所持有的比较稳定的评价和由此而产生的行为倾向。态度具有一定的稳定性和持续性。作为后天习得的一种心理状态,态度是可以发生转变的,但这并不意味着态度没有稳定性和持续性。相反地,态度一旦形成,在新的态度形成之前,已有的态度是会保持不变的。态度还是刺激与反应的中间媒介,是反应的先有倾向和准备,从这个层面上讲,态度很难直接观察到。任何一种行为都可以分成两个阶段,一是内在准备阶段,二是外部完成阶段。态度是一种心理倾向,是一种尚未表现于外的内心历程或潜在的心理状态。态度具有价值判断的成分和感情色彩。态度是个体对自己利害关系的一种价值判断或者情绪评定的结果,具有调整功能、自我保护功能、价值实现功能以及认识或理解功能。

关于态度的形成,可以从态度的结构入手。现在,理论研究表明,态度由三种成分构成,分别是情感、认知和行为成分三方面内容。情感因素是指对于态度所指向的对象的肯定或者否定、赞同或者反对、喜欢或者厌恶、接受或者拒绝等感情。认知因素是指个体对于某一个具体对象的思想、信念、知识,尤其是伴随着有评价的信念的认知部分;它是具有好坏的评价与意义的叙述成分,包含个体对态度对象的好意或者恶意等感情成分。行为因素是指个体由于对某一态度对象认知和感情而引发的接受或者拒绝、接近或者回避等行为反应成分;它是个体对态度对象的反应倾向,还不是已经表现出来的行为。一个人的工作态度决定了他对某些人或事物的行为。"态度决定一切"主要是指态度的积极与否,健康与否都会直接影响事物的最终结果。

在现在航海工作中,船员已经把航海视为一种职业,早期那种把航海作为一个理想的神圣认识已趋于理性化。在这种事实情况下,对于船员态度的认识,需要引入科学的理论来支持。如图 3-3。在航海安全、驾驶台团队安全工作中,首先要认识到态度对人的能力的重要影响。传统上认为人的能力是由业务知识和实践技能两个部分组成。现在由于从业人员的数量增加和准入门槛的下降,基于历史经验总结的规则也被接受成为人的能力的一个组成部分。随着人们对于态度的作用的不断加强,态度被认为是与知识、技能甚至规则交叉的一个能力维度。如果船员知识、技能均很强,但是态度水平比较低的话,那么他的能力依然被判断为比较低;反之,如果船员知识、技能都不是很高,但是态度水平很高的话,他的能力有可能被认为很强。因此,人的能力与知识、技能是和的关系,与态度则是积的关系。

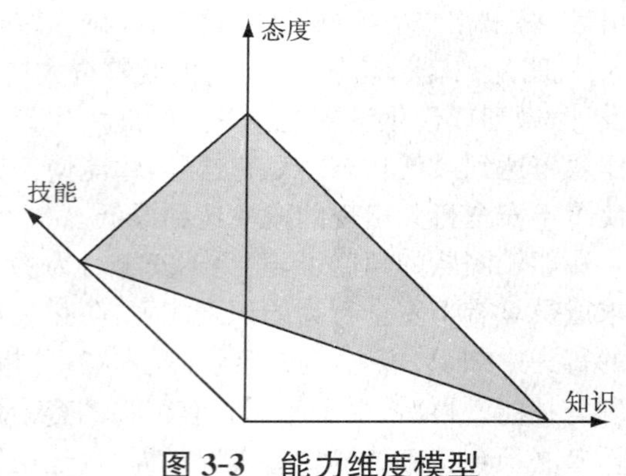

图 3-3　能力维度模型

在驾驶台团队工作中,对于态度的培养,现实情况是通过弱化情感因素的教育,虽然可以树立航海文化来端正态度,但这种效果当前很难体现,因此,可以通过认识因素的教育,强化船员对航海工作的认识,特别是安全工作的认识,使得船员能接受安全运输的基本认知,认同"安全第一,预防为主"的信念,使态度依然可以实现转变,从而达到行为因素上接受安全运输的做法。其主要途径是:强化员工的安全技术培训,引导员工积极参加组织的安全活动;积极进行安全宣传和信息反馈;通过安全生产责任制、安全技术规程等管理职能以帮助员工形成积极的安全态度。

二、态度对行为的影响 (Influence of Attitude to Behavior)

工作态度决定了一个人对某些人或事物的行为。态度的积极和健康与否都会直接影响事物的最终结果。管理者所关注的态度是:工作的满意度(直接影响到工作情绪的高低和生产率的高低)和影响工作的投入程度(是否认同自身的工作、能否积极参与工作、把工作绩效看成是个人价值的体现程度)。工作态度大致可以分为:积极与消极,危险与安全。通过下面两组对比我们可以看出其差异。

序号	积极态度	消极态度
1	这个工作很重要。	我必须完成这个工作吗?
2	这是我的本职工作。	其他人也应对此负责。
3	应该做得更好。	这样已经不错了。
4	再试一下。	已经没办法了。

序号	安全态度	危险态度
1	为什么不尝试一下。	我能干。
2	这种事可能会发生在我身上。	这种事不会发生在我身上。
3	按章办事。	不要告诉我怎么做。
4	是我们做出改变的时候了。	我经常这样做。

态度与作为一致性是受虚荣心、自尊心、外界压力、现实利益等因素的影响。如果态度之间或态度与行为之间发生不一致,就形成认识失调。这种失调会令人感到不舒服。因此人们寻求态度之间的一致性,以及态度与行为之间的一致性。即所谓:个体在努力调和不同态度并使之和行为保持一致。方法是:改变态度或改变行为。奖励也会影响到人们减少失调的动机强度。如果高度失调伴以高度的奖励,失调所产生的不舒服就会降低。应注意的是:态度存在着群体之间的影响,还会发生转变。

工作态度与责任心紧密相关。一个人的责任心如何,决定着他在工作中的态度。有了责任心,才能认真、主动、积极、勤奋地工作;才会以工作为重,主动承担责任,努力克服困难;才会积极思维,缜密考虑,力避失误和差错,主动寻找方法,为实现既定目标,做好自己的工作。反之,没有责任心,就不可能认真地对待工作,在工作中就极易出现疏忽、过失和差错。而疏忽、过失和差错往往会引起事故发生。

责任心不强导致工作态度不认真,在工作时马马虎虎、掉以轻心,注意力不集中、心不在焉;对工作、劳动、作业中的危险不能保持应有的警觉;不认真的工作态度,必然就会有不负责任的行为表现。不良的工作态度和行为均是引起人为失误的根源,而人为失误是导致事故和灾难的主要原因。

三、避免不正常的心理状态 (Preventing Improper Psychological Stutas)

心理状态是人的心理活动在某一段时间内的特征,如分心、疲劳、激情、镇定、紧张、松弛、克制、欲望等。在船舶营运过程中，船舶值班人员由于受不正常的心理状态的影响而引发的事故也屡有发生。为此，为了确保船舶营运的安全，不但应保持良好的生理状态，也必须避免以下一些不正常的心理状态。

1. 侥幸心理

严格地说，侥幸心理并不是一个心理学中的专门概念，而是人们在日常生活中经常使用的一个词语。侥幸心理的含义是指当某种行为既可以导致有利后果，也可以导致不利后果的情况下，行为人自认为不利后果不会发生的主观判断。可以论定，凡是知道操作行为有一定危险，但仍然冒险进行操作的人，都可以认为是存有侥幸心理。

2. 麻痹心理

盲目自信心理表现为自己在工作中是“经常这样做的”“不知干过多少次了”“自己很有把握”“不会有危险”等，因而产生不重视危险的心理过程。在这样的心理状态支配下，有些船舶值班人员往往凭经验、印象、习惯进行操作。在作业过程中未能意识到自己操作方法中的错误，也没有及时发现异常情况。当突然出现与预料相反的客观条件时，由于没有心理准备，往往表现为惊慌失措、手忙脚乱，难以采取有力措施，最终造成事故。

3. 好强心理

具有逞能心理的人虽然对安全知识略知一二，但往往在其逞能心理支配下，为表现自己而头脑发热，产生了盲目行为，结果却事与愿违，酿成事故。逞能好强心理是年轻船舶值班人员较为普遍的心理特征，他们容易在这种心理的驱使下，干出一些冒险的、愚蠢的事情，使一些本来不该发生的事故发生了。

4. 捷径心理

捷径反应是人类行为的共同特征，图省事、走捷径的心理人皆有之。实际上，捷径心理是由人类追求个人利益最大化的需求而产生的。这里所说的个人利益是广义的概念，包括省时间、少费力等。在船舶营运过程中，捷径心理的表现形式多种多样，常见的是为了赶时间完成航行任务，在不注意安全航速的情况下，不愿受安全规章制度的制约，或是简化必不可少的操作步骤，或违反操作规程，结果往往导致事故发生。

5. 胆怯心理

由于船舶营运具有较高的风险，船舶值班人员在工作中稍有不慎就很容易引发事故。这种致使少数船舶值班人员从思想上对自己的工作产生了胆怯的心态，造成在工作中有时缩手缩脚，心神不安；也有的在突如其来的变故面前缺少心理准备和承受能力，惊慌失措或束手无策，导致反射性行为，从而发生事故。

6. 逆反心理

人的动机具有内隐性的特征，逆反心理便是这种内隐性的特征之一。逆反心理往往在年轻人身上比较明显，其表现一般是“你让我这样，我偏要那样”。逆反心理通常是在思想上带有某种偏见而产生的，有了逆反心理，会引起心理上的不快，产生与领导或规章制度的对抗情绪。从而对各种安全法规、规章制度缺乏理性认识，这直接影响到他们的安全意识和在工作中的实际行为。在特定的条件下，持有这种心理的船舶值班人员极易在工作中固执己见，不听他人的劝告或意见，从而导致船舶事故的发生。

第三节　自动化意识
Automation Awareness

从宏观上看，要真正实现船员在船舶运输生产活动中的安全性，就必须确保船舶人机系统的可靠性，而人机系统的可靠性除了船舶设备的可靠性和人的可靠性问题以外，还有人与机器设备的合理匹配问题。这就要求船员具有一定的自动化意识。

一、船舶安全运输中的人机系统（Human Manchine System of Ship Transportation）

人机系统是指在生产过程中，能够完成某项预定任务的人和机器、设备、工具、环境相结合的整体。人机系统的安全，一般以下列要素作为研究的基础：① 人的要素主要考虑人的心理和生理特点，防止人不安全意识下产生的危险；② 机器的要素主要是考虑安全预防措施，防止人在能力不足时引起的事故；③ 作业方面主要是考虑人的胜任能力，从作业方法、作业负荷、作业姿势、作业范围等方面减轻劳动强度、减轻疲劳等对人的危害，如图 3-4。

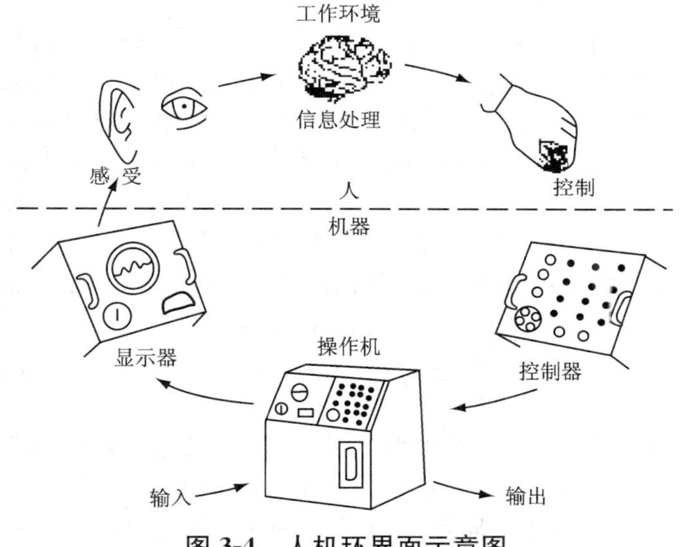

图 3-4　人机环界面示意图

人机系统有五种基本类型，即人与工具的结合、人与工作机的结合、人与动力机的结合、人与控制机的结合、人与微机的结合五种基本类型。现代船舶运输中人与船舶组成的人机系统由上述组合集成。

人机系统类型的分类多种多样，有些很简单，有些极其复杂。主要有以下两种分类方法。从系统的作用上分，可分为闭环人机系统和开环人机系统。闭环人机系统也叫做反馈控制人机系统，这种系统的输出直接作用于系统的控制。开环人机系统的输出不对系统的控制发生作用，它所提供的反馈信息不能对下一步的操作发生作用。而从系统的自动化程度上分，可分为人工操作人机系统、半自动化人机系统、自动化人机系统。

在人工操作人机系统中,人为系统提供系统所需的动力,并控制整个操作过程。在半自动化人机系统中,人作为生产过程的控制者,在操作过程中感知信息、处理信息,操纵具有动力的机械设备。在自动化人机系统中,人通过显示器对生产过程进行监督,生产过程中的信息接受和处理全部由机器完成。

二、船舶安全运输中的人机系统面临的发展变化(Development of Human Manchine System of Ship Transportation)

在人类社会发展的进程中,欧洲国家率先进入工业革命时代,各门类科学技术取得突飞猛进的发展。新的材料、机械、电气、电子、控制、信息技术逐步应用于航海,形成了近代和现代航海科学技术。航海科学技术的不断进步,使航海从技艺逐步发展成为科学技术,从帆船时代进入机动船时代,从地文航海和天文航海时代进入电子航海时代。

进入二十世纪七八十年代以来,科学技术的发展及航海实践的检验,越来越多的航海电子技术应用到船舶运输与航行中来。其中有的已经或者将要被淘汰,比如 DF, LORAN-A,LORAN-C(我国保留), GNSS,DECCA,OMERGA;有的不断被改进发展,比如陀螺罗经,测深仪,计程仪,雷达,ARPA,UMS。通信与信息技术的发展,使航海技术出现了许多新的系统,而且近年来发展迅速,比如 GPS/DGPS,GLONASS/GNSS,INS/IBS,ECDIS, AIS, VDR。同时,随着国际贸易的发展,世界海运量迅速扩大,使得海上航行船舶数量的显著增加,单船吨位急剧扩大,船速也在不断提高,造成海上交通密度加大,航行更加复杂。为了在日益激烈的竞争中占据领先地位,提高航行的安全性和经济性,运输船舶采用了自动化技术,引起航运事业的变革,其直接结果是出现了程度不同的各类自动化船舶,航海技术也日益呈现数据化、集成化、信息化、自动化的趋势。这些都给船舶值班人员的思维与实践带来很大的影响。有些已经发生,像雷达,ARPA 运用在避碰上;有些正在发生,像 AIS, ECDIS,VDR;而有些在不久的将来也会产生影响,像自动避碰系统、辅助靠离泊系统。所谓船舶自动化是船舶操纵与机舱设备运转过程自动化的简称,具体地说,就是在船舶需要人工操作与管理的设备上配备一些船用自动化装置,全部或部分地代替操作管理人员的直接劳动,使船舶操纵与设备运转过程在不同程度上自动地进行,这种采用船用自动化装置来操纵与管理设备的形式,称为船舶自动化。

船舶与设备作为机器的具体应用,值班驾驶员单方面要求熟练使用船舶与设备这一认识也需要做一些变化。在船舶技术电子化、信息化、自动化的趋势下,值班驾驶员与船舶机器应该互相适应、人机之间应该合理分工。按照人机工程学的观点,人机系统可以分成手工系统、机械系统和自动系统三种类型。手工系统由手工工具和人构成,人是直接劳动者,系统的安全性主要取决于人的可靠性。在机械化、半机械化控制的人机系统中,人机共体,或机为主体,系统的动力源由机器提供,人在系统中主要充当生产过程的操作者与控制者,即控制器主要由人来进行操作。在控制系统中设置监控装置,如果人操作失误,机器会拒绝执行或提出警告;这是现代生产中应用最多的人机系统类型。系统的安全性主要取决于人机功能分配的合理性、机器的本质安全性及人为失误状况。在全自动化控制的人机系统中,以机为主体,机器的正常运转完全依赖于闭环系统的机器自身的控制,人只是一个监视者和管理者,监视自动化机器的工作。只有在自动控制系统出现差错时,人才进行干预、采取相应的措施。系统的安全性主要取决于机器的本质安全性、机器的冗余系统失灵以及人处于低负荷时的应急反应变差等。

以船舶驾驶台上的操舵仪为例，手动舵或应急舵，应该属于第一代人机系统，操舵者是操舵装置的直接劳动者；自动舵的出现，使得舵系统进入第二代人机系统，操舵者是操舵装置的控制者，往往输入航向指令就可以控制船舶航向，由舵系统自行进行PID工作，实现航向自动控制；航迹舵的出现，使得舵系统进入第三代人机系统，操舵者是操舵装置的监视者，输入详细的航线计划指令就可以控制船舶位置控制，由舵系统自行进行船位跟踪，实现航线自动控制。显然，根据系统工作要求，人机系统可靠、有效的发挥作用需要人与机器的最佳配合。

从安全的角度出发，值班驾驶员的人机匹配主要解决的问题如下：① 信息由机器的显示器传递到人，选择适宜的信息通道，避免信息通道过载而失误，以及显示器的设计如何符合安全人机工程学的原则；② 信息从人的运动器官传递给机器，如何考虑人的能力极限和操作范围，控制器如何设计得高效、安全、可靠、灵敏；③ 如何充分运用人和机器各自的优势；④ 怎样使人机界面的通道数和传递频率不超过人的能力，以及机器如何适合大多数值班驾驶员的应用。

值班驾驶员作为劳动者的人机结合形式，值班驾驶员作为控制者的人机结合形式，值班驾驶员作为监视者的人机结合形式，他们都以安全、舒适、高效为目标。处在人机系统中，人也需具有并保持正确的自动化意识。人与机器之间的功能，有一部分是受系统功能性质制约的。如不能够要求人一次扛起几百公斤重的东西，也不能够要求机器去做程序规定以外的事情，应该根据生产类型、成本、安全、可靠性等进行衡量和分配。在船舶人机系统中，对人与机器进行功能分配应各尽所长，互补所短，使整个系统的总体功能达到最佳效率。值班过程中系统功能分配错误就是给值班驾驶员或机器分配了不适当的任务，以致执行过程中发生了错误，导致事故的发生。如由值班驾驶员能够顺利执行的功能，分配给了船舶设备，或者将应该由机器执行的功能却分配给了人，从而造成整个系统功能分配的不适当，增加了系统发生事故的可能性。比如：在使用自动舵时，值班驾驶员应考虑到及时使舵工就位并改为手动操舵的必要性，以应付随时可能出现的潜在危险。转换手动操舵或自动操舵必须由值班驾驶员亲自或在其监督之下进行。

还有，所有值班驾驶员须熟练地使用雷达，并做到：① 遇到或预料能见度不良时，以及在船舶密度大的水域航行时，应使用雷达，但应注意其局限性；在任何时候使用雷达时都必须遵守《国际海上避碰规则》中有关使用雷达的规定。② 应确保所使用的雷达量程以足够频繁的时间间隔进行转换，以便能及早地发现回波；应注意微弱的、反射力差的回波可能会被漏掉。③ 每当使用雷达时，应选择合适的量程，仔细观察显示器，有效地作雷达运动图，并应确保在充裕的时间里完成雷达标绘和进行系统的分析。④ 天气良好时，只要有可能，值班驾驶员应进行雷达方面的操练；这些行为输出就是适应新一代的人机系统下的人与机器匹配的要求。

从智能化船舶的总体构成以及根据对超自动化船上各种作业进行分析得出的结论，必须改革传统的船员分工体制，甲板部、轮机部应看作是一体，船员必须是多面手，具有驾驶和轮机两个专业领域的知识。近年来，世界上一些大航运公司在购置了一定数量采用高度自动化技术的船舶后，为进一步达到缩减船员、降低营运成本和方便公司对船员的人事安排，作出了优先雇佣具有双职证书船员，并将逐步不雇佣单职证书船员的决定。

三、现时期值班驾驶员自动化意识(Automation Awareness at Present Time)

科学技术的进步以船舶机器设备取代值班驾驶员的体力劳动,这延长了人的体力,也使得体力消耗降低了,但是值班驾驶员的精神负担加重了。船舶驾驶台机器设备由单机作业逐渐向多功能联动机组发展,机器结构也越来越复杂,使得作业者了解其运行状况和掌握操作技术的难度增加了,而且人对机器运行状态的了解常常使用编码方式。因此,需要掌握编码的译码能力,而且要便于值班驾驶员可靠地监控驾驶台助航系统。

由于船舶机械化和自动化的发展,使得管理对象、监控对象及其参数的数量增加了,致使值班驾驶员对系统状态的分析复杂化。而人有功能限度问题,人机匹配需要注意到信息的过载和冗余问题。

船舶现代运输作业过程使得值班驾驶员直接参与和观察作业对象、控制作业过程的机会减少了,取而代之的是值班驾驶员与被控制设备独享之间键入的信息传递装置。信息通常是以编码方式提供,比如旋回角速度 ROT,要求值班驾驶员译码,同时也以编码方式对船舶状态进行控制,改变了值班驾驶员的活动方式。这样需要值班驾驶员研究译码和作业程序的训练问题。

驾驶台信息传递在时间与空间上逐渐密集化,不仅值班驾驶员的信息接收能力、存储能力和处理能力产生很大差别,而且还使得值班驾驶员对自动化技术装备的依赖性增加。

船舶现代技术装备的使用,对值班驾驶员的工作速度和准确性的要求越来越高,不仅受到机器的制约,而且往往超出值班驾驶员的感官能力,从而会形成输入、解释、监管上的失误。所以,需要注意值班驾驶员的感知特征和限度,并采取必要的措施。

高度自动化使得值班驾驶员的作业负荷降低,人在低负荷条件下,缺少足够的信息刺激,会使人产生烦躁感,警觉性降低,注意力分散,一旦出现异常情况,又感到惊慌失措。值班驾驶员需要采取一定措施从而保持警觉性。

船舶技术的现代化主要呈现两个方面的变化:

(1) 技术条件的变化。目前,在船舶运输的实践过程中,船舶与设备第一代、第二代和第三代人机系统并存于船舶上,驾驶员在值班过程中需要保持与相应人机系统的人机功能匹配,并意识到:① 驾驶员需要具有很强的信息处理能力,应理解装置、设备的功能和操作,并熟练使用;② 驾驶员需要转变传统操作船舶的经验式为数据式,尽可能提高船舶控制的精度;③ 强调过于依赖船舶工作站/装置、设备的信息的弊端;④ 正确认识船舶工作站/装置、设备使用中的局限性与误差;⑤ 在任何情况下应保持适当的相互交流。

(2) 信息条件下的变化。目前船舶数据化前提下,信息化、集成化,甚至自动化成为可能,值班驾驶员作为监视者的地位越来越凸显,对信息的使用能力比以前提升了,在此基础上,驾驶员在值班过程中需要保持与相应人机系统的信息功能匹配,并意识到:① 驾驶员需要具有很强的信息处理能力,应理解信息及如何回应来自每一工作站/装置、设备的信息,以及适当地共享来自工作站/装置/设备的信息;② 信息作为驾驶台资源的一种,充分利用的话,信息本身可以发展成为预警信号;③ 由于驾驶台设备的多元性,值班驾驶员对于同一问题的处置结论会出现信息冗余,甚至信息过载,由此会使得信息持有者会选择性屏蔽或者衰减一些信息。

思考题

1. 试说明船员的行为组成部分。如何消除人的不安全行为?
2. 影响船员行为的心理因素有哪些,试列举不良心理的表现形式。
3. 船舶科技不断发展条件下,船员的行为如何与船舶技术匹配?
4. 试说明态度的形成以及对船员能力形成的影响。
5. 评述消极想法对安全的影响。

第四章 组织与团队
Organzation & Teamwork Onboard

20世纪90年代以来,团队正在改变着传统的组织的运作模式,有效地提高组织的绩效。团队管理被视为未来的推动力。现代船舶管理越来越注重团队这一概念,航运领域的管理专家一直在研究重新构建船舶营运的组织,以便利于团队工作。因为船舶营运自诞生之初,就注定这一组织配置的特殊性。船舶往来于世界各个港口之间,船员岗位频繁更换,船舶营运环境多变,这形成了船舶营运中的船舶国际性、船员多文化性、环境高风险性的特点。因此,驾驶台团队成员彼此之间相互影响、相互作用,为特定目标而按照一定规则组合在一起,具有很强的规律性。

第一节 船舶与驾驶台组织
Organization of Ship Crew and Bridge Team

船舶配员虽然不多,但是依然是一个各个职能部门组合的组织机构。组织的设计是为系统的运行提供可依托的框架。该组织要能发挥作用,还需要人来运作和设计。通过对人和事的分析,谋求人与事的最佳组合,实现人与事的不断发展。人员配备是为了岗位配置适当的人。人员的配备不仅要保证组织活动的顺利进行与个人现有能力的充分发挥、而且要为组织与个人的发展提供保证。因此,既要考虑组织成员的个人特点、爱好和需要,也要考虑组织的需要。同时,为使得不同层次、不同部门、不同岗位的组织成员能协调地为组织目标实现提供贡献,必须整合组织中的各种力量,处理好人际之间的各种关系。

一、组织学概述(Introducation of Organization)

1. 组织的来源与定义(Defination of organization)

《词源》中,“组织”的意思是将丝麻纺织成布。英文的“组织(Organization)”则来源于“器官”一词,即自成系统的、具有特定功能的细胞结构。以前,组织一词主要用来说明生物的组合状态,即组织的意思是“器官”,延伸为组合而成的生物整体、器官之间的协调动作和动作的结果。1873年,英国哲学家斯宾塞首次将组织一词引入社会科学,将组织看成已经组合的系统或社会。希腊文的“组织”原意是和谐、协调。因此,中文中的组织一开始就与人的社会活动相关;而英文中的组织最初只是与生物的结构相关;到了今天就成为描述人类社会历史进程中的一定的群体结构及其活动方式的重要范畴。

组织是指管理者对组织内部人力和物力资源的协调。组织的突出表现在对大量资源的合理调配进而达到其目标的能力。显然，组织工作越是统一和协调，效率也就越高。这种协调是管理工作中的重要部分。

因此，组织是由两个以上的个体组成的有机体，是一个围绕共同目标、内部成员形成一定的关系结构和共同规范的力量协调系统。但总体来说，组织是一个有着目标的两个或两个以上的人的集合体；该集合体与环境之间相互影响、相互作用。包括以下要点：① 组织具有目的性，组织之所以能够存在，就是因为它有目的，即便是组织生存也是它的目的；② 组织由两个或两个以上的人构成，人是组织的基本要素，任何组织都离不开人的参与，单个人显然不能成为组织，必须由两个或两个以上的人构成；③ 组织具有开放性，组织不断与环境进行交换，组织需要对环境变化做出调整，同时组织也对环境产生影响。

2. 组织的基本特征(Characteristics of organization)

1) 组织具有实体性

组织是一个社会实体，这是组织的基本特征。组织的社会实体性是可以被认知的，如通过对特定的组织目标、特定的成员群体、特定的活动场所、特定的象征性符号或标识、特定的规则等的辨认，而认识到某一组织实体的存在。

2) 组织具有目的性

组织的目的性是一种客观属性，并且组织的目的是内生的、动态的，组织是实现这些目的的工具或手段，它贯通于管理实践活动之中。

3) 组织具有协作性

组织的基本功能在于对组织成员实现组织目标所开展的各种活动实现分工与协调。换句话说，组织是为群体活动进行分工与协调，为将个人效率整合成为社会效率提供实际的物质结构的社会载体。因此，协作是组织的基本功能。

4) 组织具有结构性

组织的结构性是指构成组织的各种要素相互整合的具体形态，即通过一定的职权关系形成了较稳定的内部结构，这种结构成为一定社会关系的载体。因为组织各种要素在相互关系上只有形成一定的结构，才能实现组织目标的协调发展；所以组织的结构性实际上是各种相关要素构成一定管理活动的客观实体。

5) 组织具有系统性

“任何组织都是社会系统性的组织，它依靠组织自身目标来激动组织中的每个成员。组织成员的角色是靠他们自身的目标认同来塑造的，而目标认同又产生于他们在组织中的位置”。组织是系统，并且是个开放的系统。组织有着明确或模糊但可渗透的边界，通过边界与外部环境之间不断地进行双向的能量和信息的交换，可以调整内部各构成要素之间的平衡并维持组织与环境间的动态平衡，从而不断地变革和发展。

3. 组织的种类(Categeroy of organization)

对组织的分类有很多种方法。美国学者艾桑尼以组织中人员对上级服从程度、上级对下级权力运用的关系，即组织中权威产生的基础对社会组织进行分类，将组织分为强制性、功利性和规范性组织。美国著名社会学家、交换学派的代表布劳及史考特根据组织目标和受益者的关系，把组织划分为互利组织、服务组织、企业组织和公益组织四类。依据人类社会生活的基本领域以及组织的性质可以把组织划分为政治、经济、文化、群众、宗教组织。而按组织内部是否有正式的分工关系，将组织分为两大类：正式组织和非正式组织。这种分类对于船舶组织有很重要的影响。

1)正式组织(Formal organization)

正式组织是指以明文规定的形式确立下来,成员具有正式分工关系的组织。正式组织具有下列特征:① 经过特定规划建立起来,并不是自发地形成;② 有较为明确的组织目标,通常是降低成本和提高效率;③ 组织内部分成各个部门,各个部门的职责、权限及完成工作任务皆有明确规定;④ 组织内各个职位按照等级原则进行法定安排,每个人承担一定的角色;⑤ 有明确的法律、制度和行为规范,如政府组织、军队组织等。

2) 非正式组织(Informal organization)

非正式组织是正式组织内若干成员由于相互接触、感情交流、情趣相近、利害一致,未经人为的设计而产生交互行为和意识,并由此自然形成一种人际关系。非正式组织具有以下特点:自发性,内聚性,不稳定性,领袖作用较大。

3) 非正式组织对安全的影响(Influence of informal organization to safety)

在船舶驾驶台组织中,船上的非正式组织则不具社会结构,对安全的影响或积极或消极。

非正式组织的积极作用在于:使正式途径难以处理的事情、意见,以及容易引起争论的问题,借助非正式群体沟通;协调正式群体中的人际关系,减少正式群体实施目标时的阻力;员工遭受的挫折和困难,有发泄的通道,使其获得社会满足感;在一定程度上满足了个体的社交需要,维护了个体自尊心等。这些显然有利于船舶的安全和管理。

非正式组织的消极作用不容忽视:易产生小圈子作风,不利于正式群体的团结和稳定;当与正式群体的目标、任务和要求相矛盾时,则可能会妨碍正式群体决策的顺利执行;容易传播小道消息,滋生谣言,混淆视听,给正式群体各项工作带来困难等。

非正式组织是以情感和融洽关系为标准的,但船长和轮机长应当了解它的存在,对本船管理和安全的可能利弊。利用非正式组织,要认识到非正式组织存在的客观必然性和必要性,允许乃至鼓励非正式组织的存在,为非正式组织的形成提供条件,并努力使之与正式组织吻合。促进非正式组织的形成,有利于正式组织效率的提高。通过建立和宣传正式组织的文化来影响非正式组织的行为规范,引导非正式组织提供积极贡献。当然,对有正面影响的非正式群体,应予适当鼓励,对有负面影响的非正式群体,应该因势利导,使其与正式群体和睦相处,进而发挥其长处。对负面影响大的非正式群体,应予抑制、分化,不得已时,船长应报请公司调离其骨干。

二、船舶组织(Organization of Ship)

组织是管理工作中的一种职能。它突出的表现在于能对大量资源的合理调配进而达到其目标的能力。显然,组织的工作越是统一和协调,效率也就越高。这种协调是管理工作中的重要部分。船舶组织可定义为船舶根据工作需要,通过优化组合而形成的有效形式与结构,也可定义为船舶管理者对船舶内部人员的工作安排与协调。船舶组织的突出表现在对船舶内部人员的合理调配进而达到船舶安全的目的。

1. 船舶正式组织(Formal organization onboard)

迄今为止,不存在为未建立的船舶组织形式进行设计。所有的组织都随着环境、任务等某个或者某些影响因素的变化,重新设计或者调整组织的机构和结构。船舶组织也经历过多次变迁。早期的船舶组织结构基本是基于船舶技术应用和人员服务而建立的。SOLAS 74 要求船舶持有船旗国签发的船舶最低安全配员证书(Minimum Safety Manning Certificate),以保证航行安全和防止污染。配员包括船员适任证书要求和人数要求,使船员能按一定的组织和分工行使职责。这是船舶组织结构的最低要求。国际上货船的船员组织通常如图 4-1 所示,这是一个船舶组织结构图的范例,它代表了典型的船舶人员组织结构。

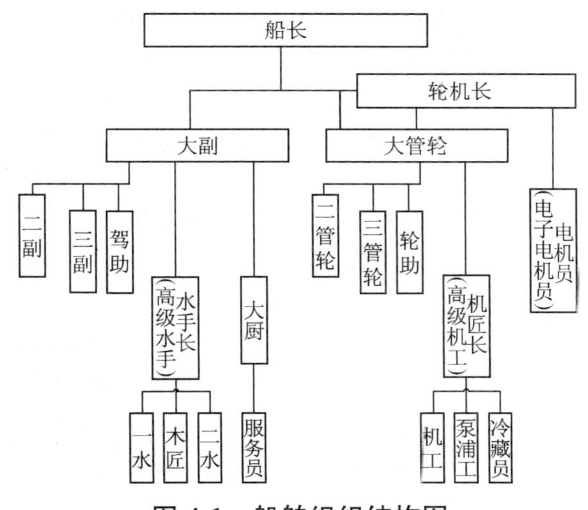

图 4-1 船舶组织结构图

一般货船船员组织结构,随着船舶自动化程度的迅速提高,无人值班机舱(UMS)和一人驾驶台(IBS)的快速发展,STCW 公约提出功能发证,船员可跨部门从事其适任证书许可的职能,船舶组织结构发生了很大变化。表现为一职能多人和一人多职能,可根据情况需要灵活地组织值班。STCW 78/95 作了职能发证规定,将船上职能分成七大块:航行、货物装卸和积载、船舶作业管理和人员管理、轮机工程、电子电气与控制工程、维修保养、无线电通信。基于职能配员的船员的组织结构,打破了部门的界限,共享人力资源,能随时调集足够的技术力量解决某职能的问题,职能配员使船员总人数得到较大幅度的减少。

2. 应急组织(Emergency organization)

(1) 船长是应变总指挥,有权采取一切措施进行抢险处置,并可请求有关方面给予援助。

(2) 大副是应变现场指挥(除机舱抢险外),是应变总指挥的接替人;轮机长是机舱现场指挥,并负责保障船舶动力。

(3) 救生艇操作人员配备。一般地,驾驶员(大副、二副、三副)任各救生艇艇长,轮机员或熟练机匠任机动艇操纵员,放艇时先进入艇内的两人应是技术熟练的一级水手。

(4) 消防应变组织分消防、隔离和救护三队:消防队由三副或水手长任队长,直接担负现场灭火;隔离队由大副任队长,任务是根据火情关闭门窗、舱口、风斗、孔道,切断局部电路,搬开近火易燃物品,阻止火势蔓延;救护队由医生或事务员任队长,任务是维持现场秩序,传令通信和救护伤员。

(5) 堵漏应变组织分堵漏、排水、隔离和救护四队:堵漏队由水手长任队长,三管轮任副队长,直接担负堵漏和抢修任务;排水队由轮机长领导机舱固定值班人员进行;隔离队由三副任队长,负责关闭水密门、隔舱阀等,木匠测量各舱水位;救护队由医生或事务员任队长。

(6) 溢油应变组织分指挥通信、除油、溢油回收和救护四组,必要时还有机舱组。大副为现场指挥,二副指挥除油组,带领大管轮、水手长、机匠、二水;指挥溢油回收组,带领二管轮、木匠、二水等,轮机长指挥机舱组。

三、驾驶台组织设计的原则(Design Principle of Bridge Organization)

组织所处的环境、有用的技术、制定的策略、发展的规模不同,所需的职务与部门及其关系也不同,组织设计的形式也会不同。比如船舶的航行值班,通常由驾驶员或轮机员,水手或机工分别组成,但是在白天大洋航行等船舶营运密度较低水域时,有时会减少普通船员值班,而在沿岸航道等船舶营运密度较高受限水域时,反而会增加船舶瞭望人员。显而易见,任何组织在组织模式设计的时候需要遵循一定的原则:因事设职与因人设职相结合的原则;权责对等的原则;命令统一的原则;因时、因地制宜的原则。

组织的设计分下列三个步骤:

(1) 确定完成组织目标所必做的工作。任何组织都是围绕某些目的而建立的:驾驶台团队的目的是保证船舶安全和高效营运。不同的目的需要用不同的手段去实现。因此,为实现组织的最终目标,整个组织需要完成的各种任务必须首先明确。

(2) 将工作合理地划分为具有可行性的个人行为。创建组织的原因是由于组织拟完成的工作是无法由个人完成的。因此,这些工作应“合理”地划分给各个组织成员。

(3) 将组织机制设计成便于协调组织成员工作的统一而且和谐的整体。组织设计可分为两大类:组织设计和现代的组织设计。传统的组织设计包括以下五个要素:划分工作;确定从属关系;确定职责和责任;划分管理层次;划分部门。

大部分组织结构都非常复杂,不便于语言叙述。因此管理人员常常用组织结构图 4-2 的形式将组织结构中的功能、部门、职位及其之间的相互关系清晰展示出来。

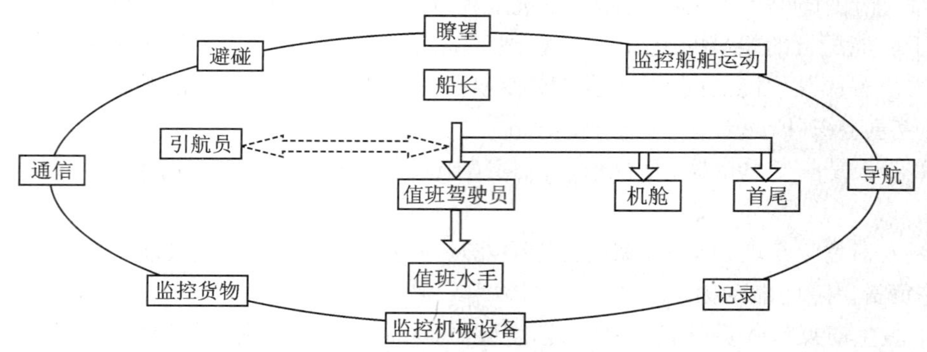

图 4-2 船舶驾驶台组织结构图

四、驾驶台组织的作用(Function of Ship Bridge Organization)

1. 确保船舶营运安全的目标实现

任何组织都是围绕某些目的而建立的,驾驶台团队的目的是保证船舶安全和高效营运。总体上讲,驾驶台安全配员的基本原则是建立适合于任何船舶的配员水平。

在任何时候,船舶需要在遵循国际避碰规则的原则下航行,并且确保海洋环境得到保护。一个高效的驾驶台组织应确定适合的航路，有效地管理所有可用的资源，促进良好的交流和团队工作。保持正规瞭望的需求应由航行值班的基本组成来决定。但是，许多环境和条件将影响任何时候的实际值班安排和驾驶台配员水平。高效的驾驶台资源和团队管理应能消除一个人导致的危险局面下的风险。驾驶台组织应能得到明确的与在船营运程序相关的航行政策，符合包括ISM规则在内的船舶安全管理体系的要求。

2. 合理划分个人行为

创建组织的原因是由于组织拟完成的工作是无法由某一个人完成的。因此，这些工作应根据任务和境况配置合适的人员，“合理”地划分给各个组织成员。“合理”在这里包括两层含义：首先，员工不应被指派去完成不适合他完成的工作（如身体强壮但对自己的英语不是很自信的水手，应更多地被安排去带缆而不是去操舵）。其次，工作的强度不宜过大，也不宜过小。过大的工作强度导致工作无法及时准确完成，而过小的工作强度则造成时间的浪费、效率的降低及不必要的消耗。更为重要的是，疲劳可能导致事故的发生，进而造成更大的损失。比如，委派驾驶员合适的任务，唯一的瞭望人员的确定，个人职责的分派，等等。

3. 协调组织成员工作与促进通信交流

驾驶台成员应尽职尽责相互支持，且接纳引航员作为重要的一员加入驾驶台团队，将组织机制设计成便于协调组织成员工作的统一而且和谐的整体。传统组织设计亦有它的优点，比如从属关系清晰、责任明确及专门化带来低成本等优点，但同时它也存在着：下级单纯依赖上级；追求部门目标影响整体目标；不同部门之间存在隔阂；资源重复配置导致浪费等缺点。在驾驶台组织中，往往涉及到驾驶台团队与船长的关系、与引航员的关系等。

4. 充分利用驾驶台所有资源

消除成员中任何一人可能引起严重后果的失误。驾驶台团队的每位成员都应认识到每个人在船舶安全航行中所起到的重要作用且安全取决于每位海员尽自己的能力履行其职责；每位成员必须认识到船舶安全不应该仅仅依赖于某个人的决定。应仔细检查所有决定和命令，并监视其执行。如果低资历成员认为那个决定对于船舶并不是最好的话，他们必须毫不犹豫地针对某个决定提出自己的看法。

五、船舶安全委员会(Ship Safety Committee)

作为集体工作的一种形式，组织中存在着多种多样的委员会。这些委员会，有的是为解决某个问题而临时设立的，而另一些长期存在；有些只涉及部分岗位或部门，有些则具综合性质；有些是执行性的，有些则属于决策机构。不论哪种委员会，都可以在以下方面发挥作用：综合各种意见；协调各种职能；代表各方利益；组织参与管理。同时，运用委员会的工作方式也可能带来时间上的延误、决策上的折中以及职能不清的局限性。在船舶组织管理中，船舶安全委员会（以下简称安委会）是常见的委员会，也是我国安全组织管理的必要形式之一。

1. 安委会(Ship safety committee)

安委会的目标是贯彻“安全第一，预防为主”的方针，确保本船运输生产安全。传达贯彻上级安全工作指令，结合实际抓好落实，并按要求将贯彻情况；掌握船舶安全情况，经常进行研究分析，针对存在问题，采取相应措施；结合本船实际，认真做好安全宣传教育工作，开展技术业务学习，不断增强全员安全意识，提高技术业务水平。

每月组织一次全员“安全课”。由安委会负责人或安全生产主管人员负责授课。内容可包括劳动安全、危险品运输、明火作业、防火防爆、防台防汛、防碰撞、防污染、上级安委会指示、安全规章制度学习、事故案例分析等。

每周组织一次技术业务学习。由安委会领导根据“干什么、学什么,缺什么、补什么”和“重点提高与普遍提高相结合”的原则,组织学习、探讨和提高。

结合航次任务、季节特点及人员、设备情况,切实抓好日常的和季节性的各项安全工作,做到有布置、有检查、有落实。设立现场安全员,订立“作业现场安全员职责”,并经常督促、检查、指导安全员的工作。

结合本船实际,建立、健全安全规章和设备操作规程,并教育督促船员严格遵章守纪,杜绝“三违”现象。督促各部门认真做好设备的经常性和周期性保养检修工作,确保各种设备特别是应急设备处于适航状态。督促各部门认真做好各项安全基础工作。

按体系文件的规定,开展认真自查与整改,对自行不能解决的缺陷要及时反馈到有关部门以取得帮助解决。按规定严格执行事故报告制度,发生事故积极组织施救,努力减少损失,并按“四不放过”的原则进行处理。组织全船开展好各类安全宣传活动。严格按体系文件运行,及时熟悉、掌握体系文件要求,不断提出改进建议。

2. 安委会会议(Conferernce of ship safety committee)

安委会的工作须紧密结合各自的安全工作实际,建立并坚持相应的会议制度。一般情况下,船舶安委会会议每月召开一次,必要时,可随时召开。

安委会会议的主要内容:传达学习上级安全工作指令,并结合安全工作实际,提出具体贯彻意见及要求。分析研究安全工作情况,并针对存在问题,落实相应安全措施,部署好下阶段工作。检查对前次会议精神的贯彻落实情况,凡未按要求认真进行贯彻落实的,应责成有关单位和部门负责落实,并将落实情况在下次会议上汇报。讨论本安委会职责范围内的其他有关问题。认真做好安委会会议记录,必要时可编发会议纪要。

第二节　在船组织成员的分工与职责
Responsibility and Distribution of Team Member

一、船舶部门职责(Responsibility of Department Onboard)

一直以来,船员组织系统分为领导、甲板部、轮机部和事务部。每个部门内部都有明确的岗位分工。

1. 船舶领导(Ship administration)

总体负责和监督:航行;船舶操纵、靠离泊;船员业务;代理业务;租船业务;港口清关;船舶证书登记、法定日志。

2. 甲板部 (Deck department)

负责:值班;货物业务;船舶检验、维修保养及油漆;助航设备的维修保养,如罗经;安全业务,包括消防和救生演习;使用并保管海图和有关航行和港口信息的图书;信号旗的使用和保管;船舶操纵和操作;使用电航设备;船舶物料;对新船员就设备的操作、安全、消防和救生演习及维修保养方面进行培训；靠离泊及锚泊。

也涉及报务部职能，包括：无线电设备、电传、无线电话；电子导航设备、扫描设备；回声测深设备。

3. 轮机部(Engine room department)

负责：值班及无人机舱职责；机器的维修保养和检验；机舱物料和备件；对新船员就机器的操作、安全、消防和救生演习及维修保养方面进行培训；船上服务，包括冷水、热水、排水系统、空调、船上冷库和冰箱；操舵装置；控制系统和自动化设备；甲板上的机械设备，如起货机、锚机和绞缆机；机械和船舶的性能标准——燃油指标；另外，还有电子、电机系统的管理与维护保养职能。

4. 事务部(Steward department)

负责：所有舱室内务，物品和伙食，生活区、厨房和物料间的清洁和卫生。

二、船舶人员职责(Responsibility of Seafares Onboard)

在 STCW 公约中，将船员划分为三个级别，分别是管理级船员、操作级船员和支持级船员。这种划分构建了三级组织管理模型，是目前管理组织中最为有效的管理形式。就每一级别的人员而言，总体职责可以由值班职责、业务职责、应急职责三个内容组成。一般地，对于各个级别的人员可以归纳如下：

1. 管理级人员(Managing level)

(1) 船长：船长是船舶领导人，负责船舶安全运输生产和行政管理工作，对公司经理负责。主要工作包括领导全体船员贯彻国家的方针政策、法律法规和公司下达的各项指示及规定；优质全面地完成运输生产和其他任务，最大限度地保障船舶和生命财产的安全以及发挥船舶正常航海和运货；严守国际公约及地区性规定和承担应尽的国际义务；遇到应急情况时果断而稳妥地处理各项事务。

(2) 大副：主持甲板部日常工作，协助船长做好安全生产和船舶营运，有时也需担任航行值班；主管货物配载、装卸、运输和甲板部的保养工作；负责制订并组织实施甲板部各项工作计划，编制货物积载计划、维护保养计划。

(3) 轮机长：是全船机械、电力、电气设备的技术总负责人。全面负责轮机部的生产和行政管理工作；对全船机械、电力、电气设备(无线电通信导航和由甲板部使用的电子仪器除外)的操作和维护负总责，确保全船机电设备的适航。

(4) 大管轮：履行轮机值班职责；主管船舶推进装置及其附属设备，协助轮机长进行轮机技术管理和轮机部日常工作；负责推进装置及附加设备、舵机装置、机舱消防设备、安全设备和防护设施等的使用和维护；负责润滑油加载管理。

2. 操作级人员(Operational level)

(1) 二副：履行航行和停泊所规定的值班职责；主管导航仪器设备(包括普航仪器)、航海图书资料及通信设备；负责航海图书资料、通告等日常管理和更正工作及航次计划的制订。

(2) 三副：履行航行和停泊所规定的值班职责；主管救生、消防、堵漏等应急设备；负责消防、救生设备的定期检查和维护保养工作。

(3) 二管轮：履行轮机值班职责；主管发电原动机及其附属设备和系统、应急发电系统与燃油柜等;负责辅助机械、空气压缩装置等的使用和维护工作以及燃油加载管理。

(4) 三管轮:履行轮机值班职责;主管锅炉、甲板机械等设备动力系统及其电气控制系统;负责污油、污水、垃圾管理,负责油水分离器、焚烧炉、生活污水处理装置及其电气控制系统。

(5) 电子电气员:主管电子、电机、电气设备和电气控制系统。

3. 支持级人员(Supporting level)

(1) 水手长:在大副领导下,组织带领木匠和水手进行船体、甲板所属设备的维护保养和其他日常工作,并指定甲板部安全监督员;负责锚、缆、装卸设备的养护维修工作;带领水手做好油漆、帆缆、高空、舷外、起重、操舵及其他船艺工作。

(2) 木匠:执行木工及有关航次维修和保养工作;负责起锚机的操作和保养工作;负责淡水舱、压载舱的测量;负责水密装置的定期检查和维护保养。

(3) 一水:履行航行和停泊所规定的值班职责;执行操舵、航行值班职责和靠泊舷梯值守工作。

(4) 二水:执行带缆、收放舷梯和甲板部维护保养各种工艺工作。

(5) 机工长:在大管轮的领导下,负责车、钳、焊等机械加工操作,带领机工进行机舱日常工作。

(6) 机工:履行轮机值班职责;执行机炉舱和机械设备的检修、保养工作。

(7) 厨师:负责船员的伙食工作。

(8) 服务员:负责生活场所卫生、生活用品保养以及接待工作。

三、值班人员职责(Responsibility of Officer on Watch)

值班职责是船员职责中主要的任务之一,是岗位职责的重要组成部分,也是实现安全与防污染的重要环节。在船舶值班管理中,涉及到全体驾驶员、无线电人员和轮机员的共同职责,也就是值班职责与值班任务。

1. 值班驾驶员(Duty officer)

值班驾驶员需要承担安全航行值班、安全锚泊值班和安全靠泊值班。

负责航行的值班驾驶员是船长的代表,无论何时,其首要职责是负责船舶的安全航行,必须时刻遵照《1972 年国际海上避碰规则》和安全航行规章进行操纵和避让。负责航行值班的驾驶员,不应被分派或担负任何妨碍船舶安全航行的职责。其主要承担的任务包括如图 4-3:

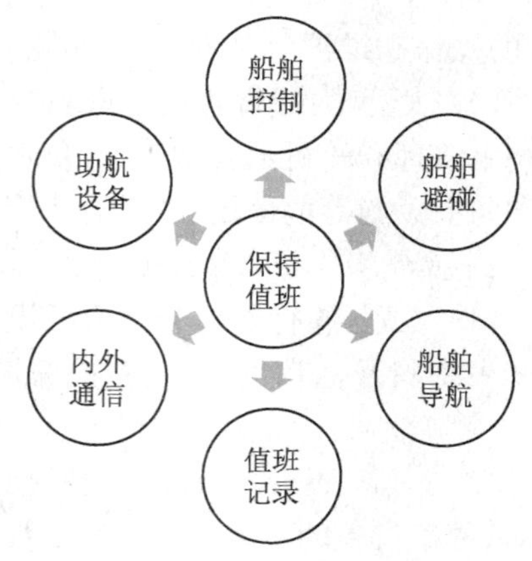

图 4-3 值班驾驶员职责

1) 保持值班(Watchkeeping)

负责航行值班的驾驶员应:在驾驶台保持值班,不得随意离开驾驶台;对船舶的安全航行负责,即使船长在驾驶台,直到明确船长已承担责任为止;对为了航行安全而采取某种行动发生疑问时要及时通知船长,船长接到报告后应尽快上驾驶台,必要时由船长直接指挥。值班驾驶员值班的首要职责是遵照《1972 年国际海上避碰规则》第五条的规定随时保持正规的瞭望,并应达到下列目的：① 利用视觉、听觉及所有其他可用的方法对当时环境和情况保持连续戒备的状态，并及早发现或察觉到它的变化；② 充分估计到碰撞、搁浅、污染、和其他危害航行安全的局面和危险；③ 寻找遇难的船舶和飞机、船舶遇难人员、沉船残骸和其他危害航行安全的物体；④ 本船的船舶、货物、人员舱外活动、探火或报警装置等情况的安全监控。

2）船舶控制（Conning ship）

值班驾驶员在任何时候均应使用安全航速，在需要时应毫不犹豫地使用舵、主机和音响信号装置，但情况允许时应及时通知机舱主机变速的意图，或者按照适用的程序有效地使用装设在驾驶台的UMS主机控钮。必须充分掌握包括冲程、旋回性、舵效在内的本船在任何吃水、不同气象条件下的操纵特性，掌握船舶主机转速与船速的对应关系，并应熟悉其他可能具有的不同操纵特性。值班驾驶员应熟悉有关船舶安全、防污染与保安等方面的责任与义务，并有能力切实履行这些措施。对船舶航次计划中可能出现的对船舶、人员与环境有影响的风险应有安全监管，并持有应有的戒备，需要时采取处置措施。

3）船舶导航（Navigation）

值班驾驶员在任何时候应在可行的条件下使用多种方法进行陆标定位和无线电定位，保持安全船位。在值班期间，应最有效地使用船上一切可用的助航仪器，以足够频繁的时间间隔对所驶的航向、船位和航速进行核对，正确配置风流压差，以确保本船沿着计划航线行驶，并注意在适当的时候使用回声测深仪。应将所有与航行安全有关的指示和信息告知驾驶台的其他值班人员，以确保安全运输和正规瞭望。结合实际环境条件保持对航线转向点的船舶位置控制。结合实际气象条件保持对变更航线的决策管理。保持海上、沿岸、狭水道、雾、大风浪、冰区等航行环境下的航行控制。

4）船舶避碰（Collision avoidance）

值班驾驶员应完全遵守《1972年国际海上避碰规则》正确地展示本船的号灯、号型和声响信号。即使发生异常情况，需要及时展示相应的航行灯与信号灯；经常和精确地测定所接近的船舶的罗经方位和距离，以便及早判断有无碰撞的危险。必要时使用甚高频无线电话，与他船协调避让措施。对此会遇应按《1972年国际海上避碰规则》及早采取积极的行动，随后还应检查此种避让行为是否取得预期的效果。对不同水域条件下的避让有足够的警惕，包括转向点附近、岛礁区、渔区、狭水道、沿岸等水域的船舶会遇特点。

5）值班记录（Recording activities）

驾驶员值班时应做好与航行安全有关的动态和工作的正规记录，包括航海日志、车钟日志、狭水道航行记录、体系文件记录等。只要可行和情况允许，船上的航行设备应经常在海上作操作试验，尤其要在预料到将有影响航行安全的危险情况之前进行。这种试验还应在到港前和出港前进行。这些试验应予记录。及时收悉来自外部的信息，包括气象传真图、NAVTEX的航海警告和气象预报信息，并记录。

6）内外通信（Radiocommunication）

值班驾驶员需要用甚高频无线电话在规定的频道上保持守听。了解在相应水域通航管理部门或岸基机构的甚高频电话频率，及时报告船舶动态。必要时使用甚高频无线电话，与他船交流、协调避让措施。保持驾驶台与机舱间的联系。正确显示有关号灯号型、声响信号、信号旗等。

7）助航设备（Navigation aids）

值班驾驶员应充分了解船上所有安全和航行设备的放置地点和操作方法，并应了解和考虑这些设备在操作上的局限性，包括操舵仪、罗经、雷达或自动标绘仪、自动识别系统、电子海图显示与信息系统、全球定位系统、测深仪、计程仪、气压仪等。应对有关设备作定期检查，以确保：① 手动操舵或自动舵按船舶正确的航向行驶。每班至少试验一次自动舵的手动操作。② 有条件时每班应至少测定一次标准罗经的误差，可能的话，在有较大改变航向后也应测定；标准罗经和电罗经应经常进行核对；主罗经与复示仪应同步。③ 航行灯和信号灯及其他航行设备正常工作。④ 无线电设备应按正常工作并按本规则的要求进行值守。⑤ 驾驶台值班报警工作正常。⑥ 无人机舱控钮、警报和指示器工作正常。⑦ 所有值班驾驶员应能熟练地使用雷达，在任何时候使用雷达时都必须遵守《1972 年国际海上避碰规则》中有关使用雷达的规定；发现特殊或者异常情况时应立即报告船长。

8) 不同条件下的值班(Keep watching under various condition)

值班驾驶员应对不同条件下的航行值班保持应有的谨慎。

值班驾驶员遇到或预料能见度不良时，航行值班驾驶员的首要职责是遵照《1972 年国际海上避碰规则》的相应条款，采取鸣放雾号、以安全航速行驶、并使主机处于立即可操纵的准备状态等措施。在夜间航行，船长和值班驾驶员安排瞭望时应充分考虑到驾驶台设备和可供使用的助航仪器的局限性，当时航区的环境和情况，以及所实施的程序和安全措施。在沿岸和拥挤水域航行时，应使用船上适合于该地区并依照最近资料改正过的最大比例尺的海图。在确认没有碰撞危险的情况下，应勤测船位，环境许可时还应使用多种方法定位。值班驾驶员应确切地辨认沿岸陆标及所有有关的航行标志。

值班驾驶员在锚泊中应做到：锚抛下时应立即测定船位，并在海图上标出锚位和回旋范围，对锚地的潮汐、流向、水深、底质、周围情况及当地气象，做到心中有数，并记入航海日志。如情况许可，要经常利用固定航标或岸上容易辨认的物标，校核船舶是否保持在锚位上。确保维护有效的瞭望，并注意：① 周围锚泊船的情况，尤其是位于上风(或上流)方向锚泊船的动态，以防他船走锚危及本船安全；② 来泊船的锚位是否与本船有足够的安全距离，如若过近，应设法通知对方，并报告船长；③ 如过往船舶或邻近锚泊船起锚离泊时距本船过近，应严密注视其动态，若判断对本船有威胁时，应以各种信号警告对方。以适当的时间间隔巡视全船，注意吃水、龙骨下富裕水深以及船舶的状态。注意观测气象、潮汐和海况变化，注意锚位、锚链受力，船首偏荡，特别在转流时，注意船身回转及周围船舶动向，必要时采取紧急措施，防止因本船或他船走锚酿成危险或事故。不论本船或他船走锚，或者过往船舶距离过近而出现危险局面时，应果断地采取一切有效措施，以避免或减少损失，并立即通知船长。在急流区锚泊或遇大风浪天气，除执行船长指示外，还应勤测锚位，定时巡视甲板，检查锚链和制链器是否正常，并应认真督促值班水手每小时检查锚链、锚链制和锚设备一次。督促值班水手按时升降旗及锚球，开关锚灯、甲板照明，按规定显示或悬挂相应的号灯号型，鸣放相应的声号。遇能见度不良时，必须认真执行《1972 年国际海上避碰规则》的有关规定，加强瞭望，鸣放雾号，开亮锚灯和各层甲板的照明灯，并通知船长。

值班驾驶员在系泊中应做到：① 靠泊期间船舶的工作事项记入航海日志，掌握全船人员动态，经常巡查船的四周、装卸现场及工作场所，关心从事高空、舷外及封闭舱室内工作的人员安全，督促值班人员坚持岗位，保持部门间联系畅通。②督促值班水手按时升降国旗、开关灯，显示或悬挂有关号灯号型；经常检查舷梯、锚链、跳板及安全网，及时调整系泊缆绳，特别是在有较大潮差的泊位上，应加强巡查，必要时，应采取措施以确保系泊设备处于安全工作状态。③ 注意吃水、龙骨下的富裕水深和船舶的一般状态。④根据各船舶种类特点，按积载计划的要求，负责船港联系和协作，监督装卸操作安全和质量，掌握装卸进度，解决装卸中发生的问题，制止违章作业，注意天气变化及海况，及时开关舱；装卸一级危险品、重大件、贵重货时到现场监督指导。⑤注意及时收听天气预报，当收到恶劣气象警报时，采取必要的措施以保护船舶、人员和货物的安全。⑥ 按船长或大副的指示或者情况需要，通知机舱注入、排出或调整压舱水，并注意船体平衡；注意检查污水沟、压载舱及淡水舱的测量记录；监收加装淡水和物料，加油船来时通知机舱并注意防火安全。⑦ 严格遵守有关安全及防火规定，遇火警、人落水或船进水时，应立即发警报；在船长或大副的指挥下协调在船人员全力抢救，以避免船舶、货物和船上人员受到损失，必要时请求水上安全管理机关或附近船只给予援助。⑧ 掌握船舶稳性情况，以掌握可喷洒在船上的水的大致数量，并不至危及本船。⑨ 船上进行明火作业及修理工作时，要严格按规定报批，并注意查看和采取必要的预防措施。⑩ 采取各种有效预防措施，严禁在系泊区域内排放污油水、垃圾及杂物，防止本船对周围环境的污染。⑪ 注意过往船舶，当有他船系靠本船或前后泊位时，应在现场守望，并采取相应安全措施。一旦发生事故，应立即记下该船船名、国籍、船籍港及事故经过，并向船长报告。⑫ 主机试车前，应确认推进器附近无障碍物，不至碍及他船，不至损坏舷梯、跳板、缆绳、装卸属具及港口设施等方可进行，并注意查看和采取必要的预防措施。

2. 无线电值班(Radio watchkeeping)

指定进行一般通信业务的无线电值班人员，应考虑本船船位与那些可能要进行通信业务的海岸电台和海岸地球站的相互位置，保证做到在可能交换通信的频率上保持有效的值守。在交换通信信息时，无线电值班人员应遵守国际电信联盟的有关规定。

履行无线电值班的无线电人员应：① 保持在无线电规则和 SOLAS 公约所指定的频率上；② 值班时，定时检查无线电设备的工作状态及其电源，并且在发现设备故障时及时报告船长；③ 凡水上安全管理机关有相应规定不能在港界内开启发信机，或者是在装卸和清洗易挥发性的易燃易爆货物时，根据船长或值班驾驶员的指示禁止开启和修理一切发信设备。

无线电值班人员应按照无线电规则及 SOLAS 公约有关无线电日志的要求做好记录。无线电工作日志必须存放在经常通信操作的地点，并应能使：① 船长可以查阅；② 主管机关的任何授权官员可以查阅。

在发生遇险事件时，保持无线电记录是无线电人员的责任。下列事项连同其发生的时间应予记录：① 遇险、紧急和安全的无线电通信摘要；② 与遇险及救助有关的重要事件；③ 如果可能，每天一次船位；④ 无线电装置的状况，包括电源状况的摘要。

在海上时，指定为在遇险事件中负有无线电通信主要责任的无线电值班人员应保证下列设备工作正常：① 每周至少一次用试验方法测试数字选择性呼叫(DSC)遇险和安全通信的无线电设备；② 每天至少一次测试遇险和安全通信的无线电设备，但不发射任何信号。这些试验的结果应记入无线电工作日志。

遇险报警或遇险呼叫优先于一切其他通信。当电台收到遇险报警时，必须立即停止干扰遇险通信的任何发射。如本船遇险，指定为在遇险事件中负有无线电通信主要责任的无线电人员，应立即遵照无线电规则的程序承担起责任。当收到遇险报警时，无线电值班人员应立即报告船长，在遇险事件中负有无线电通信主要责任的无线电人员，应马上根据无线电规则的程序承担起责任。

3. 值班轮机员(Duty engineer)

值班轮机员应保证维持既定的正常值班安排。值班轮机员在值班期间不应再被分派或承担任何会妨碍其监管主推进系统及其辅助设备的其他任务,而应保证机器及设备处于经常的监管之下,直到正式交班为止。机舱值班的普通船员应协助值班轮机员使主、辅机安全和有效运行。尽管轮机长在机舱,值班轮机员应继续对机舱工作全权负责,直到轮机长明确通知他轮机长已承担责任并经双方确认后为止。

轮机值班的所有成员都必须熟悉被指派的值班职责,此外,每个成员对其服务的船舶还应掌握:① 恰当地使用内部通信系统的知识;② 机舱逃生途径的知识;③ 机舱报警系统的知识,特别是关于辨别各种警报与二氧化碳警报的能力;④ 有关机舱灭火设备的数量、位置、性能和使用的知识;⑤ 船损堵漏工具的使用知识。

在轮机值班开始时,应当对当时所有的机器工作情况、工况参数加以验证、分析,并保持在正常范围值。在值班期间值班轮机员应定期巡回检查机舱和舵机室,以便及时发现机器的故障和损坏情况,并执行其他一切需要的任务。任何运转失常的、预料将发生故障或需要特殊处理的机器,连同已经采取的措施应作详细记录。如果需要,应为进一步的措施拟出计划。对于有人值守的机舱(MS),值班轮机员应随时能立即操纵推进设备,以适应变向和变速的需要。对于定期无人值守机舱(UMS)的值班轮机员,在机舱呼叫时,应立即到达机舱。

驾驶台的所有命令应迅速执行,对主推进装置的变向和变速应做出记录。当人工操作时,值班轮机员应保证主推进装置的操纵台前不间断地有人值守,并处于准备和操作状态。

第三节 团队与团队工作
Team and Teamwork

一、团队的定义 (Definition of Team)

一个人构不成团队,两个以上个人的集合体也未必是团队。同在车站等车、码头候船的乘客、电影院里的观众、排队买东西的顾客等,都称不上是团队。在中文文字中,"团队"是指有"口""才"的人和一群用"耳"听的人所组成的组织。

团队是由两个或两个以上的人组成的,彼此之间的相互影响、相互作用的个体,为特定目标而按照一定规则组合在一起的组织。团队是在行为上有共同规范的一种介于组织与个人之间的一种组织形态,由成员和管理者组成的一个共同体,它合理利用每一个成员的知识与技能协同工作,解决问题,达到共同的目标。

虽然团队也是由一起工作以完成共同任务的个体组成的一个群体,但其重要特点是,团队内成员间在心理上有一定联系,彼此之间发生相互影响。那些萍水相逢、偶然汇合在一起的一群人,虽然在时间、空间上有些共同的特点,但他们之间在心理上没有什么相互影响和相互作用,因而称不上团队。团队的构成要素如下:

1. 共同目标(Common objective)

为完成共同目标,成员之间彼此合作,这是构成和维持团队的基本条件。事实上,也正是这共同的目标，才确定了团队的性质。组织则不同，它是先有结构，后有任务、目标和发展方向。团队必须是先有目标，后有团队。更为重要的是，团队的目标赋予团队一种高于团队成员个人总和的认同感，这种认同感为如何解决个人利益和团队利益的碰撞提供了有意义的标准，使得一些威胁性的冲突有可能顺利地转变为建设性的冲突。正因为有团队目标的存在，团队中的每个人才都知道个人的坐标在哪儿、团队的坐标应在哪儿，否则黑白颠倒、轻重不分、团队将面临灭顶之灾，也失去了其存在的价值；也正因为团队目标的存在，才使得团队成员能在遇到紧急情况、面临失败风险等情况下全身心地投入，统一思想，形成合力，除了团队，没有一个人能够做到这一点，因为这些事件是对他们整体的挑战。

2. 个体组成(Fomation of individual)

人是构成团队最核心的力量。两个(包含两个)以上的人就可以构成团队。目标是通过人员具体实现的，所以人员的选择是团队中非常重要的一部分。在一个团队中可能需要有人出主意，有人订计划，有人实施，有人协调不同的人一起去工作，还有人去监督团队工作的进展，评价团队最终的贡献。不同的人通过分工来共同完成团队的目标，在人员选择方面要考虑人员的能力如何、技能是否互补、人员的经验如何。

3. 组织定位(Positioning of organization)

团队的定位包含两层意思：一是团队的定位，团队在组织中处于什么位置，由谁选择和决定团队的成员，团队最终应对谁负责，团队采取什么方式激励下属？二是个体的定位，作为成员在团队中扮演什么角色？是订计划还是具体实施或评估？

4. 管理权限(Limits of power)

团队当中领导人的权力大小跟团队的发展阶段相关，一般来说，团队越成熟领导者所拥有的权力相应越小，在团队发展的初期阶段领导权相对比较集中。团队权限关系的两个方面：① 整个团队在组织中拥有什么样的决定权？比方说设备决定权、人事决定权、信息决定权；② 组织的基本特征。比方说组织的规模多大，团队的数量是否足够多，组织对于团队的授权有多大，它的业务是什么类型。

5. 计划实施(Conduct of plan)

计划的两层面含义：① 目标最终的实现，需要一系列具体的行动方案，可以把计划理解成目标的具体工作程序；② 提前按计划进行可以保证团队的顺利进度，只有在计划的操作下团队才会一步一步地贴近目标，从而最终实现目标。

二、团队形成过程 (How Teamwork Develops)

多个个体的联合成为一个团队，团队的形成不是简单的个体组合。需要强调的是团队与群体、集体有本质的区别。群体可以向团队过度，群体是两个以上的个体相互作用相互依赖的个体，为实现某些特定的目标而结合在一起。群体成员共享信息，帮助每一个成员更好地担负起自己的责任。通常来说，群体和团队之间有着六点根本性的区别：① 领导方面，作为群体，应该有明确的领导人；而团队可能就不一样，尤其是团队发展到成熟阶段时，成员共享决策权。② 目标方面，群体的目标必须跟组织保持一致；但团队中除了这点之外，还可以产生自己的目标。③ 协作方面，协作性是群体和团队最根本的差异，群体的协作性可能是中等程度的，有时成员还有些消极、有些对立；但团队中是一种齐心协力的气氛。④ 责任方面，群体的领导者要负很大责任；而团队中除了领导者要负责之外，每一个团队的成员也要负责,甚至要一起相互作用,共同负责。⑤ 技能方面,群体成员的技能可能是不同的,也可能是相同的;而团队成员的技能是相互补充的,把不同知识、技能和经验的人综合在一起,形成角色互补,从而达到整个团队的有效组合。⑥ 结果方面,群体的绩效是每一个个体的绩效相加之和,团队的结果或绩效是由大家共同合作完成的产品。

一个良好的团队形成基本上会经历四个阶段,即组建、冲突、规范和执行,如图 4-4。

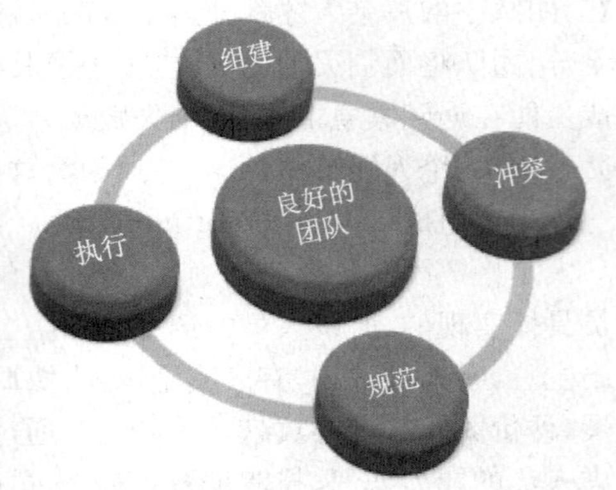

图 4-4　团队的形成

1. 组建(Forming)

为了共同的目标而工作就必须组建团队。这主要应完成两方面的工作:一方面是形成团队的内部结构框架,另一方面是建立团队与外界的初步联系。

团队的内部结构框架主要包括团队的任务、目标、角色、规模、领导、规范等。在其形成过程中,必须明确以下问题:① 是否应该组建团队? ② 团队的任务是什么? ③ 团队中应包括什么样的成员? ④ 成员的角色分配如何? ⑤ 团队的规模要多大? ⑥ 团队生存需要什么样的行为准则?

在团队组建之初,团队成员比较关注工作的目标和工作程序。在人际关系的发展方面,成员之间相互了解和相互交往,彼此呈现出一种在一起的兴趣和新鲜感;在行为方面,他们不会轻易投入,大都保持礼貌和矜持等。这主要包括:① 建立起团队与组织的联系;② 确立团队的权限;③ 建立对团队的绩效进行考评、对团队的行为进行激励和约束的制度体系;④ 建立团队与组织外部的联系与协调的关系。

2. 冲突(Storming)

团队经过组建以后,隐藏的问题逐渐暴露,团队内部冲突可能会加剧。虽然团队成员已接受了团队的存在,但对团队加给他们的约束可能会予以抵制。他们可能会对谁可以控制这个团队还存在争执或互不服气的现象。在这一阶段,热情往往让位于挫折和愤怒。冲突的类型包括成员与成员之间、成员与环境之间、新旧观念与行为之间等三种。这时候团队成员就要化解各种矛盾冲突,进行良好的沟通和协调。还有,建立组织纪律和规章制度,也是解决冲突和规范团队的有效手段。现在船舶营运标准化管理中的制度或程序就是解决冲突比较突出的常用方式,也是国际化船舶运输的必要条件。

3. 规范(Norming)

经过一段时间的冲突,团队会逐渐走向规范。在这个阶段中,寻求某种方式的公平公正,团队内部成员之间开始形成亲密的关系,团队表现出一定的凝聚力。这时团队成员会产生强烈的团队身份感和友谊关系,彼此之间保持积极的态度,表现出相互之间的理解、关心和友爱,并再次把注意力转移到工作任务和目标上来,大家关心的问题是彼此的合作和团队的发展。他们对新的技术、制度也逐步熟悉和适应,并在新旧制度之间寻求某种均衡。团队和环境之间的关系也逐渐理顺。这时候,团队面临的主要危险是团队的成员因为害怕遇到更多的冲突而不愿提出自己好的建议。此时的工作重点就是提高团队成员的责任感,确立权威和鼓励成员多提建议。

4. 执行(Performing)

在这个阶段,团队结构已经开始充分地发挥作用,并已被团队成员完全接受。团队成员的注意力已经从试图相互认识和理解转移到充满自信地完成自己的任务。至此,人们已经学会了如何建设性地提出不同意见,能经受住一定程度的风险,并且能用他们的全部能量去面对各种挑战。大家高度互信、彼此尊重,也呈现出愿意接收团队外部新方法、新输入和自我创新的学习性状态。整个团队已熟练掌握如何处理内部冲突的技巧,也学会了团队决策和团队会议的各类方法,能通过团队会议来集中大家的智慧作出高效决策,并通过大家的共同努力去追求团队的成功。

三、团队角色 (Roles in A Team)

一个完整的团队是由众多的角色组成的,英国贝尔宾博士通过对数千个团队长时间的研究得出一个结论:优秀的团队由九种角色构成,他们包括实干者、协调者、推进者、创新者、信息者、监督者、凝聚者、完美者以及技术专家。还有一种划分是领导者、工作者和思考者。这里选取主要角色做一说明。

1. 领导者 (Leader)

领导者是团队的重要角色。他往往承担协调者、推进者、创新者、信息者、监督者、凝聚者、完美者等作用。

协调者擅长领导一个具有各种技能和各种个性特征的群体,善于协调各种复杂的关系,他们的座右铭为"有控制的协商",只要在可控制的范围内什么事都可以商量;他们喜欢平心静气地解决问题,不喜欢争执和运用权势压人。

推进者往往自发性非常强,目的非常明确,有高度的工作热情和成就感;在推进过程中,如果遇到问题和困难,他们总能找到解决问题的办法。推进者常常是行动的发起者,他们在团队中活力四射,尤其在压力下工作精力旺盛;推进者一般是高效的管理者,敢于面对困难并且义无反顾地快速工作,敢于独自做出决定而不介意别人是否反对。

创新者在团队中常常提出一些新想法,这对团队开拓新的思路很有帮助。通常在一个项目刚刚启动的时候,或团队陷入困境的时候,创新者显得非常重要。

监督者在团队中的作用很明显,首先他们善于分析和评价,善于权衡利弊、选择方案。

凝聚者善于调和人际关系,在冲突的环境中,凝聚者的作用非常明显,他们的社交能力和理解能力是化解矛盾与冲突的资本。有凝聚者在的时候,人们能够协作得更好,他们是真正的团队润滑剂。

信息者对于团队的作用是调查团队内外的意见,调查某件事情的进展,他们适合做的工作是外联和持续性的谈判工作。

2. 工作者 (Worker)

实干者非常注重现实和传统,甚至有些保守。他们崇尚努力,计划性强,喜欢用现实的方法解决问题;实干者有很好的自控力和纪律性,对组织的忠诚度高,为组织整体利益着想而较少考虑个人利益。他们对工作有一种责任感,效率很高,守纪律。由于实干者的可靠性、高效率及处理具体工作的能力,他们的作用是巨大的;这些人不是根据个人兴趣,而是根据组织需要来完成工作。正因为这样,好的实干者会因他们出色的组织技能和完成重要任务的能力而胜任较高的职位。

3. 思考者 (Thinker)

对于重要的、高难度或高准确性的任务,思考者起着不可估量的作用,他们往往具有完美者和技术专家的特质。完美者善于按时间表一步步完成任务,有一种紧迫感;在管理方面,他们崇尚标准,注重准确,关注细节,因为坚持不懈而比别人更胜一筹。技术专家在团队中的作用不可或缺,他们为团队的产品或服务提供专业工作方面的支持;作为管理者,由于在专业领域掌握的技能比其他人都多,所以他们要求别人能服从和支持。但是,他们中间有许多人缺乏管理方面的经验。

以上每个角色在不同领域中均有各自的擅长。在团队中,通常创新者首先提出观点,信息者及时提供信息,实干者开始运筹计划,推进者希望散会后赶紧实施,协调者在想谁干合适,技术专家在考虑可行性,监督者开始泼冷水,完美者吹毛求疵,凝聚者润滑调试,等等,团队的价值就在于通过组合而达到完美。应指出的是,一个人在团队中的角色并不完全是单一的,有时一个人可以充当不同的角色。

四、优秀团队的特征 (Characteristics of A Good Team)

一个处于良性运转的高绩效团队必须具备以下一些显著特征,而正是由于有了这些特征,一个群体组织才能称之为良好团队或高绩效团队。

1. 明确的目标 (Clear aims)

团队对于要达到的主要目标有清楚的了解,并坚信这一目标包含着重大的意义和价值。而且,这种目标的重要性还激励着团队成员把个人目标升华到团队目标中去。在有效的团队中,成员愿意为团队目标作出承诺,清楚地知道希望他们做些什么工作、以及他们之间怎样共同工作和完成任务。

2. 相关的技能 (Relative skills)

团队是由一群有特定能力的成员组成的。他们具备实现理想目标所必需的技术和能力,而且相互之间有能够良好合作的个性品质,从而能够出色完成任务。后者尤为重要,但却常常被人们忽视。有精湛技术能力的人并不一定就有处理团队内关系的高超技巧,也不一定就能对团队目标实现作出贡献,但良好团队的成员往往兼而有之。

3. 良好的沟通 (Good communication)

这是团队一个必不可少的特点。团队成员通过畅通的渠道交换信息,包括各种言语和非言语信息。此外,管理层与团队成员之间良好的信息反馈也是正常沟通的重要特征,有助于管理者知道团队成员行动,消除误解。就像一对已经共同生活多年、感情深厚的夫妇那样,团队中的成员能迅速地相互理解,具有一致的想法和情感。

船舶团队成员能够提出自己的观点、发表意见与评论。为了真正做好船舶的各项工作,每个船舶团队成员应体现出自己组员的归属感,在工作中,特别是对船舶的安全工作和在关键的时刻,能主动提出自己的观点,并发表有益于船舶团队工作的意见与评论。团队每一成员的贡献自有其价值,这具有强烈的激励作用,因为所有的行动都是团队的共同决策而不仅仅是上级的决定。

4. 一致的承诺 (Coherent promises)

团队成员表现出高度的忠诚和承诺,为了能使团队获得成功,他们愿意去做任何事情。把这种忠诚和奉献称为一致的承诺。对成功团队的研究发现,团队成员对他们的群体有认同感，他们把自己属于该群体的身份看作是自我的一个重要方面，因此，一致的承诺特征表现为对团队目标的奉献精神，愿意为实现这个目标而调动和发挥自己的最大潜能。

5. 有效的领导（Effective leadership）

有效的领导能够让团队跟随自己共同度过最艰难的时期，因为他能为团队指明前途所在。他们向成员阐明变革的可能性，鼓舞团队成员自信心，帮助他们更充分地了解自己的潜力。优秀的领导者不一定非得指示或控制，高效团队领导者往往担任的是教练和后盾的角色，他们对团队提供指导和支持，但并不试图去控制它。很多管理者已开始发现这种新型的权力共享方式的好处，或通过领导培训逐渐意识到它的益处，但仍然有些思想僵化、习惯于专制方式的管理者无法接受这种新概念，这些人应该尽快转换自己的老观念，否则将被淘汰。

团队领导立场坚定，但又不失灵活性和亲和力。这与专制体系对照而言，专制体系里所有的事情都是由一人决定。如果专制的领导犯了错误，就很少或没有检查或反馈。同样地，如果缺乏坚定的领导，各行其是的“自由主义”模式也一样糟糕。

6. 相互的信任（Mutual trust）

成员间相互信任是团队的显著特征，这就是说，每个成员对其他成员的行为和能力都深信不疑。在日常的人际交往中都能体会到信任这东西是相当脆弱的，需要花大量的时间去培养又很容易被破坏。而且，只有信任他人才能换来他人的信任，不信任只能导致相互的不信任。因此，要维持团队内的相互信任，还需要引起管理层足够的重视。组织和管理层的行为对形成相互信任的团队氛围很有影响。如果组织崇尚开放、诚实、协作的办事原则，同时鼓励团队成员的参与和自主性，则比较容易形成相互信任的环境。

船舶团队成员在船长的支配下共享行动和决策，而船长也没失去对局面的控制或了解。决定是基于事实，而非个人成见。船舶团队能顺利地接纳新成员，如引航员。团队成员之间有良好的交流，没人害怕询问船长或引航员的意图。每个人为其他人提供支持。这种类型的团队能对环境的紧急变化和突发状况产生良好的反应。

五、船上团队工作（Teamwork Onboard）

船上人员是一个有共同目的的团队。船上人员的共同目的就是通过安全操纵和控制船舶，把货物或旅客从一个港口安全地运抵另一港口，所有船员都是为了这一共同目的而努力工作，从而形成了一个特定的团队。

在船舶营运与操作的过程中，为了保护船舶和在船人员、文件、邮件、货物以及其他财产，船长有权力和义务根据其专业知识及经验判断采取一切必要措施，并有绝对权力采取决定性行动，以保证船舶的安全，防止人员伤亡，避免对环境造成危害以及对财产造成损害。因此，无论何时何地，船长在船舶驾驶台资源管理工作中负有重大的责任。船长受船公司的委托，负责船舶平时的管理和航行中的领导和决策工作。他领导全体船员认真贯彻执行国际公约以及国家法律、法规，熟悉和执行公司的安全和环境保护方针，并根据船公司的要求，安全优质地全面完成运输生产任务。为了正确地履行自己的职责与运用好自己的权力，他首先必须明确自己在船舶驾驶台资源管理工作的责任。

船舶驾驶员在船长的领导下,作为驾驶台团队工作的重要成员,应熟悉国际公约以及国家的相关法律、法规,熟悉公司有关船舶安全和环境保护等方面的政策与要求,并努力执行公司的安全和环境保护方针,履行规定的船舶营运值班和锚泊值班等职责。在船舶营运值班等工作中,驾驶员应根据船长的指示,严格执行相关的规章制度和操作程序,认真做好自己的本职工作,确保船舶的安全。在海上独立值班和进出港口时他们协助船长做好驾驶台资源管理的工作,其中,他们也担任或参与了这方面的决策和领导的工作。因此,他们在常规性的工作,其中,对船舶驾驶台资源管理工作也负有一定的责任。船上团队工作应采用三环模式(3 Circle Model:MSP),如图 4-5,做到以下各点:

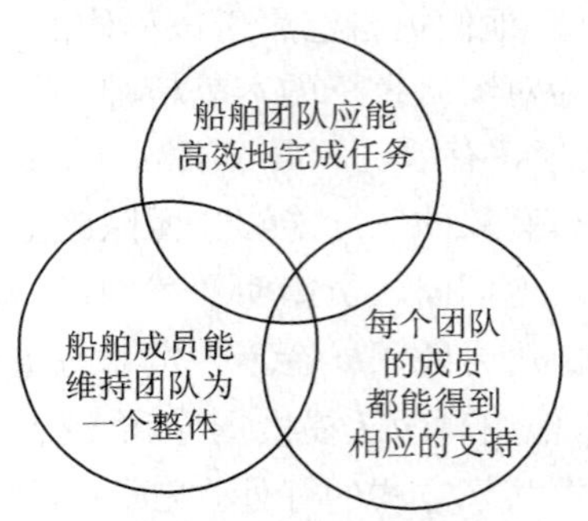

图 4-5　三环模式

1. 维持团队整体(Team is maintained as a whole by member of ship)

船舶团队工作成员应能临时与第三方进行良好合作。比如说,船舶进出港口时需要引航员的引领,船舶靠离泊时需要拖轮、带缆工的配合,船舶装卸货时需要装卸工的操作,等等。所有这些都表明船舶的安全操纵与控制都需要包括引航员、拖轮、带缆工、装卸工等在内的第三方的良好协作。团队能顺利地接纳新的成员,如引航员;同样,引航员也要表现出相当的灵活性、应变性,尽快使自己成为团队的成员之一。

船舶引航员受船长的邀请,作为船舶进出特定港口时驾驶台团队工作中外来的重要成员,应熟悉国际公约以及自己所在国家与港口的相关法律、法规,严格执行有关规章制度和操作程序,安全引领船舶。引航员虽然是船舶临时人员,但他在船舶进出港口的操作过程中发挥着重要的作用。《STCW 78/95 公约》第 A—Ⅷ章第 49 条规定:尽管引航员有其职责和义务,但他们在船上引航并不解除船长或负责航行值班的高级船员对船舶安全所负的职责和义务。船长和负责航行值班的高级船员应与引航员密切合作,并保持对船舶的位置和动态进行精确的核对。因此,在从事船舶引航工作期间,引航员应明确自己有责任和义务利用其特定的知识和能力在当地水域帮助驾驶船舶进出港口或进行靠、离泊位作业。在这些作业过程中,引航员为保证船舶营运或靠、离泊位作业的安全,应充分发挥其在特定条件下由船长授予的决策与领导权力。但是,引航员在此期间也必须明确船长对船舶的安全始终负有最终决策和领导的责任,并尊重和服从船长的指挥。

2. 个体得到支持(Each individual of team receives appropriate support)

驾驶台包括引航员和驾驶员等其他的团队成员在时间许可的情况下,应协助船长的工作,积极提供信息和参与决策的制定工作。在认真落实和实施相关决策内容的过程中,应及时发现和处理好因工作条件或外界因素发生变化对所作决策的影响,必要时应立即向船长汇报,尽可能地提出自己的修改意见,以便船长能进一步改进和完善原定的决策;在船舶发生紧急情况时,这些团队成员则应在船长的统一指挥下,积极认真地执行船长的指令,必要时应主动为船长提供有用的信息和应急建议。

船舶团队工作人员要防止任何人孤立地工作。由于船上工作环境的特殊性,作为团队各成员之间的工作联系是非常紧密的,即各成员之间的工作既相互依赖又相互影响。因此,船上任何人孤立地工作是根本行不通的,要完成共同的目标,必须相互协作、相互支持;共同按照船长的决策和授权办事,因为船长往往控制和了解全局;成员间要有良好的沟通,不要害怕询问船长或者引航员。

3. 高效执行任务(Task being performed effectively and efficiently)

船舶团队正确地处置各种情况和适应环境的任何突然变化。团队工作应遵照规定的标准程序和航次计划等操作。船长应充分发挥自己在驾驶台团队工作中的领导作用,在时间许可的一般性工作决策中,可从团队成员中认真收集信息与征求意见,并让团队成员参与决策的过程。决策的时候要基于事实,而不能基于个人偏见和主观臆断。如果工作条件或外界因素发生变化,则可与团队成员共同商定修改和更新决策中的相应计划;在发生紧急情况的应急处理中,船长则必须明确自己的职责,果断地根据当时情况的需要作出适当的决策。如有可能和需要,船长可与团队成员进行一些必要的联系和商量,如情况非常紧急时,船长就必须根据自己的判断与经验,立即作出行之有效的权威性决策。

六、团队协同的方法 (Synergic Approach)

所谓协同,就是指协调两个或者两个以上的不同资源或者个体,协同一致地完成某一目标的过程或能力。在剑桥词典中,"协同"是一个联合的或并列的行为。也就是说,用这种方式工作可保证整体的效果大于其各个部分的效果之和。

在实际工作中,由于船员的流动性很大,驾驶台的团队人员经常发生变化,所以这些成员需要在工作中相互不断地了解和配合。船舶驾驶台团队的各成员因工作经历、经验、年龄、身体等情况的不同而在工作中具有一定的优势或短处,为了确保船舶营运与操作的安全,他们必须根据各自的分工进行协同工作。这就意味着他们之间在工作中应充分发挥自身的优势,注意自己的不利因素,从而真正保证团队协同的有效性和安全性。另外,船舶在特定或不同航线和地区航行时受到外界与环境的限制,故值班人员的工作也具有一定的局限性。然而一旦船舶需要驶入值班人员从未去过的或规定强制引航的港口时,他们就可能需要或必须和港口引航员组成团队进行协同工作。

所谓团队协同的方法是指在平等与公平意识的基础上,团队的每个成员相互信任,且都知晓行为的预期过程,并作出自己的最大贡献,以便最大限度地减少任何错误所导致的影响和把事故发生的可能性减低到绝对小的程度。

为了确保船舶营运和操纵作业的安全,驾驶台团队人员首先要明确自己的职责与权利,并应注意运用良好的工作方法来处理好相互之间的工作关系。在工作中应能确保驾驶台团队成员之间(包括船长、引航员与驾驶员)在心理上的相互容纳和认同,从而在相互之间协调好工作,使成员之间产生良好的凝聚力,以真正发挥出显著的驾驶台团队工作的整体工作效能和作用。在驾驶台团队人员中,船长和船舶驾驶员由于长期在自己船舶上工作和生活,所以对自己船舶的操纵性能和情况比较熟悉。如果某些船舶经常或较为固定地在特定航线和地区营运时,这些船舶的值班人员对这些航线和地区的情况就比较熟悉,所以他们在船舶的操作与航行方面具有一定的主动权。船上良好团队的协同方法要求:

(1) 船长在确定工作目标时应与团队共同讨论和制订详细的计划。作为船舶团队工作第一负责人的船长,有义务和权利根据公司的目标与要求来确定自己船舶的工作目标。但在确定这些工作目标的具体内容时,应安排相关的船舶团队成员加以充分讨论,并制订出详细的实施计划,以确保工作目标的顺利实现。

(2) 每一成员都需要充分利用自己的才能和技巧来完成既定的共同目标。例如船舶在进出港口的航行中,船舶驾驶台团队成员中的船长、引航员、驾驶员和舵工都必须根据分工的安排,充分利用自己的才能和技巧来确保船舶营运的安全。

(3) 船舶团队每一成员各司其职,而船长则需要随时监督航行和避让行动的正确性和有效性。船长负总责但不能专制。船长的积极、友好的评价和幽默有助于激励团队。团队每一成员都应留心所发生的任何情况以便及早发现失误并避免失误链的形成。

船上有许多任务需要团队来完成,例如靠码头。此时由驾驶台、船首和船尾(机舱在此不提)三个小组组成了一个团队,这一个团队的共同目的就是将船舶安全地靠上码头。在靠泊过程中,虽然三个小组的分工不同,各有着自己的职责,但目标始终一致。因为目标相同,因此,每个小组之间就存在着密切的联系,每个小组工作中的所有行为和安全靠泊都存在着无可否定的因果关系,一旦哪个环节出了差错,互相之间不进行协调,事故可能立即发生。比如螺旋桨缠缆绳事故,缆绳是船尾松的,而车钟是驾驶台控制的,由于两个小组的联系中断、动作不协调或者是指挥者的失误导致了这种事故。这种事故属于典型的缺乏团队精神而造成的。如果驾驶台用车前能先搞清楚船尾是否已有缆绳落在水中;如果船尾有缆绳在水中时二副能及时提醒一下驾驶台不要动车;如果指挥者能统揽全局、正确指挥,那么螺旋桨缠缆绳的事故还会不会发生呢?这些"如果"就是团队精神的要求。由此可见,团队精神在靠泊过程中能起到强有力的安全保障作用。因此,在靠泊过程中要求各小组必须发扬团队精神,船首、船尾以及驾驶台之间应加强联系、互相信任、互相支持、互相监督、互相提醒,比如当三副接到车钟令后,应该考虑到此时是否有尾缆在水中,若是如此,就应该在操车前提醒船长或引航员,因为驾控主机一旦给出车钟令后,主机很快就会作出响应,这时再要想纠正有时可能为时已晚。事实上,引航员在用车时不顾及缆绳的情况也屡见不鲜,因此,三副有必要进行这种提醒,这种提醒并不是对引航员能力的怀疑,而是安全操作的需要,是资源管理中团队精神的发扬。

七、船上团队管理技巧 (Basic Skill of Teamwork Onboard)

团队工作技巧有着非常特殊的作用,在某些情况下,团队工作技巧往往会影响着决策与领导工作的成败。为此,船长和其他驾驶台团队相关人员运用团队工作技巧时,必须充分考虑以下的作用与影响。

1. 团队人员相互尊重 (Respecting all members of team)

做好船舶驾驶台资源管理工作的根本在于驾驶台团队全体人员之间的相互支持和配合。船长在改进自己的决策与领导风格时,必须充分认识到驾驶台团队人员相互尊重的重要性,特别要从自己做起。首先,应摆正自己在驾驶台团队工作中的位置,不断改进自己工作的作风。其次,应积极调动自己船舶驾驶台团队人员在各自工作中的积极性,注意发挥这些人员在船舶驾驶台团队工作中的作用。再次,应处理好与引航员的关系,通过及时有效的沟通、配合和监督,保持船舶的安全操作与航行。同时,还应充分注意到在强制引航的规定下,引航员具有双重身份(其一是受港口当局授权,具有维护国家利益,保证港口安全的责任;其二是受船舶所有人的雇佣,协助船长安全操纵船舶),在相互尊重和协作的基础上,共同完成船舶安全、迅速进出港口的任务。

2. 团队成员之间充分交流 (Enhancing communication beween team members)

为了保证驾驶台团队成员间的正常和有效工作，船长在行使决策与领导的权力时，应加强与驾驶台团队其他成员之间的交流。在关键性的决策过程中，如果时间急迫，则应将自己的决策或意见及时告知他们；如果时间与当时外界的条件允许，则可采用适当的方式，通过讨论或其他的办法征求他们的意见。在紧急情况下，则应视当时的实际情况，果断地加以决策和采取应急措施以确保船舶的安全。同时，处理好权威与自信的关系，极大地保障船舶安全。

3. 船舶资源管理技能(Raising Bridge Resourse Management skills)

船舶驾驶台资源管理技能是驾驶台团队人员从事船舶安全航行与操作的基本保证，他们可以在实际工作中通过不断地对自身和他人的工作实践与经验加以分析、总结、积累来提高这些技能。由于驾驶台团队成员在船舶营运与操作中的管理方式对其效果与效率的影响是非常明显的，所以他们应当了解自己的管理风格与其他团队人员决策风格的异同，通过取长补短来提高决策的有效性。必要的任务分析可以改善决策与管理的效果。

驾驶台团队人员应在自己的工作中充分考虑针对不同问题所作不同决策的优先问题，即要注意对不同风险程度的评估和应优先考虑的因素，以确保注意决策的灵活性、适应性和有效性，而千万不能因为在决策时优柔寡断和举棋不定而导致在关键时刻坐失良机。

驾驶台团队成员必须充分注意到在实际工作中所采用的管理风格并不完全或都是单一的，而是经常会出现决策与领导风格的多重性，所以他们在对不同的风格加以研究的同时，还应充分考虑到环境的特性。即这类决策与领导往往非常注重实际操作，专门从战术研究的角度，实施微观的作用。其中的每一措施和行动都必须落到实处，并分工到具体人，从而保证最终的结果与效率。

4. 制定良好的规章制度(Developping better procedure and regulations)

规章制度首先是应用于标准化管理，即制度可以规范成员的行为，规范组织管理等。有着全面完善的规章制度，团队成员工作积极性可以得到广泛调动。有时规章制度是应用于标杆管理，即制度中明确指出团队目标，指出面向此标准所要做到的项目。规章制度还有政策应对作用。

5. 营造良好工作氛围(Establish clear aims, and ensure positive working pharse)

作为决策者应在决策前要利用一切可获得的时间进行收集、了解和分析相关的资料和情况，仔细考虑所收集到的信息和所有可能发生的情况，包括最不可能的情况；决策时应建立在实际情况与事实的基础上，并充分利用船舶驾驶台所有可利用的一切资源(包括驾驶台团队的人员、船舶驾驶台的硬件与软件、时间与空间、个人知识与经验等)，决不能根据自己不完全的判断与意愿随意行事；决策作出后，则应把握正确时机，及时加以实施并监督其进展情况和查核效果；如果新的情况与决策有冲突，不要急于假设情况有误，而应再次考虑局面，重新全面考虑问题；必要时对所采取的措施加以调整，最终达到船舶安全航行与操作的目的。

第四节　驾驶台团队工作
Teamwork between Master and Pilot

船舶引航是伴随着航运的发展而产生、发展的,是航运和港口发展中不可或缺的关键环节,它关系到船舶营运安全和港口水域环境洁净,港口经营效率和航行秩序,港口的综合竞争力和健康发展,以及国家主权和对外开放的整体形象。

一、船长与引航员的协同需求(Synergy between Master and Pilot)

船长相对于引航员的优势在于对本船操纵性能了如指掌;熟悉全船人员、设备及其薄弱环节和局限性;对本船在各种紧急情况下的应急有全面的、适合本船的应急预案,时刻保持充分的安全度;有丰富的航海实践经验,能够在任何复杂的险情面前从容应对,转危为安。

引航员相对于船长的优势在于具有熟练的驾驶和操纵船舶的能力;熟悉和了解航道和港口情况;能为船舶进出港和靠离泊提供引航技术协助和咨询。这是因为他们能及时了解港口建设、航道和相关工程进度等细节情况;熟悉本港气象、水文,尤其对航道的变迁、水深的变化规律;掌握本港船舶动态、船舶流向的规律以及地方习惯的航法;具有语言交流的优势;熟悉与港口相关职能部门的联系方法;熟练掌握本港拖轮的分布、拥有量、性能以及指挥拖轮的艺术;对所靠离码头的走向、系缆设施、码头边的水流、水深、码头工人的带缆技术与风格等都非常熟悉。为此,引航员在明确其在特定条件下由船长委托而授予的权力的基础上,必须通过充分利用自己所具备的当地航行的特殊知识和熟悉港口各方面的关系等优势来发挥自己在船舶安全中的作用。

以上优势为船长和引航员在从事实际工作中提供了方便,但是双方也必须充分认识到自己工作中的一些不足之处和不利因素。由于引航员所工作的船舶是不固定的,所以他对被引航的船舶的人员、设备和船舶的操纵特点,特别是对它的薄弱环节和局限性等都不太了解,而这些不利因素对引航工作带来了一定的困难。为此,引航员上船后,船舶原有值班人员与引航员会组成新的驾驶台团队,此时引航员与被引航船舶的船长双方必须认真地交换信息,全面了解有关船舶的操纵特性、设备等情况,特别是涉及船舶在操纵中的薄弱环节和局限性,以便能在随后引航工作中加以注意。

在船舶引航过程中双方应共同注意船舶的动态,预防意外局面和情况的发生。一旦发生这些情况,则应共同根据预定的应急方案立即采取有效的行动与措施,以防事态的扩大和恶化。必须明确的是,引航员上船工作并不意味着接替船长,此时船长仍保持着操纵船舶、指挥船舶的权利,因为他是在船舶的最终权力者。引航员在引航中的决策与领导是船长对权力的委托。因此,为了确保船舶引航的顺利进行,引航员和船长、驾驶员之间应保持密切的合作,并相互充分交流信息,以便能全面地了解各自的实际情况和理解各自的意图,在实际工作中优势互补,确保安全。

二、船长与引航员的权利和义务(Rights and Obligations of Master and Pilot)

1. 有关公约、法规对船舶引航的规定 (Conventions and regulations to ship's pilotage)

船舶引航可以理解为：经港口国主管部门认可的引航机构及其分支机构派出的引航员登轮引领船舶在特定的区域范围内航行、靠泊、离泊、移泊的法律和技术行为。因此，有关公约、法规对船长与引航员的法律关系、权利、职责和义务作了明确的规定。

《STCW 78/95 公约》第 A-Ⅷ章第 49 条规定：尽管引航员有其职责和义务，但他们在船上引航并不解除船长或负责航行值班的高级船员对船舶安全所负的职责和义务。船长和负责航行值班的高级船员应与引航员密切合作，并保持对船舶的位置和动态进行精确的核对。如果负责航行值班的高级船员对引航员的行动或意图有所怀疑，他应要求引航员予以澄清，如仍有怀疑，应立即报告船长，并在船长到达之前采取必要的行动。

《中华人民共和国海商法》第 39 条规定：船长管理船舶和驾驶船舶的责任，不因引航员引领船舶而解除。

《中华人民共和国船员条例》第 25 条规定：船长在保障水上人身与财产安全、船舶保安、防治船舶污染水域方面，具有独立决策权，并负有最终责任。船长为履行职责，可以行使下列权力：……（三）发现引航员的操纵指令对船舶营运安全或者水域环境构成威胁时，可以及时纠正、制止，必要时可以要求更换引航员；……

《中华人民共和国海船船员值班规则》第 46、47 条规定：船舶由引航员引航时并不解除船长管理和驾驶船舶的责任。船长和引航员应交换有关航行方法、当地情况和船舶性能等情况。船长和值班驾驶员应与引航员紧密合作，并保持对船位和船舶动态随时进行核对。船长对引航员的错误操作应及时指出，必要时进行纠正。船长在非危险航段暂离驾驶台时应告知引航员，并指定驾驶员负责。如值班驾驶员对引航员的行动或意图有所怀疑，应要求引航员予以澄清，如仍有怀疑，应立即报告船长，并在船长到达之前采取必要的行动。

2. 船长与引航员之间关系的复杂性（Complicated relationship between master and pilot）

尽管有关公约、法规对船长与引航员的法律关系、权利、职责和义务作了如此明确的规定和强调，但是国际航运界的船舶值班人员对引航员与船长之间复杂的法律关系和复杂且微妙的人际关系的理解仍存在一些分歧。

（1）引航是指在一定的水域内（港口或内河），由专门性的从业人员登上船舶，并就船舶驶抵目的地的有关问题，向船长提出有关航行问题的建议和忠告，在不解除船长对于全船驾驶责任的情况下，把船舶安全地引进、出港口或在港内移泊。强制引航是港口安全控制的要求。强制引航的最早本质是阻止挂靠的外国船舶获取航海信息、情报的战略要求，强制引航区域的指定是专定的。在商业时代，强制引航情况下，这种主权下带来的强制越来越弱化。而由于安全需要的扩大，非强制引航在增多。

（2）需要区分“引航”“引航员”等界定。强制引航是“引航机关”来实施的指定引航。引航机构是指专业提供引航服务的法人。作为专业提供引航服务的法人，引航机构的特点表现在：主权性、公共安全性、公共服务性。

引航员指持有有效引航员适任证书，在某一引航机构从事引航工作的人员。引航员是引航服务的主体，港口生产的重要生产力，国家宝贵的人力资源。港口生产要求引航作业呈现全天候、全时段的特点，引航员在充分保障安全的前提下，满足了港口生产的高效服务，为港口经济的发展做出了巨大的贡献。引航员的职业特征主要有：涉外性、技术性、风险性。因此，引航员具有双重身份：一是港口当局授权或认可的执行引航任务的人员，具有维护国家利益,保证港口安全的责任。据此,引航员在引航中的权利和义务是维护国家利益,安全、迅速地引领船舶。船长不应对引航员提出超越船舶安全需要的其他要求。二是提供引航技术与安全服务的实践者。引航员每天都要引领不同国家、不同类型的船舶,与不同的船性、人性、水性打交道,必须具备扎实的专业技术知识和丰富的实践经验。这正是船长与引航员之间法律关系的复杂性的重要表现形式。

(3) 在引航情况下,不论是否强制引航,引航员和船长都必须严格遵守港口国的引航规定。船长是船舶所有人的代表,任何时候船舶的最高指挥权都在船长手中,包括管理船舶、驾驶船舶、操纵船舶和保证船舶安全等。

(4) 引航员、船长与值班驾驶员都有责任确保船舶的安全航行和安全靠离泊作业。当引航员采用的措施不当时,船长、值班驾驶员都有责任加以纠正。如相互间有不同意见时,必须服从船长命令。

(5) 引航员操船时导致船舶交通事故,或因引航员引领过失造成了自身的损失和他方的损失时,引航员、船长承担相应的行政责任和可能的刑事责任,船舶所有人通常应承担民事(经济)赔偿责任,引航员和引航站通常不承担经济赔偿责任(也有极个别除外的,例如巴拿马运河管理局作出的承担经济赔偿责任的承诺,实际上是运河管理当局对船舶安全引航具有高度自信心的一种表现形式)。

三、进出港准备工作(Preparation for Entering and Leaving Habour)

1. 搜集资料和熟悉情况(Collecting information and familiarity of situations)

抵达港口前,船长应利用各种方法,通过各种渠道收集有关港口的资料,及时收听港口及附近的航行警告、气象预报,通过向引航员或港口控制中心了解和联系当地代理及租家,提前获得关于航道、泊位等变化情况及其对本船操纵和安全的影响程度。

船长应认真阅读港口指南、航路指南、灯标表、潮汐表、海图资料、航行警告和港口的有关航行法规等资料,特别是对该港口所经航道和拟靠泊位当时的风向、风速、流向、流速、潮时、潮高、航道水深、限制高度、航标、障碍物、急转弯地带和拖轮等情况要做到心中有数;并制订周密详尽的进出港计划、靠离泊计划和多种应急预案。在引航过程中,船长更应与引航员充分沟通和交流,可以从引航员了解港口或航道实时信息。

2. 海图改正和图上作业(Chart correction and plotting work)

船长应督促二副及时做好航用图书的改正工作,进港时船长和驾驶员应核对航道灯浮标变化的情况,并做相应的标注,供船舶营运时参考。对本船的适航深度作出醒目的等深线标示,在重要的转向点、危险区域,应标出可利用的目标及其方位与距离。

海图作业方面的工作决不可掉以轻心,只有认真地预画航线,预先了解各航段的航道宽度、深度、碍航物、等深线的走向、灯标、浮标的设置、转向点、危险区的位置及其确定、船流规律,做好充分的准备工作,才能使自己在引航过程中心中有数,才能确切把握引航员的引领口令是否正确,从而牢牢把握航行安全的裕度和底线。有个别船长不重视海图作业,认为反正交给引航员了,不必费心劳神,到了危急时刻,才冒冒失失收回指挥权,最终也挽救不了危局。

3. 助航设备(Navigation aids)

船舶航行时,必须确保驾驶台助航设备的正常使用,特别用于提供信息的驾驶台设备。

由于不同的助航设备不仅可提供单一信息源，同时相互间又共通享用各自的信息。为了能全面正确地显示和提供相关的导航信息，必须保证每种助航设备都能提供正确的信息。因为它们既是信息获取的载体，更是值班人员保持值班时必须提供的必要手段。

4. 应急计划（Contingency plan）

对已经识别的风险和无法预测的风险应多想几个"假如"，多想几个应付对策。应充分考虑到引航员可能临时改变登船时间或地点、天气与能见度等的突然变化、航道大转弯附近需要紧急让船或航道前方船可能突然发生事故等情况，并做好相应的应急处理方案。

另外，应急处理方案还应考虑紧急情况下车不来、舵失灵、倒车翻不出来等情况。应充分注意应急准备和方案的可行性，不要产生做了等于没做的现象。例如锚备妥了，大副和木匠又返回生活区了，还应注意抛锚点的底质和障碍物等。为此，应急预案应考虑到双锚制动、主机失控时机房操纵的应急转换、紧急停船、应急舵的转换等等；进出港口时提早慢车，消除惯性。因为有时虽然在到港前和开航前已试过车，但是不能确保需要时一定来车。

5. 资源管理（Resouce management）

根据驾驶台资源管理的原理，船长应灵活把握注意力的集中和转移，合理组织值班船员——包括各自的位置、角度、常规职责、应急职责、信息沟通交流方式、记录、应急处置、驾驶台工作规程等，形成一个注意力范围足够广泛，反应灵敏、信息畅通、互补、完整无瞭望技术死角的操船整体（模块、团队），避免由于个体（视觉、听觉、距离、预期、速度）的错觉、以及主观臆断造成的失误。

（1）保证值班人员有足够的休息。船长应按体系文件的要求，合理安排值班时间，让值班人员有足够的休息，保证充足的体力，同时对船员进行严格的酒精监控。

（2）确保设备正常。船长应按体系文件的要求，布置好对船舶各种机械设备的检查与试验，发现问题及时排除，确保各种航海仪器、四机一炉和通信设备等的正常使用。

（3）保持团队内部信息流的畅通。船长必须将港口的特点和注意事项告知驾驶员和轮机长，保证及时用车，确保进出港口安全。

（4）抛锚准备。船长应详细了解引航锚地和等候锚地的特点，如接近锚地的导航目标、通航密度、定位物标、水文、风力、水深和底质等情况。大副应按船长指示备妥双锚，深水抛锚时应严格按操作规程执行，防止丢锚失链。

（5）排除干扰。在进出港和靠离码头期间，船长和驾驶员应严格遵守驾驶台值班规则，禁止无关人员上驾驶台，以免干扰驾驶操作。

四、船舶进出港的团队工作（Team Work for Entering and Leaving Port）

1. 船舶进出港口时（Entering and leaving a port）

船舶进出港口时船长应在驾驶台，轮机长应在机舱亲自指挥，值班人员均应认真执行体系文件的各项规定，切实履行各自的职责．值班驾驶员应协助船长做好安全航行工作，换班时接班驾驶员应提前 15 分钟上驾驶台，交班驾驶员应推迟 15 分钟离开驾驶台，并记入航海日志。

2. 引航员上船后（After pilot embarkation）

引航员上船后，船长应做好对引航员的接待和沟通工作，要让引航员心情轻松愉快，精力集中地引航。让引航员和船长各自的优势达到合理的互补，默契地配合，同时要求船长或驾驶员使用《引航卡检查清单》，适时、主动地向引航员介绍本轮的船舶规范、货载情况、操作性能、船舶水尺、前后吃水差和车舵锚的使用等情况。应将最重要的信息打在最前面，如船舶规范，前后吃水，车舵锚、侧推器，主要操纵性能，驾驶台到船首的距离，本船的特殊操纵要求等，其中只有少量数据需要每次更新。

船长应主动向引航员了解整个航程的航行安排、操作意图、航道和泊位水深情况、进出船舶动态、靠离泊方案、拖轮配置和操作方案、安全靠离要求、港口有关规定和注意事项等。船长应注意及时观察和判断引航员操作能力、引航时间长或因疲劳其精神能不能集中等，真正做到心中有数。同时应核查引航员的每一车钟令和每一舵令的正确性和有效性。

另外，在引航船靠上本船之前，引航员就可用高频电话与船舶方面进行联系，必要时让被引航船舶给引航船做下风。这时，船长应立刻查明船舶周围情况，在确保安全的前提下，再谨慎执行引航员的口令。船长应特别注意，根据当时船舶所处水域的环境条件，尤其是水流流速、流向、风速、风向、航道的宽度、交通拥挤程度等，确定起锚时间，并确定让本船在什么状态下上引航员。严防因引航船迟迟不到，本船处于停车漂航状态而受到风流压产生不为船长或驾驶员察觉的漂移，等到发现危险为时已晚的现象产生。

3. 引航员引航时 (Piloting)

在引航员引航时，船长若发现引航员精力不能集中或者过于集中，要用适当的方法与引航员沟通，既要尊重他，又要监督他；发现引航员有错误时，应及时加以提醒；若船舶安全不能得到保证时，船长则应当机立断，果断明确地收回指挥权，自行指挥船舶，必要时可视情形要求更换引航员。

一旦引航员到达驾驶台，值班驾驶员就将参加驾驶台的团队工作，在引航期间，值班驾驶员的主要和关键作用是监视设备和船舶动态，向船长、引航员提供支持。监视船舶动态，经常标绘船舶位置是必要的。在引航期间，值班驾驶员应知道船舶位置并知道在一个预定的间隔后将到达哪里；通过监视改向，舵轮转动(舵令)和经常标绘船位，值班驾驶员能够判断引航员是否出错。如果值班驾驶员对引航员的行为或意图有任何怀疑，他应向引航员寻求澄清。如果这个疑问仍然存在，他应立刻通知船长，并在船长到达前采取任何必要的措施。

船长在非危险航段暂离驾驶台时应告知引航员，并指定驾驶员负责。此时如值班驾驶员对引航员的行动或意图有所怀疑，应要求引航员予以澄清，如仍有怀疑，应立即报告船长，并可在船长到达之前采取必要的行动。为此，有必要教育驾驶员，使他们完全明白，当船长不在驾驶台时，自己有权利纠正引航员的错误口令，或在船长到达之前采取必要的(保护性)行动，但要极其谨慎地使用这种权利，并尽可能在情况允许的条件下事先与引航员取得沟通。

4. 冲突管理(Conflict management)

在引航的过程中有理有节地处理好引航员与船长的关系，有效地控制船舶当时的引航作业情况。面对船舶操作行为差异而产生冲突，可以应事制宜选择采用回避策略、强制策略、克制策略、合作策略和妥协策略等 5 种冲突解决方法。引航员认真做到：① 积极说明自己的引航意图，并通过相互交换意见达到有效沟通的目的；② 在引航工作无法正常进行和确有必要时，可提出警告性声明，以强调自己的安全意见；③ 在引航工作实在无法进行和确有必要时，在告知船长后，中止引航；④ 在紧急情况下，应在船长的统一指挥下，与船长一同挽救危局。

思考题

1. 从管理职能的角度,试说明三副职责内的在船工作。
2. 从管理职能的角度,试说明船长靠泊作业过程中的工作。
3. 试说明船舶组织的类型及其优点与缺点。
4. 试说明安全委员会的作用。
5. 试讨论值班驾驶员寻求船长帮助的情况和值班交接班时的注意事项。
6. 试说明团队与群体的区别与联系。
7. 试说明团队的形成过程以及三环模式在团队管理中的作用。
8. 试讨论优秀团队的特点与团队管理技巧。
9. 试说明协同工作的方法与技巧。
10. 试说明船舶港内航行中值班人员的关系,如何实现安全的本质化与团队管理。

第五章 通信与交流
Communications

管理工作的方方面面均离不开通信,都需要建立在信息有效传递的基础之上。信息交流也是船舶管理工作的职能之一。由于个体与组织的差异,要保持成员间协调一致,产生协同效应,顺利实现船舶组织的目标,就需要消除个体与组织间信息传递的障碍,化解各种因通信与沟通不足而引发的管理冲突。在船舶营运过程中,有很多的案例表明信息传递对安全的影响很大,通信障碍是海上交通事故发生的主要原因之一。

船舶值班人员具有多国籍性,他们共同工作在世界各地的船舶上,讲着不同国家的语言。即使船上所有的船员来自同一国家,他们也是来自不同的地区或省份,讲着不同的方言。这些情况使得面对船舶安全的需求时,对海上船舶的内外部通信需要有更加深入全面的认识。同时,就船舶内部而言,人际之间的沟通是管理工作内容之一。有效的通信与沟通可以增进成员之间对于组织目标的认同,建立融洽的工作关系,实现安全的本质化。管理层面上的通信与沟通需要注重交流的有效性。

第一节 信息交换与船舶通信
Exchange of Information

一、通信的定义与组成元素(Definition and Components of Communication)

英文词汇 Communication 一词,在中文翻译中有多个意思,比如通信、交流、沟通、传达等。通信,交流信息,是信息的交换。这里的通信有两层含义,一是一方向另一方清楚地传送信息,正如《牛津英语词典》解释,“通信”是指向他人清楚地传送一个人的意见和感受等信息;二是一方向另一方清楚地传送信息的方式,正如《剑桥词典》解释,“通信”是一种发送和接受信息的方式,例如演讲、电子通信、书信、视觉等。

通信是用任何方法彼此交换信息,即指一个人与另一个人以视觉、符号、电话、电报、收音机、电视或其他工具为媒介交换信息的过程。因此,通信的组成元素包括发送者、接受者、信息、方式、编(解)码和噪声。

发送者和接受者分别是信息的起源和受体。信息是通信的主题内容,方式是通信的媒介。噪声是通信过程中的干扰。

有效通信意味着有效交流,既要着眼于发送者一方,又要着眼于接受者一方。对发送者来说,必须清楚地认识到交流的目的、所使用符号的意义、传递路线及接受者可能作出的反应。对接受者来说,则必须学会如何听,不但能懂得信息的内容,而且能听出发送者在信息传递中同时表达出来的感情和情绪。与此同时，还要关注通信中的其他元素，比如通信中的媒介和干扰。

二、通信的过程 (Process of Communication)

为了通信过程的成功完成，毋庸置疑，一方必须清楚地讲话(发送)，而另一方必须仔细倾听(接收)。还应注意到，完整的通信应该是一个闭环式通信过程。这里的闭环强调通信过程中的传递者→传达→接受者→反馈→传递者的过程。如图 5-1 所示。

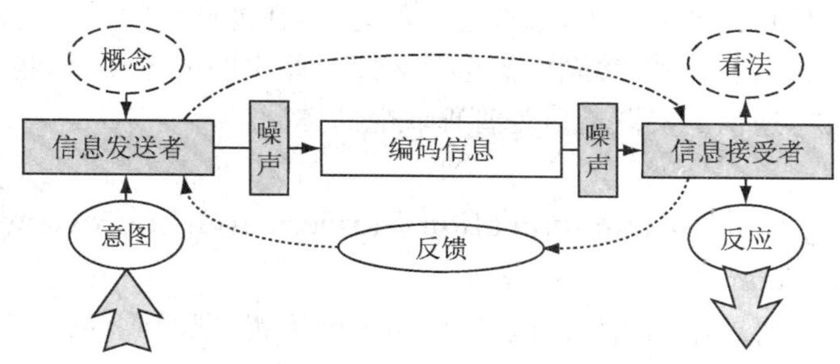

图 5-1　通信过程

1. 通信过程(Communication process)

就海上 VHF 无线电话通信而言，信息交换程序包括六个步骤：初始呼叫，回答呼叫，确定工作频道，发送信文，回答信文和终止发送。初始呼叫是由呼叫台为开始建立信息交换而进行的信号发送，回答呼叫是呼叫台或呼叫船对初始呼叫的回答，由于呼叫频道往往不是工作频道，在不知道通信工作频道的情况下，一般使用 16 频道进行呼叫，但不能在 16 频道占据较长时间，因此要进行一般信息的交换，必须确定另一频道作为工作频道。及时和正确建立联系的主要目的是发送信文，根据需要，每一信文的内容有长有短，但应尽量做到：既要表达清楚，又要言简意赅。对信文内容回答，如果信文内容较长，发信台应将信文内容分为若干段落，多次发送；收信台也应多次回答信文。表示相互间的信息交换已经完结，终止发送一般由呼叫台执行。

这一过程充分证明一个完整的通信过程包括以下内容：

(1) 需求：请求向接收方发送消息，发送方收集和安排消息的内容。

(2) 发送：有效传送信息。

(3) 应答：接收方回答消息，并确认媒介和干扰情况。

(4) 接收：接收方理解消息，如果不能完全理解，请求发送方作进一步澄清。

(5) 反馈：确认收到消息，并必要地反馈给发送方。

(6) 完成：通信完成并终止。

以上过程在船舶驾驶台的工作有十分重要的体现，比如通信要选择有利的时机，采取适宜的方式。通信效果不仅取决于信息的内容，还要受环境条件的制约。影响通信的环境因素很多，如组织氛围、通信双方的关系、社会风气和习惯做法等。在不同情况下要采取不同的通信方式，要抓住最有利的通信时机。时机不成熟不要仓促行事；贻误时机，会使某些信息失去意义；通信者应对环境和事态变化非常敏感。

2. 通信的基本信息(Basic information of communication)

一般地,通信中信息是交流的主体。信息的内容应包括6个W和1个H,它们分别是:

(1) WHY? 信息的原因,以表明通信的意图。

(2) WHO? 信息的受体,以识别通信的对象。

(3) WHAT? 信息的内容,按易于理解的方式,收集和安排内容。

(4) HOW? 信息传递的效果,以确认通信有效实现。

(5) WHICH? 信息传递的方式,以确认通信正常完成。

(6) WHEN? 信息传递的时间,选择适宜的时间,不要在充满压力的时候。

(7) WHERE? 信息传递的地点,选择适宜的地点,在外部干扰最小的地方。

在此需要指出的是,通信的基本内容也满足管理程序的内容要求,也是管理的具体指向。在一定程度上讲,通信的实现恰恰是管理职能的体现。

三、通信的障碍与改进 (Communication Barriers and Improvement)

1. 通信的障碍(Communication barriers)

通信的障碍,指阻碍或影响通信的因素,包括任何干扰、混淆或者模糊通信的因素,它既包括来自通信过程系统外在因素的影响,也包括系统内部的功能上的扰动因素。在通信过程中,各种噪声的干扰构成了对有效通信的挑战,信息的发出失真、传递失真、接受失真和反馈失真等通信环节都会产生噪声。这些噪声可能是物理的或人为的,也有可能是人际因素、文化因素和组织结构因素所导致的。

物理障碍在船舶通信中通常表现有噪声,比如在VHF通信中,来自其他船舶的非正常业务交流干扰,在船舶内部通信中,电话机的电流声,对讲机的电流声等;另外还会碰到设备的物理场所所带来的物理障碍,比如船舶设备工作的干扰、船舶震动、风浪声响、驾驶台设备同频干扰等。因此,要保障船舶通信正常进行,应尽力减少或排除物理干扰。

人为障碍指信息的传递者和接受者个人的障碍。通常地,双方应选择共同的工作语言,即在《SOLAS公约》中规定使用的工作语言。而英语应作为驾驶台的工作语言。在我国港口的通信中,往往存在地方语言、普通话、英语等语言载体的选择,使双方在语言交流上存在障碍,导致无法协调避碰措施。

语言通信中,还有语气、语调、清晰度、速度、节奏等问题,而在肢体语言通信中,也会有眼神、面部表情等问题;这些都会表现为信息的传递者和接受者个人的障碍,基于船舶人员的多语言和多文化特性,或多或少存在一些通信干扰。

当然,在通信中的人为障碍还会表现为工作负荷、注意力分散、压力、疲劳等问题,这些因素在港口船舶流量和运转周期加快的情况下,更加明显。

2. 改进措施(Improvement of measures)

必须努力克服通信中断的困难,否则团队工作和相互理解会出现问题。避免该情况的发生应注意以下要素。

1) 明确通信目标 (Identifying aim of communication)

通信一定要有一个明确的目标。如果大家来了但没有目标,那么不是交流,而是闲聊天。而以前常常没有区分出闲聊天和交流的差异。随便交流,本身就是一对矛盾。交流就要有一个明确的目标,这是通信最重要的前提。只有大家有了明确的目标才叫交流。所以,理解了这个内容之后,在和别人通信的时候,第一句话应该说:“这次我找你的目的是……”

通信时说的第一句话要说出要达到的目的，这是非常重要的，也是通信技巧在行为上的一个表现。

2）认知差异（Difference of perception）

增强文化意识，克服认知差异。船舶值班人员具有多国籍性，他们共同工作在航行于世界各地的船舶上，讲着不同国家的语言。即使船上所有的船员来自同一国家，他们也是来自不同的地区或省份，讲着不同的方言。增强文化意识，可以减少和避免语意的理解不同而造成的人为障碍的产生。

3）减少干扰（Reducing interference）

通过设计改善设备的物理处所，根据实际用物理方法减少干扰。通常船舶主机运转时，驾驶台的背景噪声可超过 60 dB，抛锚时锚链滑动的噪声严重影响正常的语言交流。在这几种情况下，驾驶员进行沟通时，应特别注意噪声对相互沟通的影响，采取有效的沟通手段，比如使用无线麦克进行交流，并辅以手势。同时，接受方应该向发信方确认每一项沟通的信息内容。还有，应该按照相关无线电通信设备维护和保养的相关规定，定期对通信设备进行维护和保养，使其处于良好的工作状态，以确保船舶通信正常进行。

4）注意力分散（Distration）

通过资源管理避免注意力分散，抑制情绪化反应。合理安排时间减少压力和疲劳。驾驶员精神涣散、注意力不集中将可能引起船舶外部通信中断、内部沟通效果下降，甚至引起误解，从而给船舶航行安全带来隐患。导致驾驶员精力涣散的原因包括：超负荷工作、压力、疲劳、紧急情况、身体不适、工作经验不足或者危险的意外情况等。例如，驾驶台甚高频无线电话呼叫可能吸引船长注意力，而忽略处理其他的紧迫事件。这个时候，其他驾驶员应及时注意船况，并在必要时提醒船长。

5）共同语言（Common language）

使用共同语言，使用标准海事英语。为简易有效地通信，使用标准词语、短语是有效的方法。《IMO 标准海事通信英语》（Standard Marine Communication Phrases，IMO SMCP）推行的目的在于：帮助船舶进一步提高航行和操纵的安全性，使船舶在海上航行、驶抵港口、水道和港内航行时，通信联系所使用的语言标准化。因此，使用标准海事通信英语，可以实现确切的术语、准确的信息和正确的解释，无疑为通信的准确实现提供了方便。

6）达成协议（Getting agreement）

通信结束以后一定要形成一个双方或者多方都共同承认的一个协议，只有形成了这个协议才叫做完成了一次通信。如果没有达成协议，那么这次不能称之为交流。通信是否结束的标志就是：是否达成了一个协议。在实际的工作过程中，常见到大家一起通信过了，但是最后没有形成一个明确的协议，大家又各自去工作了。由于对通信内容的理解不同，又没有达成协议，最终造成了工作效率的低下，双方又增添了很多矛盾。

7）交流信息、思想和情感（Exchanging information，idea and feeling）

通信的内容不仅仅是信息还包括着更加重要的思想和情感。那么信息、思想和情感哪一个更容易交流呢？是信息。例如：今天几点钟起床？现在是几点了？几点钟开会？往前走多少米？这样的信息是非常容易交流的。而思想和情感是不太容易交流的。在工作的过程中，很多障碍使思想和情感无法得到一个很好的交流。事实上在交流过程中，传递更多的是彼此之间的思想，而信息并不是主要的内容。

四、船舶良好通信的实现 (Carring Out A Good Communication Onboard)

1. 准确的通信(Precise communication)

1) 船上发送信息(Send communication onboard)

船上信息的发送必须目的明确、思路清晰、注意表达方式。在信息交流之前,信息发送者应考虑好自己将要表达的意图,抓住中心思想。在通信过程中要使用双方都理解的用语和示意动作,并恰当地运用语气和表达方式,措词不仅要清晰、明确,还要注意情感上的细微差别,力求准确,使对方能有效接收所传递的信息。信息发送者有必要对所传递信息的背景、依据、理由等作出适当的解释,使对方对信息有明确、全面的了解:假如你要分配一项任务,那么要对任务进行全面分析,这样你才能正确地对任务进行说明;假如你面临的是纪律问题,那么在批评和处罚之前,应对情况进行全面了解,取得了真凭实据,这样的处理就会取得圆满的效果。

2) 船上接收信息(Receive communication onboard)

船上信息的接收必须注意力集中,认真理解信息。在信息交流之时,信息接收者应听或读(How do you read me ?),仔细理解内容,抓住中心内容。在通信过程中要借助双方都理解的对象,必要时,为了澄清而进行询问或质疑。应答时,除非特别告知不这样做,否则,即使仅仅是确认收到信息也要应答。必要时,信息接收者应给出反馈。

3) 船舶通信的语言(Communication language onboard)

《STCW 公约》要求 OOW 具备英语的说写知识,以胜任对海图、航海出版物、气象信息和有关船舶安全和操作信息的理解,以及同其他船舶和岸台进行交流。

2. 船舶通信手段(Shipboard communication approaches)

船舶通信的手段多种多样,由于船舶作业的情况和条件差异和变化很大,通常涉及到的船舶通信的手段可分为内部通信手段和外部通信手段。

1) 内部通信手段(Internal communication approaches)

口头交流是内部通信与交流的最常用的手段,通常在船舶上表现在会议进展过程中面对面的交流。除此之外,还有使用设备,比如电话、对讲器等媒介的口头交流。

在此需强调工作前安排说明(Briefing)和工作后情况小结(Debriefing)两个关键问题。

(1) 工作前安排说明(Briefing)。工作前安排说明是团队内部交流的一个重要方式。要求在做每项工作前安排时间做简要的安排说明。这种说明是公开的,友好的,并能在驾驶台团队工作中产生积极影响。在工作前安排说明会上,说明和公布建立的标准和指南,与驾驶台团队检查计划,识别薄弱的环节,以营造有效的工作氛围。征求建议,总结共同达成的合成计划,查核理解情况,制定监督指南,获得承诺。监督合成计划的进展,评估进展情况,必要时修改,更新计划。在船舶安全运输作业中,可通过召集离港前工作安排会议来介绍航线计划,与驾驶台人员进行深入而广泛的交流,说明规定的要求,明确航线上可能的薄弱环节,制定一些航行中需要的标准和指导方针,创造一个有效的团队工作为导向的环境,事实证明这是切实有效的。而船舶引航作业过程中,船长与引航员,甚至驾驶员就航道航行情况、靠离泊作业安排等引航计划在引航作业前仔细说明,也是工作前安排说明的一个有效的反映。

(2) 工作后情况小结(Debriefing)。工作后情况小结是团队内部总结的一个重要方式。

利用一切可得到的资源(人员,时间,硬件),要求在每项工作结束后尽快安排时间作情况小结,考虑所有组员的意见,包含否定意见和肯定意见,积极吸取经验,鼓励为将来的改进提出反馈,纠正错误的行动计划。在工作后情况小结会上,不宜采取责备个人的形式进行,使团队关注于问题(而不是个人),不要让讨论变成争论。不是每个决定都会得到所有人的赞同,观点的分歧是常见的。必要时,拓展短期策略,鼓励"质疑"和"询问"。

2) 外部通信手段(External communication approaches)

船舶工作的特点,造成船舶外部通信是一种远距离通信。外部通信是电子通信,通信过程中的一个重要部分是通信设备。很显然,驾驶员同他人有效通信时,十分熟练地使用船上通信设备是很重要的。

在船岸之间和船与船之间,广泛采用的是甚高频无线电话(Very High Frequency, VHF),它是一种通信方便、传递信息迅速可靠的近距离通信工具,船用话机的输出功率一般不超过25 W,岸用话机一般为50 W,通信有效范围一般在30～60 n mile,岸台则更远些。因此,设备的工作频率的使用成为外部通信的关键问题之一。

3. 通信方式(Common approach of communication)

在通信的定义中,说到了通信的媒介,也就是通信的渠道,如书面通信、口头通信、非言语通信和电子通信。在进行交流的时候经常要经过这样一些渠道:

1) 书面通信 (Written communication)

书面是稳定而准确的通信与交流手段。利用可存储的媒介来记录通信的基本内容,从而避免了因时间变化而造成口头信息的遗忘或丢失。船舶书面通信的手段常见的有值班命令(Standing Orders),船舶手册(Shipboard Manuals),公告(Notice Boards),海报(Posters),符号(Signs)和标签(Labels)等。

在工作中,事情完成都要写总结报告;在实施一个项目的时候,需要提供一个方案,这都是文字的通信。当组织或管理者的信息必须广泛向他人传播或信息必须保留时,以报告、备忘录、信函等文字形式是口语形式所无法替代的。采用文字进行通信的原则要符合4C原则,即:Complete(完整性)、Coherence(连贯性)、Conciseness(简洁性)、Correction(准确性)。即文字要简洁,尽可能采用简单的用语,删除不必要的用语和想法。如果文件较长,应在文件之前加目录或摘要。合理组织内容,一般最重要的信息要放在最前面。要有一个清楚明确的标题。

2) 口语通信 (Verbal communication)

在生活和工作中时刻都在进行着语言的通信。现在又可以用移动电话进行通信。利用口语面对面地进行通信是最常用的形式,有效的口语通信对信息的输出者而言,需要具备正确的编码,以有组织有系统的方式传递信息。有关研究表明,知识丰富、自信、发音清晰、语调和善、诚意、逻辑性强、有同情心、心态开放、诚实、仪表好、幽默、机智、友善等都是有效通信的保证。

3) 非口语通信 (Non－verbal communication)

非口语的信息可以用多种方式表达。非口语通信可以强化口语所传递的信息,也可以混淆歪曲口语所传达的信息,因此了解非口语的通信十分重要。充分、合理地利用肢体语言,来表达出礼仪。以前的会议,管理者坐在讲台上,成员在下面,这是"我说你听"的通信。现在管理者可以用投影仪、幻灯片、笔记本电脑和成员进行通信。多媒体技术的应用,突出了通信的效果。

4) 电子通信(Electronic communication)

电子通信是利用电子多媒体技术而进行的通信,包括电报、电话、电子邮件、计算机网络、录音录像等。船舶运输过程中,电子通信的比重很大,如今其突出地位与简易性越来越显著。书面文字通信会被电子通信取代的趋势越发明显,但是电子通信产生的问题也要注意。

五、船舶内外部信息交流 (Information Exchange on Shipboard)

船舶日常工作中,有许多重要的信息交换,这些通信如果出现障碍或中断将直接影响到船舶的安全,应当引起船舶驾驶人员的高度重视,如:船舶人员的交接班和交接船;船舶驾驶台与机舱的通信;船舶驾驶台与船首尾部的通信(靠离码头、抛起锚、狭窄水道航行等);船长航行(夜航)命令;船长及驾驶台团队与引航员的通信;船舶驾驶台与引航站、VTS及港调等管理部门的通信等。

1. 驾驶台/机舱间/泊位间通信(Stations information exchange)

保持驾驶台与机舱的密切联系和及时沟通,确保开航前、航行中、停泊中的通信联系满足值班驾驶、轮机联系制度的要求。诸如:每班下班前,值班轮机员应将主机平均转数和海水温度告知值班驾驶员,值班驾驶员应回告本班平均航速和风向风力,双方分别记入航海日志和轮机日志;每天中午,驾驶台和机舱校对时钟并互换正午报告。

尤其是发生特殊情况时,驾驶台与机舱更应及时通报,并协调对策。船舶进出港口,通过狭水道、浅滩、危险水域或抛锚等需备车航行时,驾驶台应提前通知机舱准备;如遇雾或暴雨等突发情况,值班轮机员接到通知后应尽快备妥主机。判断将有风暴来临时,船长应及时通知轮机长做好各种准备。进出港口时若主机临时故障需要减速或停车,必须立即报告驾驶台,由船长根据航道、港区情况,果断决策并通知机舱,避免引起其他事故。保持通信简短准确,把多余的通信降到最少,及时使用"提出主张和询问"并作坚持。如果情况允许,使用辅助通信媒介。

2. 船长/驾驶员/引航员信息交流(Master/Officer/Pilot information exchange)

引航员上船后,到达驾驶台后自然成为驾驶台团队成员,船长与引航员要充分交流信息。整个驾驶台的信息包括船长、引航员、驾驶员和水手,甚至包括拖轮和码头工人。

正因为如此,船长与引航员的交流是十分重要的。船长和引航员应交流关于航行程序,当地情况和船舶特性的信息。船长或值班驾驶员应于引航员密切合作,保持对船位和船舶运动的准确检查。

1) 船长通信(Communication for master)

船长熟悉船舶及其设备的性能不足和特异之处,但不熟悉当地的情况,没有权力支配拖轮、带缆艇和工人。但他对船舶安全负有最终责任。也许船长会发现自己陷于这样一个处境:他对引航员指挥下的船舶航路有疑问,但由于不熟悉当地情况而无法询问引航员。

船长要积极沟通,认真介绍自己船舶的相关情况,比如提供引航卡等资料,也请引航员介绍他的航线计划以及当地的环境情况。船长与引航员共同进行交互式的闭环交流,要求驾驶台团队成员协助引航员的工作。当引航员疏忽且有必要时,船长有权从引航员手中接管船舶,收回指挥权。

2）引航员通信(Communication for pilot)

尽管引航员负有责任和义务，但他在船上的存在并不解除船长或值班驾驶员对船舶安全所负的责任和义务。引航员利用其特殊的知识和能力在当地水域驾驶船舶，帮助驶进港口、靠泊和离泊；引航员具备当地航行的特殊知识和同港口当局的特殊联系，他熟悉当地的水域，可支配拖轮、系泊船和工人，但不熟悉船舶特性和船员。引航员与船长和驾驶台工作组密切合作，且积极与船长交流信息，告知驾驶台工作组在引航水域中的任何困难和制约因素。

引航员介绍航线计划及其意图，在条件允许的情况下尽可能多地让驾驶台工作组清楚他的行为和意图，使驾驶台人员能监视到船舶营运在计划航道内的情况。向驾驶台团队成员简述当地的环境和交通规则。当航向或航速作任何改变时告知驾驶台人员。对于任何通航，天气，能见度，流的改变或预期改变的情况，告知驾驶台人员。船长、驾驶台人员没有按照规定作详尽情况介绍及进行交流，引航员应该使用共同语言(英语)通过恰当的方式加以指出。

3）值班驾驶员通信(Communication for OOW)

值班驾驶员监视设备和船舶动态，向船长、引航员提供支持。

值班驾驶员应该积极支持和参与所有的情况介绍和工作总结活动，当交接班的时候应确保已经进行了详尽的情况介绍和妥善的交流。积极地参与到支持有效交流原则的工作环境中去。船长、引航员没有遵守作详尽情况介绍以及妥善交流的原则，在不威胁到领导权或上级命令的情况下，值班驾驶员应该用恰当的方式加以指出。

3. 船舶与 VTS 和港口当局通信(Information exchange with VTS, Port Control)

为预防和减少交通事故，保障海上交通安全，提高运输效率，防止环境污染。船舶必须与船舶交通管理中心和港口当局保持密切的联系。VTS 和港口当局将向引航与航海人员发布有关 VTS 区域的细节内容，如区域的界限、提供服务的内容，并负责辖区船舶的正常运行。按有关国际公约和国内规范，船舶进出本港时，船舶应使用通信设备，按照规定向 VTS 报告。在报告与交流中，须注意以下方面：在联系前先写好信息会有帮助；保持交流简短准确，把多余的交流降到最少。当发生险情或事故时，船舶应及时向附近水域的海事部门报告；并及时报告有关救助请求，以便海事部门迅速组织开展救助行动。比如报告航次计划时，报告船舶的主要内容，具体包括进港、出港、过境和移泊船舶的船名、国籍、总长度、总吨位、吃水、最大高度，以及始发港、目的港或预靠泊位或锚位、预抵时间、载货种类与数量和旅客人数等。

一般而言，船舶驾引人员需要 VTS 提供的信息有以下几点：一是本船的运动趋势和位置。包括本船的速度和船位，特别是本船即将违章时或本船即将与其他船舶形成危险局面时。二是与本船有关的他船运动状态信息。在操船过程中，驾引人员可能全神贯注于某一操船环节，而忽略了周围船舶的运动状态，或者是完全没有察觉周围船舶的意图，VTS 可以提醒有什么船在周围运动，或提示周围的船舶应该留意该船的运动。这种情况经常出现在船舶掉头和船舶进出航道时。三是天气、海况等气象信息。包括局部能见度变坏、局部雷雨大风、防台期间适时风浪情况，特别是雾季、台风等季节性气象信息。四是局部通航密度大信息。VTS 应该及时发布公告，对某一航段，在特定的时间段出现的船舶通航局部高峰给予提醒，要求走在该航段的船舶特别小心行驶，例如岬角水域可能出现的局部通航密度高峰。五是助航标志发生异常,如灯浮移位或者灯光灭失、发现妨碍航行安全的障碍物、漂流物或其他妨碍航行安全的异常情况时。六是发生交通事故、污染事故或其他紧急情况时需要进行船舶通航交通组织,安排船舶安全、有序通过。七是码头泊位未能及时空出,需要慢速淌航或者申请安排临时抛锚。

第二节 文化意识
Multi-culture Awareness

就船员这一职业特点而言,它是国际化特征最明显的职业之一。船员在每一次派遣工作中都可能接触到不同的船舶和不同的船员,这些船员在国别、性别、语言、种族等方面往往存在着很大差异,即使都是同一国家的船员,也会有地区差异和文化层次参差不齐的情况。为了实现船舶的安全航行,船员也应当重视和学习不同国家和地区的语言、文化、习俗等,考虑不同个体和团队的文化背景,培养自己的文化意识,克服多元文化和文化差异带来的困难,实现不同文化的协同作用,从而避免由于文化的不同而导致交流与沟通中的冲突。

一、文化的概念及其特征 (Definition and Characteristics of Culture)

文化,广义上指的是人类社会历史实践过程中所创造的物质财富和精神财富的总和,狭义上指的是社会的意识形态以及与之相适应的制度和组织结构。对文化的概念,有人作过统计,认为至少有260余种关于文化的定义。确实,对于什么是文化,仍然是一个见仁见智的问题。

然而,就人的思维方式及其在组织中的行为特点方面来说,有一种解释是比较客观的,即:所谓文化是指不同的国家、民族、人种所具有的不同文化模式。每一种文化模式都有自己的价值体系和行为准则,并与造成这种差异的特定社会环境相联系。各种文化模式的特点可以通过属于各文化的成员的行为、信仰、习惯和社会组织形式表现出来。一般的特点可以表现在服装、饮食和语言中;比较复杂的特点则融化在人的信仰、价值观、思维方式和言行举止当中。这种文化习惯和价值观念会自觉或不自觉地反作用于人所处的社会环境,并对周围的人产生影响。

二、多元文化的差异 (Differences of Multi-cultures)

众所周知,航运业是一个全球性的行业,航运业各主体之间的关系同样错综复杂。航运业联系着世界上不同的国家和地区,联系着不同的民族和人种,也联系着不同的文化。然而,当不同的文化相遇时,文化差异就会集中地表现出来,特别是对于船舶这一相对独立的环境而言,尤其如此。图5-2说明了每个船员的文化背景差异。

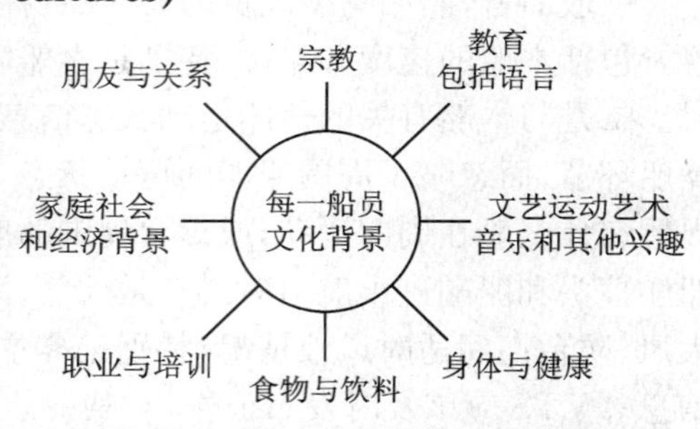

图5-2 每个船员的文化背景

管理有先进和落后之分,但文化差异却无对

错之分，因而在不同文化的相互理解和融合中，良好的文化意识尤为重要。多元文化之间的文化差异主要表现在以下几个方面：

1. 语言差异（Difference of languages）

语言文字是人们交流、传递信息和思想的产物，也是人们进行交际沟通的工具。语言文字的相通或相歧，往往是由不同文化的共同性和差异性所造成的。当说者和听者的语言不一致时，就会产生沟通的困难。

2. 价值观差异（Difference of values）

来自不同文化背景的人的价值观不同，其行为方式和态度也不同，容易造成一定的冲突。比如：在年龄观念上，东方尊重长者，而西方重视青年；在自我观念上，东方主张“无我”，从众心理严重，而西方强调“自我”，竞争欲望强烈；在成就观念上，东方侧重守业，表现出集体精神，而西方追求创业，个人利益为先。

3. 认知差异（Difference of perceptions）

偏见是跨文化沟通中难以避免的一种现象，因为在跨文化沟通中，信息来源是有限的或存在不正确的信息，从而造成一些模棱两可的情景，不同文化背景下的人们通过自己独特的视野来看待与己相关的事情，必然会给沟通带来障碍。

4. 非语言沟通差异（Difference of non-language communication）

沟通的手段不限于语言，非语言沟通同样可以帮助传达信息和思想。由于不同国家的管理制度不同，非语言沟通也会造成跨文化交流中的障碍。

5. 生活和工作方式差异（Difference of life and working styles）

在强调个性文化的今天，不同国家与民族的人们往往对生活和工作中的相关内容和组成部分有着不同的理解，他们在工作、家庭、朋友之间的关系等方面也有明显的不同认识，从而导致各自在生活和工作方式方面的差异。

6. 沟通习惯差异（Difference of communication custom）

由于受到不同国家与民族文化的差异和各国民众个性方面的特点，人们在讲话的用词、语气等方面会有很大的不同。如有些人讲话非常坦率，喜欢直话直说，但是有些人因性格较为内向，讲话喜欢转弯抹角。因此，这两种人员在沟通和交流时往往会产生误解。

三、文化差异的形成原因（Cause to Differences of Multi-cultures）

对文化差异在组织管理领域进行比较全面的分析，是荷兰林堡大学的组织人类学教授霍夫斯泰德(G・Hofsted)首先进行的。霍夫斯泰德的研究有极为重要的意义，他提供给人们一种认识自己文化和借鉴其他文化的有效方法。而且，他告诫说，管理者必须具有“文化敏感性”。虽然不应该全盘接受霍夫斯泰德的研究结果，但也不应对它等闲视之。当试图琢磨出文化差异及不同文化对管理工作有何影响时，霍夫斯泰德的研究成果代表了一种合理的新起点。

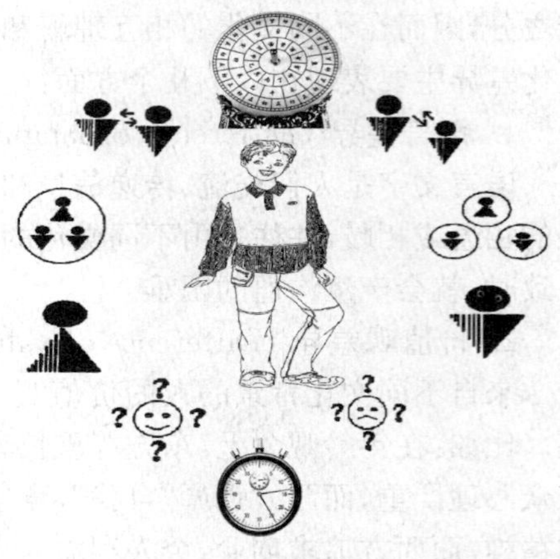

图 5-3 文化差异的划分

霍夫斯泰德对多个国家多种语言的人进行了调查,发现国家之间的差异主要是民族文化的差异,并以人类社会对权力差、对个人主义或集体主义、男性化或女性化、不确定性的回避、长期或短期等几方面的价值判断作为基本标准来对比分析不同民族的文化差异,对于这几个方面的标准,不同国家的文化会有不同的反映。如图 5-3。

1. 权力差的大或小(Small or big power distance)

权力差是文化差异的最典型特征。什么是权力差?它指的是社会对权力分配不平等事实的接受和认可程度,即权力差与政治集中程度和领导专制程度有关。权力差越大的社会,就越会认可组织内权力的巨大差异。

在一个权力差大的组织中,成员会认可组织内权力的巨大差异,对权威显示出极大的尊敬。称呼、身份及地位发挥着重要的作用。在领导与被领导之间存在着不可逾越的鸿沟,并使组织内部等级森严、职位分明、少数人独立而多数人依赖。

相反,权力差小的组织尽可能减少这种不平等。上级仍拥有权威,但下级并不恐惧和敬畏。领导与被领导之间没有多大的界限,具有微弱等级,彼此依赖、关系和谐、相互接近。

2. 个人主义和集体主义(Individual and group)

个人主义和集体主义是指社会中个人与群体关系。个人主义指的是一种松散的社会结构,而集体主义则是一种紧密的社会结构。个体性体现的是一种松散结合的社会结构,在这一结构中,人们只关心自己和自己接近的亲族的利益。群体性指在一个紧密的社会组织结构中,人们以"在群体之内"还是"在群体之外"来区分,渴望得到群体内的成员的照顾,并以对该群体的绝对忠诚作为报答。

重视个人主义的文化倾向于强调个人权利与自由,非常松散地结成社会关系网,并极大关注自尊,对本人的职业和个人酬劳尤为重视。集体主义者强调团队并推崇成员之间的和谐。个人感情服从团队整体利益,并且雇员们更可能会问:"什么对组织最为有利?"保全面子在集体主义文化中至关重要。成功地保全面子时,一个人在团队中的地位也就得以维系。

3. 张扬(男性化)或平和(女性化)(Masculine and feminine)

一般可以从对性别角色定位的传统和保守程度、对坚决行为的获取财富的推崇程度、对人际关系和家庭生活的重视程度去考虑。男性化社会以更加传统和保守的方式定义性别角色,而女性化社会对于男女双性在工作场所和家庭中扮演的大量角色则持较为开明的观点。

张扬(男性化)推崇在社会中占统治地位的价值是成功、金钱、事业,它将收入、赏识、进步和挑战这四种因素看得很重,个人被鼓励成为独立的决策者,受人赏识与积累财富就是成功的标志。在组织里工作压力很重,许多管理者相信自己的属下并不喜欢自己的工作,因此必须将他们置于一定的控制之下。

平和(女性化)是张扬的反面,推崇在社会中占统治地位的价值观念是关心他人并讲求生活质量。人们十分崇尚关系与合作、友好氛围和职业安全。个人被鼓励成为集团的决策者,人际友好交往和优美的生活环境是取得成功的标志。在组织里,工作的压力较低,管理者信任其下属并给予他们较大的自由度。

4. 不确定性的回避取向(Uncertainty avoidance)

所谓不确定性回避指的是一个社会感受到的不确定性和模糊情景的威胁程度,并试图回避这些情景。回避的方法有提供更大的职业稳定性、建立更多的正规条例,不容忍偏离观点和行为,相信绝对知识和专家评定等。通常可以从对规则的诉求愿望、对具体指令的依赖、对计划的执行程度去考虑各自的特点,其强弱可以通过不确定性规避指数来表示。

“不确定性低度回避”(Low avoidance for uncertainty)的社会,人们对不确定性和风险能够泰然处之,对与自己不同的行为和意见表示容忍,因为人们并没有感觉到威胁。较低不确定性规避的国家包括中国、爱尔兰和美国。这种文化下的人员不需要主管的具体指令。因为模棱两可并未威胁到他们对稳定和安全的较低需要,他们甚至可能会对工作中的不确定处理更加如鱼得水。

“不确定性高度回避”(High avoidance for uncertainty)的社会,以其成员的高焦虑水平为特征,表现为不安、紧张、进取。人们对异常思想和行为缺乏容忍,社会成员趋向于相信和追求绝对真理。诸如希腊、葡萄牙和比利时等国的雇员具有高度不确定性规避特征,并偏好结构稳定和规则明确,非常乐意接到其主管的具体指令。这种文化下的人员往往具有高度的不确定性规避,并偏好于回避工作中的模棱两可。

5. 长期取向与短期取向(Long term or short term)

麦克·邦德与一些中国同行没有采用霍氏提出的问卷调查方法,而是基于亚洲研究人员反映儒家价值观的问题提出了一种新调查方法。霍夫斯泰德在此基础上补充了他的学说。

长期取向的文化,关注未来,重视节俭和毅力。他们认为储蓄应该丰裕;固执坚持以达到目标;节俭是重要的;对社会关系和等级关系敏感;愿意为将来投资;重实效的传统和准则以适应现代关系;接受缓慢的结果。这种社会考虑人们的行为将会影响后代。如日本,国家以长远的目光来进行投资,每年的利润并不重要,最重要的是逐年进步以达到一个长期的目标。

短期取向的文化,其价值观是倾向过去和现在的。人们尊重传统,关注社会责任的履行,但此时此地才是最重要的。比如美国,公司更关注季度和年度的利润成果,管理者在逐年或逐季对员工进行的绩效评估中关注利润。

四、多元文化的交流技巧 (Skill of Multi-cultural Communication)

人际沟通中,应对来自于不同文化背景的船员的文化差异和文化相似性保持敏感。如果不具备这种“文化敏感性”,就会产生交流和协作方面的许多问题。诸如:错误理解命令与指示、信文与信息未收到、缺乏忠诚和尊重、缺乏团队工作、缺乏社会接触等。

1. 文化意识(Cultural awareness)

意识就是对认识的认识。文化基本上是群体的认识。文化意识就是对群体认识的认识。文化意识是船员所应具备的一个基本素质,具体地说,它要求船员对所工作的船舶驾驶台团队成员的文化背景、生活习惯、行为方式和思考方式等有深入的了解,能站在对方文化背景的立场上,协作处理各种问题。

在船员每一次被派遣工作的过程中,他和该船的其他工作人员一起组成了一个新的团队或者群体。如何来协调和管理具有多元文化背景的团队成员，这对于船员来说是一种新的挑战。实际上，在许多船舶值班中，许多纠纷的产生、矛盾的激化，并非是简单的双方在经济利益上的博弈失衡，相当大的一部分是因为工作关系的主体双方由于文化背景的差异而造成一种文化碰撞；而这种文化上的不协调，致使劳动关系的和谐度的侵害面更加广泛，因为对一种文化的忽视和不理解，就是对一个群体的忽视和不理解，而这会给船舶安全带来巨大的损失。文化意识的缺乏而导致管理上的举步维艰是经常发生的。船员往往希望生活在其他文化环境中的人们与自己一样，能按自己的方式处理问题，也希望他人的工作责任和权利也与自己社会中的情况一样，但这些想法有时会落空或遭到失败，而如果船员又没有意识到这一点，甚至认为团队其他成员和自己过不去，则会使驾驶台团队成员之间的关系处于紧张状态，甚至会对船舶的安全状况产生不利的影响。

2. 文化轮(Culture wheel)

为了解决和处理船上多元文化所产生的文化差异问题和有效地进行跨文化沟通，船员应认真地学习和采用图 5-4 所示的文化轮方法。

这需要尊重彼此的文化，学习对方的文化，正确解释和阐述对方的文化，使用程序简化文化现象，认识到差异且在异见中求同，保护彼此的信誉感，理解文化差异，如此反复。事实上，文化轮在文化多赢过程起到很大的作用。文化轮所示的方法可以概括为如下三个方面：

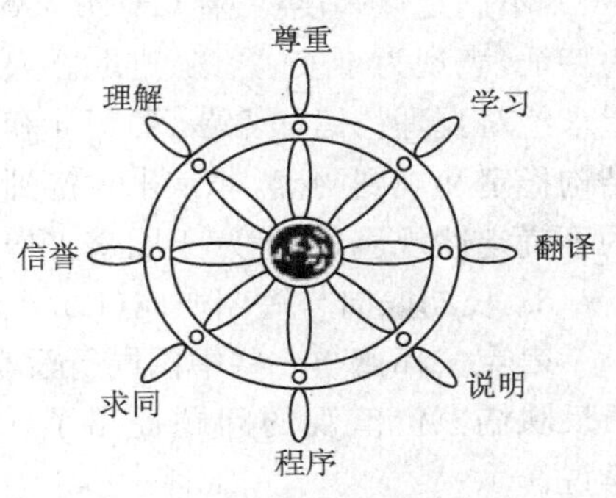

图 5-4　文化轮

1) 尊重他人的文化(Respect of other’s cultural)

每个人都会有这样的倾向，觉得自己的文化都是最好、最文明的和最优秀的，其他文化都不如自己文化好，这种态度叫“文化优越感”(Ethnocentrism)。培养接受和尊重不同文化的意识，是掌握拓展的视野的良好开始，同时，也了解对方的期望。当然，了解文化的最佳方法是学习其语言，通过语言了解和熟悉不同文化的价值观。学习跨文化沟通的第一步是建立对其他文化的敏感度，摈除自己“文化优越感”。

2) 认识文化差异(Recognition of cultural differences)

只有认识在不同文化里什么是可以做、什么是禁忌，方能避免误会。要做到这点，首先要了解自己所在的文化，还需要了解跨文化基本理论和具体国家文化的知识。通过学习和训练在了解自己文化的基础上，会提高对其他文化的敏感度和对其他不同文化的认知。通过了解和学习其他船员所在的国家文化，认识其与中国文化的差异。

3) 协同文化差异(Reconciling cultural differences)

在充分了解自己文化的基础上，通过学习掌握跨文化理论，了解其他国家文化模式，知道其他船员所在国家属于哪类文化模式，掌握跨文化一些基础理论后，再加上进一步了解其所在国家的具体文化。这样，与来自不同文化背景的人员交往中，能在意识上清楚其文化差异，在态度上尊重其文化，同时，在行为上正确表现自己，避免文化差异所造成的误会和不信任感，建立良好的跨文化工作关系。

第三节　在船人际沟通
Interpersonal Communication Onboard

交流是彼此间把自己有的信息或思想提供给对方;相互讨论。交流是人与人之间建立"讲话",讲话是交流的主要方式,但不是唯一的方式。比如,口头语音、文字书面语言,表情动作身体语言,音乐图画艺术语言,都是交流的方式。

沟通是为了一个设定的目标,把信息、思想和情感在个人或群体间传递,并且达成共同协议的过程。它有三大要素组成:要有一个明确的目标;达成共同的协议;沟通信息、思想和情感。

交流和沟通肯定有相通的部分,交流可以是在没有任何不同看法、不同意见方之间进行,如文化交流等;沟通则更侧重于有不同看法、不同意见方之间进行。如就某一问题进行沟通。还有交流主要是通过语言来完成的,沟通则更强调情感、情绪的认同。交流是用语言表达自己的意思,沟通可以用内心来感受事物。

一、信息交换与人际交流 (Information Exchange and Human Communication)

1. 交流方式的选择(Selection of communication approach)

交流方式是多种多样的,在表现形式上主要有口头交流,书面交流和非语言交流。在人际交流上可以使用的方式包括:

1) 利用肢体行为交流 (Body language)

人在传达信息的时候,语言表达实际上只占表达方式的35%,而65%是靠肢体语言去传达的。说同样的一句话,如果加上手势和表情,会带来不同的效果。

2) 利用表、图像交流 (Table and image)

在会议中或者做报告的时候,更直观的一种方式是用图表、图像,这些可以使你的意图更直观形象地表达出来。

3) 利用语言符号交流 (Language communication)

用语言交流的时候,同样一句话,你用了这种语气,或者用了另一种表达方式,可以达到不同的效果。

4) 利用空间交流 (Using interspace for communication)

人与人之间的距离远近,是站着还是坐着,以及办公室的设备和摆设等,均会影响到交流。在各种组织中,不同的地位和权力通常由空间的安排显示出来,高层管理者一般拥有宽敞、视野良好以及高品位摆设的办公室,不同档次的房间陈设也可以通过空间的信息表达出来。

5) 利用衣着交流 (Using dress for communication)

人们衣着的不同可给对方传达一定的信息。因为衣着可明显影响人们对不同的地位、不同的身份、不同的群体的认知。

6) 利用举止交流 (Using behavior for communication)

人体及其各种举止可以传达许多信息,尤其是面部表情最具有代表性,所以了解人体语言所代表的意义是有效交流的一个重要组成部分。

2. 交流中的关键事项(Key points in communication)

在人际交流中有一些行为是非常关键的,包括交流中的"说""听""问"三个关键行为。

(1) 提出主张(Advocacy)

通信要讲究"说"的艺术。在表达自己的意见时,要诚恳谦虚。如果过分显露自己,以先知者自居的话,即使有好的意见,也不容易为人接受,会使人产生反感和戒备心理。讲话时要力求简明扼要,用简单明了的词句表明自己的意思,语调要婉转,态度也要从容不迫。在谈话时如果发现对方有心不在焉或厌烦的表情时,就应适可而止或转换话题,使通信能在良好的氛围中进行。而且,在表明某个意思后,最好能稍作停顿,并向对方投以征询的目光,这样,使对方有插话的机会,也是尊重对方的表现。

给出建设性的意见或提示,例如毫不犹豫地提醒某人或向其指出危险,或未被询问时主动向上级传递一些有用的信息等,清楚地讲述有关事宜并要求反馈,及时提出并坚持用有效的方法来增加他人的情境意识。

(2) 耐心聆听(Patient listening)

通信要讲究"听"的艺术。作为一名管理者在与成员的通信过程中,应该主动听取意见,善于聆听,只有善于听取信息才能成为有洞察力的管理者。就是说,管理者不仅要倾听,还要听懂成员的意思。因此,在听对方讲话时要专心致志,不要心不在焉;其次,不要心存成见,也不要打断对方讲话,急于作出评价,或者表现出不耐烦,这样会使对方不愿把通信进行下去;最后,要善解人意,体味对方的情感变化和言外之意,做到心领神会。聆听也是一种艺术。保持积极倾听和建设性反馈,有助于提高交流效率。寻找兴趣点,注意力集中在内容上而不是传送方式上,注意领会要点,集中注意力,保持头脑开放,训练自己的大脑,不要让情绪影响对问题的理解。

(3) 质疑询问(Challenge and Inquiry)

如有怀疑就提问,及时提出并坚持。"询问"有时也是一种"提出主张"。也许因为特别有利的位置或视角你能看到别人没有看到的事情,清楚地讲述有关事宜并要求反馈。这也是增加他人情境意识的一种有效工具。

二、人际沟通 (Interpersonal Communication)

1. 正式沟通与非正式沟通(Formal and informal communication)

正式沟通是指在组织系统内,依据一定的组织原则所进行的信息传递与交流。例如组织与组织之间的公函来往,组织内部的文件传达、召开会议,上下级之间定期的情报交换等。另外,团体所组织的参观访问、技术交流、市场调查等也在此列。

正式沟通的优点是:沟通效果好,比较严肃,约束力强,易于保密,可以使信息沟通保持权威性。重要的信息和文件的传达、组织的决策等,一般都采取这种方式。其缺点是由于依靠组织系统层层的传递,所以较刻板,沟通速度慢。

非正式沟通渠道指的是正式沟通渠道以外的信息交流和传递,它不受组织监督,自由选择沟通渠道。例如团体成员私下交换看法,朋友聚会,传播谣言和小道消息等都属于非正式沟通。非正式沟通是正式沟通的有机补充。在许多组织中,决策时利用的情报大部分是由非正式信息系统传递的。

非正式沟通的优点是：沟通形式不拘，直接明了，速度很快，容易及时了解到正式沟通难以提供的“内幕新闻”。非正式沟通能够发挥作用的基础，是团体中良好的人际关系。其缺点表现在，非正式沟通难以控制，传递的信息不确切，易于失真、曲解，而且，它可能导致小集团、小圈子，影响人心稳定和团体的凝聚力。

同正式沟通相比，非正式沟通往往能更灵活迅速地适应事态的变化，省略许多繁琐的程序；并且常常能提供大量的通过正式沟通渠道难以获得的信息，真实地反映员工的思想、态度和动机。因此，这种动机往往能够对管理决策起重要作用。此外，非正式沟通还有一种可以事先预知的模型。心理学研究表明，非正式沟通的内容和形式往往是能够事先被人知道的。对于非正式沟通这些规律，管理者应该予以充分注意，以杜绝起消极作用的“小道消息”，利用非正式沟通为组织目标服务。

现代管理理论提出了一个新概念，称为“高度的非正式沟通”。它指的是利用各种场合，通过各种方式，排除各种干扰，来保持他们之间经常不断的信息交流，从而在一个团体、一个组织中形成一个巨大的、不拘形式的、开放的信息沟通系统。实践证明，高度的非正式沟通可以节省很多时间，避免正式场合的拘束感和谨慎感，使许多长年累月难以解决的问题在轻松的气氛下得到解决，减少了团体内人际关系的摩擦。

2. 沟通方式(Modes for communication)

沟通有很多种，一般地，可以划分为向上沟通，向下沟通和横向沟通。就比较而言，向下沟通比较容易，居高临下，甚至可以利用广播、电视等通信设施；向上沟通则困难一些，它要求基层领导深入实际，及时反映情况，作细致的工作。一般来说，传统的管理方式偏重于向下沟通，管理风格趋于专制；而现代管理方式则是向下沟通与向上沟通并用，强调信息反馈，增加员工参与管理的机会。

1) 向上沟通 (Approach of upwards communication)

向上沟通渠道主要是指团体成员和管理人员通过一定的渠道与管理决策层所进行的信息交流。它有两种表达形式：一是层层传递，即依据一定的组织原则和组织程序逐级向上反映。二是越级反映。这指的是减少中间层次，让决策者和团体成员直接对话。

向上沟通的优点是：员工可以直接把自己的意见向领导反映，获得一定程度的心理满足；管理者也可以利用这种方式了解运营状况，与下属形成良好的关系，提高管理水平。

向上沟通的缺点是：在沟通过程中，下属因级别不同造成心理距离，形成一些心理障碍；害怕“穿小鞋”，受打击报复，不愿反映意见。同时，向上沟通常常效率不佳。有时，由于特殊的心理因素，经过层层过滤，导致信息曲解，出现适得其反的结局。

2) 向下沟通(Approach of downwards communication)

管理者通过向下沟通的方式传送各种指令及政策给组织的下层，其中的信息一般包括：有关工作的指示，工作内容的描述，员工应该遵循的政策、程序、规章等，有关员工绩效的反馈，希望员工自愿参加的各种活动。

向下沟通渠道的优点是，它可以使管理者和团体成员及时了解组织的目标和领导意图，增加员工对所在团体的向心力与归属感。它也可以协调组织内部各个层次的活动，加强组织原则和纪律性，使组织机器正常地运转下去。

向下沟通渠道的缺点是，如果这种渠道使用过多，会在下属中造成高高在上、独裁专横的印象,使下属产生心理抵触情绪,影响团体的士气。此外,由于来自最高决策层的信息需要经过层层传递,容易被耽误、搁置,有可能出现事后信息曲解、失真的情况。

3) 横向沟通(Approach of horizental communication)

横向沟通渠道指的是在组织系统中层次相当的个人及团体之间所进行的信息传递和交流。在组织管理中,横向沟通又可具体的划分为:高层管理人员之间的信息沟通;各部门之间的信息沟通与中层管理人员之间的信息沟通;一般员工在工作和思想上的信息沟通。横向沟通也可以采取正式沟通的形式,也可以采取非正式沟通的形式。通常是以后一种方式居多,尤其是在正式的或事先拟定的信息沟通计划难以实现时,非正式沟通往往是一种极为有效的补救方式。

横向沟通具有很多优点:第一,它可以使办事程序、手续简化,节省时间,提高工作效率。第二,它可以使组织各个部门之间相互了解,有助于培养整体观念和合作精神,克服本位主义倾向。第三,它可以增加成员之间的互谅互让,培养员工之间的友谊,满足成员的社会需要,提高工作兴趣,改善工作态度。

其缺点表现在,横向沟通头绪过多,信息量大,易于造成混沌;此外,横向沟通尤其是个体之间的沟通也可能成为成员发牢骚、传播小道消息的一条途径,造成涣散团体士气的消极影响。

3. 沟通的风格(Styles of communication)

不同类型管理者在实际工作中的实际情况不同,他们各自的沟通风格也会各不相同。Tannenbaum 和 Schmidt 按发信人对沟通内容的控制过程和收信人的参与程度把沟通的风格分为告知、指示、协商和委托四种。

1) 告知型 (Directing style)

发信人指令或指挥收件人做某项事情。信息发送者往往采用下达命令的方式来要求下属必须完成的工作任务。他们会给出明确的指令,包括要求他们做什么、如何做、在何时与何地做等细节。只需要收信人去学习和理解,而不需要他的见解。使用这种态度与别人进行沟通的人通常是由于职位和知识水平较高而获得较高可信度的人,比如船长或轮机长。

2) 指示型 (Instrucation style)

发信人试图通过指示的方式说服劝告收信人做某些事情。他需要收信人与他一起去完成这些工作。使用这种态度与别人进行沟通的人通常是通过友善和个人魅力获得较高可信度的人。信息发送者往往采用发出指示的方式来布置具体的工作任务。他们会向信息接受者提供框架性的指示和要求,并要求信息接收者通过自己的努力去完成相关的任务。

3) 协商型 (Consulting style)

发信人通过商榷的方法与收信人交换某些信息,虽然他在某种程度上仍控制着沟通过程,但他希望从对方处获得或咨询信息。信息发送者往往能在发出指示和布置具体工作任务的同时,他们能主动地和信息接收者一起共同参与讨论和决定完成工作任务和解决问题的最佳方案。

4) 委托型 (Delgating style)

发信人往往只是向收信人发出指示和布置具体工作任务,他们很少向收信人提供如何完成工作任务或解决问题的具体指导和人员支持。使用这种态度进行沟通的人很大程度上以双方的共识为沟通的基础。

事实上，选择正确的沟通风格并不是件容易的事情，因为在相同沟通的不同阶段，也可能需要不同的沟通风格。以上这些不同类型沟通风格与不同类型信息特点是密切相关的。但是，这些具有不同性格与特点的领导在从事他们的具体实际工作中，也不是完全采用单一的沟通风格来办事的。在不同的场合和情况下，需要根据实际情况调整或采用混合型的沟通风格来适应或满足需要的。

三、船上人际交流与沟通 (Multi-cultural Communication Onboard)

1. 船上沟通技巧(Skill for human communication onboard)

在船人员交流在很多场合都会碰到，有很多是日常工作方面的，有一些则是涉及共同目标的安全方面的，这些可以概括为驾驶台人员之间的沟通，船舶内部人员之间的沟通，在船人员与船舶外部人员之间的沟通等。良好的沟通可以消除误解，增加团队的凝聚力，可以提高船舶指挥人员的情境意识和工作效率，保证船舶这样一个命令型的结构系统正常运作，减少人为事故的发生。因此，作为船舶值班人员，应当掌握一定的沟通技巧。沟通技巧首先表现为选择合适和有效的沟通与交流方式，其次是遵循交流中程序与要求(与通信中的要求相同)，最后合理对待质疑与响应。

质疑与响应都是交流中的重要内容，在此需要注意权威与自信之间的平衡。如果发现有背离原计划、标准程序、操作规程，或认为有违规行为、不良船艺、错误指令的情况发生，应表示疑问，提出质询，要求立即澄清。被质询对象经核对后应作出回应，如有失误行为应立即纠正。

船长和部门长应营造质询的氛围，船舶团队成员应积极支持和参与质询和回应，在设定的界限内，有疑问必须提出质询，有质询必须给予回应。领导者应注意在质询和回应方面可能存在的障碍，这些障碍有可能属于质询方的原因(内向、缺乏信心、不自信、等级观念、缺乏责任感、人际关系紧张、不良经历等)，也有可能属于被质询方的原因(权威受到威胁的感觉、缺乏自信、缺乏信心、情绪性回应、不擅长交流、管理能力较差等)。

2. 船上多元文化的沟通(Multi-cultural communication onboard)

在船上，船长、驾驶台团队成员以及引航员要实现船上多元文化间的良好沟通，重点要做到以下方面：

1) 创造良好的团队沟通氛围(Creat good team communication phrase)

船上不同船员的价值观不同，因此应该让船员意识到多元文化价值观的存在，发现他人重要的价值观，并能理解他人的价值观。和谐融洽的组织气氛，可以消除沟通时双方的紧张感和约束感，做到知无不言、言无不尽。另外，要保证组织有畅通的沟通渠道。船上的高层管理者如船长应主动创造沟通交流的机会，增加对下属船员的信任，保证沟通渠道清晰明确。

2) 培养文化融合的团队意识(Raising team awareness of culture fusion)

以前在考察船员能力时，往往只注意到他们的技术能力，而忽视了他们的人际交往能力，甚至是跨文化的人际交往能力。真正的国际化的船员，必须是一些确实愿意与不同于自己文化背景的人打交道、有很高的文化敏感性和灵活性的人。总的来说，良好的“文化敏感性”应该是：① 对其他文化中的价值观、信仰和习俗有所了解，尤其是对有古老文化的国家的历史；② 理解不同国家的基本经济和社会观念；③ 了解其他国家语言，对语言和非语言交际都很敏感;④ 尊重不同的生活哲学和道德观念,意识到自己的价值观和行为准则受自己的文化背景的影响,但不一定都是正确的;⑤ 对同种文化中不同个体间的差别有足够的认识,能够预测差异,积极面对挑战和变化;⑥ 具备对文化的整合能力、对文化环境的应变、决策和决断能力。

3) 建立共同的价值观(Establish a common value concept)

在一种文化中被认为是有价值或者是神圣的事物,可能在另一种文化中会被认为是无关紧要的。问题在于很难发现那些已经习以为常的事情,对于另一种文化会存在什么问题。共同的价值观可以消除文化差异造成的隔阂,使人们更快地融入到组织当中来。价值观的渗透常常比意识到的还要广泛,这不仅是因为价值观、信念在不同文化中的差异,而且是由于他们的重要性并不被真正认识到。

思考题

1. 试说明通信的含义以及对安全的影响。
2. 试说明船舶内部通信的方式与注意事项。
3. 试说明船舶外部通信的方式与注意事项。
4. 试说明人际之间的沟通途径与方式,如何处理权威决策。
5. 试说明船舶管理工作中文化意识的作用与影响。
6. 试讨论船舶靠离泊作业中通信故障的表现形式,如何克服。
   (1) 人的障碍;(2) 设备障碍;(3) 环境约束;(4) 制度障碍。

第六章 决策与领导
Decision-making and Leadership

决策是管理工作的核心，也是管理者的能力要求之一。整个管理过程都是围绕着决策的制定和组织实施而展开的。从高度而言，它决定着一个组织或部门的发展前途与命运；从实际来看，它决定着该组织或部门的工作能否顺利开展和达到预定的目标。管理者在进行决策时，其本身的心理活动情况和实际工作能力与水平起着非常重要的作用。船舶在实际营运工作中，它需要按照船舶所有人（航运公司）和其他相关的外界主管与协作部门（如地方海事局、港务局等）的指示与要求从事航行、靠离泊位作业等活动。而作为船长则承担着船舶重大事务决策的责任；与此同时，船上的大副、轮机长等高级船员承担着对本部门的领导与管理责任，并承担自己本职工作中所发生事务的决策义务及责任。为了提高自己在实际管理业务工作中的决策水平和能力，上述这些人员都必须在明确自己义务与责任的前提下，认真学习和掌握有关决策的基础理论与实用知识，以提高自己的决策能力和顺利完成自己的工作任务。

领导是管理工作的一个重要职能。所谓领导者，是指居于某一领导职位拥有一定领导职权承担一定领导责任实施一定领导职能的人。船长显然是船舶的领导者。在职权、责任、职能三者之中，船长的职权是履行职责、行使职能的一种手段和条件，履行职责、行使职能是船长作为领导者实施管理工作的实质和核心。但是，船长要想有效地行使领导职能，仅靠制度和法定的权力是远远不够的，必须采取令人信服和遵从的领导方式才能对下属产生巨大的号召力、磁石般的吸引力和潜移默化的影响力。领导的有效性是领导风格与环境相适应。而激励是决定个体绩效的因素之一，船长需要按照团队成员的不同类型，利用各种手段和方法持续不断激励成员。

第一节 决 策
Decision-making

一、决策的定义与构成要素 (Definition and Characteristics of Decision-making)

决策是指特定的人员在两个或者更多的方案中做出选择的过程。它是人们在工作中为实现某种最优化目标而决定选择最佳行动方案的一种活动。这也意味着组织或个人为了实现某种目标而对未来一定时期内有关活动的方向、内容及方式进行选择与调整的过程。也有人认为，决策是人们在改造世界的过程中，寻求并实现某种最优化预定目标的活动，即选择最佳的目标和行动方案的活动。现代决策理论的创始人西蒙认为，管理就是决策，应把决策理解为对行动目标与手段的探索、判断、评价直至最后选择的全过程。该观点表明广义的决策充满了管理的整个过程。而狭义的决策只是做出决定的环节。

1. 决策主体:人 (Human is subjective body of decision-making)

在决策活动中,人是处于主动状态下的主体。这体现在两个方面:一是决策的设想是由人提出的;二是所有涉及决策的客观条件的取舍也是由人作出的。决策是决定采取某种行动,这种行动的目的在于使组织或个人所面临的事件能呈现令人满意的状态。

2. 决策前提:明确的目的性 (Clear aims)

决策的明确目的性表现在:一方面决策具有针对性,即决策总是针对特定的对象进行;另一方面决策是为了推动事物向预定的方向发展,以实现决策者的预期目标。

3. 决策条件:对方案分析、比较和选择(Analysis, comparison and selection of program)

决策的实质是选择,而能有所选择,就必须提供可替代的多种方案。为了实现相同的目标,组织或个人总是可以从事多种不同的活动,这些活动在资源要求、可能结果以及风险程度等方面均有不同,因此需要进行比较,最终得出选择的结果。在进行决策时,对所有涉及与决策有关信息的高度加工和处理,然后分门别类地形成若干个备选方案供选用。这是决策的条件。在决策过程中,人的思维活动起着关键性作用,它将对若干个备选方案进行分析、比较,最终选择一个与预期目标一致性程度最高的可实行的行动方案。这是决策的重点。

4. 决策结果:得到一个满意方案 (Satisfy option)

决策的结果符合满意原则,而非最优原则。最优决策只能是理论上的结果,因为最优决策要求决策者了解与组织活动有关的全部信息;能正确辨识全部信息的有用性,了解其价值,并据此制定出没有遗漏的行动方案;能准确地计算出每一个方案在未来的执行结果。显然,这些条件很难达到。各可选的行动方案有限、在未来实施结果不确定的情况下,组织或个人很难做出最优选择,只能根据已知的全部条件,加上决策者主观判断,做出相对满意的选择。但是,仍然希望两者偏差不要太大。

5. 决策实质:人思维活动的最终成果 (Final result of human thinking activities)

尤其是在作出重大决策时,人们的心理活动将涉及到很多方面,其内在的潜力也会被最大程度地得到现实性的发挥。因此,有人认为决策是人心理活动中高度综合的、最高层次的活动形式,而决策是人的最高智慧的结晶。决策可以是活动的选择,也可以是活动的调整;决策中选择或调整的对象既可以是活动的方式,也可以是活动的内容;所涉及的时限既可以是未来较长的时期,也可以是某个较短的时段。

根据以上的决策特点可以看出,在船舶营运的实际工作中,决策主体中的人是指船舶值班人员,包括船长、驾驶员和引航员。因为他们在正常的情况下完全可以由本人、或通过与驾驶台团队其他人员的协作,或在必要的情况下征求他人的意见来完成航行中的决策任务。船舶值班人员所作的决策必须是非常明确的,它们都是根据船舶安全航行或靠离泊位等作业的需要而制定的。这些决策的最终目的都是在船舶安全的前提下,确保船舶营运或靠离泊位作业的正常和顺利进行。

二、决策种类(Types of Decision-making)

决策是管理工作的关键,决策就是要做出决定,在事故预控与应急响应中决定对策就是决策。依据决策信息的来源,决策可以分为:基于技能的决策(Skill-based decision-making)、基于规则的决策(Rule-based decision-making)、基于知识的决策(knowledge-based decision-making)。根据可能面对不同条件,决策类型可划分为:确定型决策、风险型决策和不确定型决策。在从事工作的实践中,还可以根据决策工作内容及其时间上的需求情况归纳成以下三种类型:

1. 日常工作中的决策 (Decision-making in routine work, Operational)

在平时的工作中,人们必须根据常规性的工作计划与进度,作出具有日常操作特性的决定,而这些被称为日常工作中的决策,也是长期策略。这些往往是根据平时工作的惯例而作出的。船舶营运作业中的许多规章制度都是在这些平时日常性决策的基础上而制定的。值班人员在平时的工作中,也都是结合自己实际工作的情况与要求,遵照规则而作出自己的操作性决策的。

2. 一般情况下的决策 (Decision-making in normal situations, Considered)

在实际工作中,常会发生原定的计划与安排因为生产或工作的变化而无法继续实施,或是因为遇到一些新的问题时,就必须选用或作出一些新的决策。由于这类情况并不紧急,可以有一定的时间来加以考虑和用于决策,所以称为一般情况下的决策。

船舶在正常的航行与作业过程中,因为航道的通航条件、码头等其他因素导致船舶靠、离泊位时间与计划发生变化,值班人员就必须根据实际需要对原有的方案和决策加以调整,或作出新的决策。这种决策虽然不属于紧急性的决策,但是也必须加以认真对待,以免因决策不当而造成事故。又比如,船舶会遇过程中的避让,在碰撞危险存在的阶段,明显就是一般情况下的决策。但处理不当,就会形成紧迫局面,从而寻求紧急情况下的决策。

3. 紧急情况下的决策 (Decision-making in emergent situations, Crisis)

当发生意外而又紧迫的局面或问题时,为了能及时处置和解决这些特殊的局面与问题,人们不得不立即采取相应的应急策略。而采取何种措施和如何采取这些措施都涉及到紧急情况下的决策,这就是在危急关头需立即作出紧急的决定和采取关键行动。

在船舶营运过程中突然发生因主机、辅机或舵机等原因而造成失控或遭遇特殊性复杂气象条件等情况时,就必须根据当时的情况作出应急性的决策,并采取相应的措施与行动来保证船舶的安全,这往往是一种短期策略,要求决策者沉着冷静、果断及时。由于时间与条件的限制,这种决策必须是及时、果断和正确的,否则就会造成严重的后果。

三、决策条件(Condition for Decision-making)

人们为了取得特定的结果往往需要有目的地作出决策或者决定。虽然对决策的描述方式有所不同,但从分析决策的内涵而言,都具有目标性、可行性、选择性、满意性和动态性等特点。预测是决策过程中至关重要的一环,一般情况下,决策者会先分析能够得到的所有数据;但数据本身确实很难理解,且是过时的,也不可能全部收集到,所以不确定性会贯穿始终,因而追求百分之百的准确几乎为零,要做决策就必须接受不确定性。这实际上是考虑管理者在决策的时候可能面对三种条件:确定性、风险性和不确定性。

1. 确定性(Certainty)

对于决策来说，理想的情况是确定性条件，在这种情况下，管理者可以制定出精确的决策，因为每一种方案的结果是已知的。正如人们也许能够估计到的，这种条件不是大多数管理决策环境的特征，它更多的是一种理想化的特征。

2. 风险性(Risk)

决策中一般的情况是风险性条件，在这种条件下，决策者能够估计出每一种备择方案的可能性或者结果。在风险性条件下，管理者所具有的历史数据使他们能够给不同的决策方案分配概率。正如任何决策都包括风险一样，掌握的信息越多，就越能够评估风险，从而就能作出更慎重的决策。尽管不能消除所有与承担风险有关的负面影响，但是至少能够知道这些风险是什么。

3. 不确定性(Uncertainty)

如果要制定一项决策，但不能肯定它的结果，以及不能对概率作出合理的估计，这一情况称为不确定性。管理者都会面对不确定性情况下的决策。在不确定性情况下，决策方案的选择受到决策者能够获得的有限信息的影响。

在不确定性情况下，影响决策结果的另一个因素是决策者的心理定位。乐观的决策者将会遵循最大最大选择(最大化最大可能的安全)；悲观的决策者将遵循最大最小选择(最大化最小可能的安全)；对于期望最小化最大"遗憾"的决策者来说，将会选择最小最大选择(最小化最大可能的安全)。实际上，这就是比较常见的坏中求好标准、最大后悔中最小标准。不确定性驱使人更依赖于直觉、创造性、预感和本能的"感觉"。

四、个体决策与群体决策(Personal and Team decision-making)

依据决策的各种形式，可以分为初始决策和跟踪决策，也可以分为战略决策和战术决策，还可以分为个体决策和团队(群体，组织)决策。

1. 个体决策(Personal decision-making)

个体决策是指管理者根据自己所掌握的知识作出决策，然后向群体解释并使其接受。个人决策的有效与否，不仅同科学的决策程序、方法有关，而且很大程度上取决于管理者的决策个性风格。个体决策的优点之一就是快速。个体决策不需要召集会议并花费大量时间来讨论各种方案，因此需要迅速作出决策时，个体决策有着自身的优势。个体决策的另一优点是职责清晰，谁制定了决策，谁就应当对后果负责。

2. 团队决策(Team decision-making)

团队决策是指对组织中的重大问题，在领导的主持下通过集体讨论作出最合理决定的过程。团队决策的优点在于通过集思广益，能够提供更加丰富的信息和知识，能够给决策过程带来异质性，还可增加观点的多样性，因而就会有更多的方法和选择。团队决策能增加个体决策的认可程度，因为这个决策是他自己作出的。团队决策的缺点是浪费时间，有从众压力，责任不清。

个体决策与团队决策孰优孰劣要视情况而定，关键问题是看效率与效果孰轻孰重。从决策要素来看，团队决策往往会将各个成员的知识能力集合起来达到"1＋1＝2"的效果。从决策系统来看，团队决策之间受决策无关的因素影响大，如气氛、情绪、性格、偏见等，所以系统化程度不高，而个人决策的集成性较高。从决策效果来看，管理者决策的波动性较大，容易走极端，这是因为管理者的知识能力、个性或多或少有缺陷，而团队决策的波动性较小，比较中庸，这是因为决策是各方博弈的结果。但是管理者决策往往容易产生最优与最差决策，而团队决策产生不了最优也产生不了最差。从时间限制来看，管理者决策效率高，团队决策费时费力。从执行来看，团队决策容易执行，管理者决策不易被团队认同，执行效率低，需要强有力的领导。从适用范围来看，重要的、影响全局的战略性决策应用团队决策，而不重要的、局部的、及时的战术性决策应用领导人决策，但这并不绝对，他们没有本质的优劣之分。通常情况下，团队成员越多决策越具有“综合性”，团队成员的权力越不均衡决策越偏极化，合理控制团队成员的数量与团队成员的决策权力结构，能使决策达到最优效果。管理者决策比较符合“真理往往掌握在少数人手里”的说法。

五、科学决策的过程（Process of Scientific Decision-making）

决策不是科学管理研究以来才开始关注的活动。按照认识活动的形式分类，决策分为经验决策、科学决策和直觉决策。在船舶营运的过程中，处处都是决策的过程与实施。在团队工作之前，也许更多的是经验决策。只是在科学管理研究的内容中，更加关注科学决策。这就是要求决策者统观全局，审时度势，在千头万绪中找到关键所在，也要求从全局到局部，从当前到未来，从经济价值到社会价值，进行周密的方案论证，及时作出可行有效的决断。这种做法当下的要求就是经验决策上升为科学决策。经验决策依靠决策者个人的经历和体验进行，只有谋和断两个步骤，过程简单。而科学决策更加关注决策体制，需要依靠团队的智慧，实行决策民主化；按照决策过程完整实施，注重决策程序化，是科学决策理论和思维方法下进行的优化决断，实现决策科学化。

不论哪种问题下的科学决策，都在对特定事件进行分析、评价、比较的基础上，最后选择应对的最佳方案。因此，决策的过程包括了研究现状、明确问题和目标，制定、比较和选择方案等阶段的工作内容。如图 6-1。

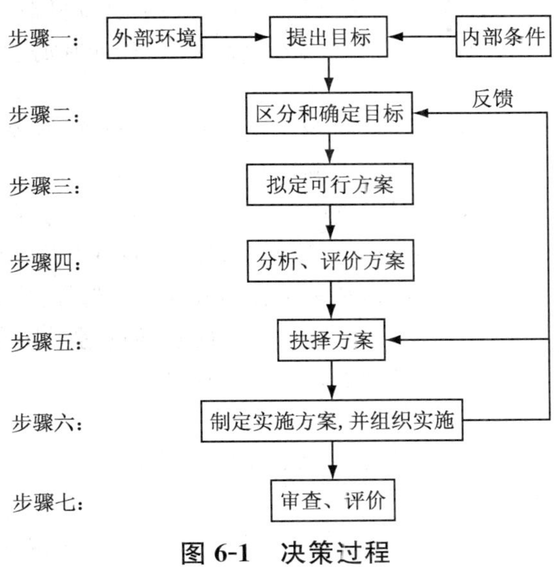

图 6-1　决策过程

决策过程一般包括确定决策的目标和目的，收集所需资料，拟定初步方案，选择可行方案和实施决定等几个环节。最主要的是首先对局面和风险进行评估;然后识别问题并考虑风险处置选项;再次选择行动过程;最后评价结果的有效性。

(1) 确认决策的必要性 (Recognize necessity of the decision-making);

(2) 明确决策的目的 (Identify aims of decision-making);

(3) 收集决策的资料 (Collect facts and information for decision-making);

(4) 拟定决策的方案 (Make alternatives of decision-making);

(5) 选择最终的对策 (Select final response of decision-making);

(6) 对策的实施 (Implement response of decision-making);

(7) 对策实施的评价 (Review the response of decision-making)。

决策是为了解决特定的问题而制定的,决策的目的是为了实现和达到一定的目标,所以制定决策首先要做好分析和确定决策必要性的工作。在分析了决策的必要性后,还要有针对性地研究将要采取的措施应符合哪些要求,必须达到哪些效果,也就是说要明确决策的目标。特别是风险型决策,确立何种处置风险的目标是决策的关键之一。比如,恶劣天气下,避台、防台、抗台和离船都是不同决策目标的选择,由此所确定的决策方案是完全不同的。

在明确了决策的目的以后,就必须根据决策的要求,详尽地收集相关的资料与信息,以便于在全面了解和掌握真实情况的基础上,有针对性进行分析研究以做好制定对策的准备工作。

在全面了解和掌握真实情况的基础上,就可以为实现目标来研究和制定可采取的各种对策及其相应的具体措施和主要步骤。决策的本质和最终的工作是选择对策。而要进行正确的选择,就必须对所拟的多种备选方案进行优势与劣势方面或可行性的分析、比较和排列。在这过程中,决策者必须从多种备选方案中最终选择出相对满意的方案作为决策的结果。有时,决策是确定备选方案的实施顺序。决策者最终选择出最佳的应对方案后,就必须根据需要加以实施。选择的对策在具体使用的过程中,还需要不断地跟踪和查核它们的实际效果,并做好评估工作。如果它在实施过程中进展顺利,并能达到预定的目的,则可以继续实施。反之,则应再次分析研究,进行适当的调整和完善,或在必要时采取另外可行的替代方案。

以船舶会遇的全过程来说明决策的过程。就两艘船舶会遇,整个避碰决策内容包括避碰动机(是否需要避让)、避碰时机(何时实施避让行动)、避碰方式(何种方式的避让)、避碰幅度(行动幅度的大小)、避碰效果(是否能驶过让清)等。由此也涉及了决策的目的、信息支持、方案确定、最终方案和效果。很显然,船舶避碰是决策的最直接体现。然而,在实际船舶会遇避碰中,主要表现为避碰行动方式,特别是转向或变速的选择,比如在狭水道中,一般需要直接考虑以变速避让为主,转向避让为辅,如果此时更多的考量避碰动机,往往就会延误避碰时机。事实上,进出港口中诸多的碰撞事故表明,值班驾驶员在决策上就是在避碰动机上延误了时机,从而产生了很多的不确定决策。

决策需要资料和信息。以操纵船舶的全过程为例来分析。操船者处理操船信息的流程,也即操纵决策的过程如下:

(1) 方案决策(第一处理循环)。对照所搜集到的信息去检验所制定的方案(操船模式),以明确其是否符合当时操船环境的要求和本船的操纵性能。

(2) 信息决策(第二处理循环)。在操船之前,必须对所搜集信息的数量和质量进行查核和检验;分析所搜集的信息是否适时、有效、足够和为操船者所充分掌握,并分清信息的紧迫性和变化性。

(3) 措施决策(第三处理循环)。任何一个操船方案应能反映出各操纵措施的优先顺序及适用条件,实现最优化的效果。

以上一个由三个反馈环节所组成的操纵决策循环,操船者通过对决定操船的方案而搜集信息、对采取的措施不断地进行判断、检验,实现了系统的闭合循环。

应指出的是,在船舶值班实际决策工作中,方案的拟定、比较和选择往往是交织在一起的,所以方案的拟定可能不是一次性完成的,他们需要不断地加以完善,直到作出最后的决策为止。就是在决策加以实施以后,可视具体情况加以调整和完善,或在必要时采取另外可行的替代方案。比如,船舶靠泊过程全程就是一个方案制定、决策实施、再方案制定、再决策实施的不断上升的过程。决策能否实现,就要看反馈过程是否完全,实现有效而正确的决策,不仅仅受到船舶本身特性和周围环境的影响,而且还取决于操船者的意识、思维、决策与实施。

六、决策的要点(Key Points of Decision-making)

决策过程与结果往往与决策者的年龄、心理素质、知识、经验、阅历、性格、习惯等有着直接关系,同时还受到所处社会环境和时代风尚的影响。诸多不同的因素,使决策者对待决策的态度、方法也各有不同。在决策的过程中,决策者会受到很多因素的影响,包括环境、过去决策、决策者对待风险的态度、组织文化、时间等因素。然而,为了保证决策的正确性和可行性,个人决策者在决策前后的过程应注意以下要点:

1. 决策前 (Before decision-making)

(1) 明确目标:必须首先明确自己所需要解决的问题、所面对的局面和决策的最终目的,以保证所作的决策能有的放矢。不仅可以为方案的制定和选择提供依据,而且为决策的实施与控制,为组织资源的分配和各种力量的协调提供标准。

(2) 团队协同:积极调动团队成员的工作积极性,让他们共同参与决策工作,集思广益,便于协调以后的工作任务与工作。目的是识别所有的危险源与解决问题的方法。

(3) 风险评估:首先认真做好资料收集工作,有针对性地和尽最大可能获取尽可能多的信息,特别是多元目标之间的相互关系方面的资料,然后对决策目标进行风险评估,为全盘考虑相关的情况和作出相对满意的决策做出分析结果。

2. 决策时 (During decision-making)

(1) 替代方案:方案的产生是在环境研究、发现不平衡的基础上,根据任务分析的风险性结果和消除不平衡的目标,提出各种设想方案;在此基础上,对设想进行集中整体和归类,形成初步方案。在作出相应决定的同时,应认真考虑采用该决定后可能发生的情况,作好最坏情况的打算,并制定好一旦发生其他特定情况下的替代性方案。

(2) 仔细考虑:对收集到的各种资料和信息加以充分的分析与研究,仔细考虑所收集到的资料与信息的所有可能的情况,以确保它们的真实性。在根据实际情况而不是根据个人的意愿来判断所面临的问题和局面的基础上,对初步方案进行筛选、补充和修改,对余下的方案进一步完善,并预计其执行结果,形成一系列不同的可行方案。

(3) 沉着及时:决策者应根据所需要解决问题的轻重缓急来充分利用时间。在紧急情况下,必须在最快的时间内沉着果断地作出决策。但这种决策不能因为时间的紧迫而草率行事,而应在沉着及时地综合考虑可使用资源的基础上,采取最为有效的措施与方法来应对和处理紧迫问题与局面。而在一般情况下,则不要急于下结论,而应利用一切可获得的时间沉着地作出满意度较高的决策方案。因为在实际船舶低速运动中,需要作出紧急决策的情况并不是很多的。同时,在决策过程中根据实际情况的发展不断变换方案,被证明是安全的做法。

3. 决策后 (After decision-making)

(1) 监督进程:决策一旦付诸实施,就应及时和连续地监督其实际进展情况,并不断地核实这些根据新情况所采取的决定和方法是否能发挥预期的效果,以确定它们的正确性。如果发现所采取的决定和方法不能达到预期的效果,则应找出它们的不足之处。

(2) 评估进程:在监督决策付诸实施的进程和查核其有效性的过程中,还应对其进行评估。如果发现新的情况与所作决策有冲突,不要急于假设决策或情况有误,而要再次认真地考虑和分析局面,重新全面地考虑问题。

(3) 跟踪决策:通过对决策方案的查核和评估,可结合所收集到的经验与教训,在必要时对决策方案加以改进和完善,以便能真正充分利用好所有的资源。

七、决策风格(Style of Decision-making)

无论决策的条件如何,每一个管理者都有他自己的决策风格。决策的有效与否,不仅同科学的决策程序、方法有关,而且很大程度上取决于领导者的决策个性风格。所谓风格,就是指人们做事的习惯、方式或手段。不同的人做同一件事的方式会有很大差异。实现同一目的的途径也不一样,从而形成不同的风格。人们更多关心的是风格的多样性与差异性,因而风格总是与特点相关。所谓决策风格,就是指人们决策的习惯和方式,它并不涉及到决策的内容和目的。诸多不同的因素,使决策者对待决策的态度、方法也各有不同,久而久之,就形成不同的决策习惯,进而形成各有所长的决策风格。各种不同决策风格中可以延伸出人们在平时实际决策工作中的常见或可能会看到的一些不同的风格或方式。

决策风格对于决策效果和效率有着非常明显的影响。根据弗鲁姆—叶盾和弗鲁姆—亚戈模型,决策风格在决策时的体现主要包括:

(1) 专断型:决策者利用当时自己所获得信息,自行解决问题或作出决定。

(2) 分别磋商型:决策者从团队成员中获得任何必需的信息,然后自己决定解决方案;很明显,决策中的团队作用之一就是提供所需的特殊信息,而不是提出或评估备择方案。

(3) 团队磋商型:决策者与团队共同讨论问题后,征求解决问题的意见或者建议,最后由其自己作出决策;这一决策反映或不反映其下属的意见。

(4) 参与型:决策者让团队共同讨论问题,一起分析问题,并共同作出一个大家都较为满意的决定;凭着各自的知识水平而不是权威为寻求解决问题的方法献计献策。

(5) 授权型:决策者把问题交由团队处理,并提供任何相关的信息,赋予它们解决问题的职权。团队的决策方法都得到了相应的支持。

(6) 放任型:决策者完全把问题交由团队人员处理,自己不再过问,也不想为相关的问题承担任何责任。

以上这些在实际决策工作中常见或可能会看到的一些不同的风格或方式也确实体现除

了目前决策者在具体工作中的现状。必须肯定的是，其中第(1)种和第(6)种的风格或方式虽然较为少见，但是这些风格或方式还是客观存在的。为此，决策者对决策风格的自我认知是非常必要的，因为只有自觉了解自己的决策风格，才能充分认识本人所作决策的长处与短处，以便发挥自己的长处，避开自己的短处，真正做到扬长避短。同时，要了解同事、上级或助手的决策风格特点，了解不同决策风格之间的冲突、可能性和兼容性，设法协调好决策者之间的冲突，实现在决策过程中的合作，从而达到提高决策有效性的目的。

第二节　驾驶台决策与短期策略
Decision-making On board and STS

一、驾驶台决策(Crew Decision-making Onboard)

由于船舶营运的工作具有一定的复杂性和可变性，船舶值班人员在作业过程中的决策都是他们根据自己的经验与技能，并在高度综合性的心理活动中所作出的。特别是在发生紧迫局面的情况下，如果他们内在的潜能被最大程度地挖掘和加以发挥，就可以达到转危为安的结果。在开始船舶营运和靠、离泊位作业前，船舶值班人员往往需要制定一些航行或作业的计划和方案。但在实际的航行与作业的过程中，他们有必要根据当时的实际情况与需要，从已制定的方案中选择最佳方案，或在必要时对选择的方案进行修改与调整。所有这些组成了自己决策工作中的一部分。

在船舶值班过程中，需要作出决策的驾驶台团队成员包括船长、驾驶员和引航员。实际上，当面对某一特定问题时，需要采用哪种领导与决策风格，可通过考察下列选项来加以判断，由于问题的性质不同，有时也许不止一种方式会被使用：① 决策的重要性；② 承诺的重要性；③ 领导的专业技能；④ 承诺的可能性；⑤ 团队的支持；⑥ 团队的专业技能；⑦ 团队的合作能力。因而，具体来讲，在驾驶台值班过程中，决策需要注意以下内容：

(1) 在船舶航行过程中，驾驶台团队成员对所作出的决策必须是明确的、清晰的。这些决策的最终目的是在船舶安全的前提下，确保船舶航行的正常与顺利进行。由于船舶航行具有一定的复杂性和可变性，驾驶台团队成员在航行过程中的决策应是他们根据自己的经验与技能，并在高度综合性的心理活动中所作出的。

(2) 驾驶台团队成员在决策前应当利用一切可获得的时间进行收集、了解和分析相关的资料和情况，仔细考虑所收集到的信息和所有可能发生的情况(包括极少可能的情况)，并充分利用所有可利用的船舶驾驶台资源，决不能根据自己不完全的判断与意愿随意行事；决策作出后，则应当把握正确时机，及时加以实施并监督其进展情况和查核效果；必要时对所采取的措施加以调整，最终达到保证船舶安全航行的目的。

(3) 驾驶台团队成员应当在自己的工作中充分考虑针对不同问题所作不同决策的优先程度，注意对不同风险程度的评估和应当优先考虑的因素，以保证决策的应变性、适应性和有效性。

(4) 驾驶台团队成员在进行决策时，必须尊重驾驶台团队的全体人员，加强与驾驶台团队其他成员之间的交流；了解自己的决策风格与驾驶台团队其他人员决策风格的异同，通过取长补短来提高决策的有效性。

(5) 驾驶台团队成员在时间许可的情况下,应当协助船长的工作,积极提供信息和参与决策的制定。在认真落实和实施相关决策的过程中,应当及时发现和处理好因工作条件或外界因素发生变化对所作决策的影响,必要时应当立即向船长汇报,尽可能地提出自己的修改意见,以便船长能进一步改进和完善原定的决策。

二、主观决策的应用技术(Applied Techonology of Subjective Decision-making)

主观决策是指在决策中主要依靠决策者或者有关专家的智慧来进行决策的方法,是软技术,也是日常工作中常用的方法。管理者运用相关理论知识并结合个人的经验和判断采取一些有效的组织形式,充分发挥各自丰富的经验、知识与能力,从对决策对象的本质特征入手,掌握事物内在联系及其运行规律,对决策目标、决策方案的拟定与选择和实施作出判断。这种方法在船舶营运实践中广泛地运用在各个层面。常用的主观决策法有专家会议法、头脑风暴法、德尔菲法、名义小组法等。

1. 头脑风暴法(Brain Storming)

头脑风暴法是在群体决策时尽可能激发创造性,产生尽可能多的设想的方法。采用头脑风暴法组织群体决策时,要集中有关重要成员召开专题会议,主持者以明确的方式向所有参与者阐明问题,说明会议的规则,尽力创造融洽轻松的会议气氛。主持者一般不发表意见,以免影响会议的自由气氛,而由成员们"自由"提出尽可能多的方案。

参加人数一般为5~10人,由不同专业或不同岗位者组成;会议主题明确,且提前通报给与会人员,让与会者有一定准备;选好的主持人要熟悉并掌握该技法的要点和操作要素,摸清问题现状和发展趋势;参与者要有一定的训练基础,懂得该会议提倡的原则和方法。与会者畅所欲言,互相启发和激励,达到较高效率;不强调个人的成绩,而以小组的整体利益为重,注意和理解别人的贡献;人人创造民主环境,不以多数人的意见阻碍个人新的观点的产生,激发个人追求更多更好的主意。

实践经验表明,头脑风暴法可以排除折衷方案,对所讨论问题通过客观、连续的分析,找到一组切实可行的方案,因而头脑风暴法在安全决策和管理决策中得到了较广泛应用。当然,头脑风暴法实施的成本(时间等)是很高的;另外,头脑风暴法要求参与者有较好的素质。这些因素是否满足会影响头脑风暴法实施的效果。

2. 德尔菲法(Delphi Method)

德尔菲法是在20世纪40年代由O·赫尔姆和N·达尔克首创,经过T·J·戈登和兰德公司进一步发展而成。德尔菲这一名称起源于古希腊有关太阳神阿波罗的神话。传说中阿波罗具有预见未来的能力。因此,这种预测方法被命名为德尔菲法。1946年,兰德公司首次用这种方法用来进行预测,后来该方法被广泛采用。

德尔菲法是为了克服专家会议法的缺点而产生的一种专家决策方法。在决策过程中,专家背对背、互不往来,这就克服了在专家会议法中经常发生的专家们不能充分发表意见、权威人物的意见左右其他人意见等弊病,使各位专家能真正充分地发表自己的决策意见。

德尔菲法依据系统的程序,采用匿名发表意见的方式,即专家之间不得互相讨论,不发生横向联系,只能与调查人员发生关系,通过多轮次调查专家对问卷所提问题的看法,经过反复征询、归纳、修改,最后汇总成专家基本一致的看法,作为决策的结果。这种方法具有广泛的代表性，较为可靠。这种方法的优点主要是简便易行，具有一定科学性和实用性，可以避免会议讨论时产生的害怕权威随声附和，或固执己见，或因顾虑情面不愿与他人意见冲突等弊病；同时也可以使大家发表的意见较快收敛，参加者也易接受结论，具有一定程度综合意见的客观性。

德尔菲法是决策活动中的一项重要工具，吸收专家参与预测，充分利用专家的经验和学识；采用匿名或背靠背的方式，能使每一位专家独立自由地作出自己的判断；决策过程经过几轮反馈，使专家的意见逐渐趋同。由于德尔菲法具有以上这些特点，使它在诸多判断预测或决策手段中脱颖而出。

3. 名义小组法(Nominal Group Technique)

名义小组技术，又称名义群体法、NGT 法、名义小组法等，是管理决策中的一种定性分析方法。名义小组技术是指在决策过程中对群体成员的讨论或人际沟通加以限制，但群体成员是独立思考的。像召开传统会议一样，群体成员都出席会议，但群体成员首先进行个体决策。在集体决策中，如对问题的性质不完全了解且意见分歧严重，则可采用名义小组法。在这种方法下，小组成员互不通气，也不在一起讨论、协商，小组只是名义上的。这种名义上的小组可以有效地激发个人的创造力和想像力。

管理者先选择一些针对所要解决问题有研究或者有经验的人作为小组成员，并向他们提供与决策问题相关的信息。小组成员各自先不通气，请他们独立思考，要求每个人尽可能把自己的备选方案和意见写下来。然后再按次序让他们一个接一个地陈述自己的方案和意见。在此基础上，由小组成员对提出的全部备选方案进行投票，根据投票结果，赞成人数最多的备选方案即为所要的方案，当然，管理者最后仍有权决定是接受还是拒绝这一方案。

人们面对信息不完全的决策问题时，比如面对新的环境里出现的新问题，难以使用对数据依赖程度很高的定量方法。当决策问题与人们的主观意愿关系密切时，比如定量分析的目标函数如何确定，特别是当多个决策者意见有分歧时，需要采用定性分析或以定性分析为主的决策方法。当决策问题十分复杂，现有的定量分析方法和计算工具难以胜任时，人们不得不进行粗略的估计和采用定性分析方法。名义小组法等管理决策中的定性分析方法仍然被使用。

三、短期策略（Short Term Strategy）

决策规定了组织在未来一定时期内的活动方式和方向，提供了组织中各种报告资源配置的依据，因而在组织活动尚未开始之前就已经在一定程度上决定了活动效率。因此，决策的正确性和合理性对组织的生存和发展是至关重要的。但是由于决策条件知识有限、预见能力有限、设计能力有限等原因的限制，给合理决策造成了许多障碍。合理的决策不仅要求决策者事先了解所有行动方案及其实施后果，而且还有一套客观的、能被成员广为接受的评价标准，这样才能对各种方案进行客观、公正、理性的评价，从而选出其中最为合理的决策结果。此时，短期决策策略被视为有效途径，是基于知识的决策的一种形式。短期决策策略(Short Term Strategy，STS)有时也被称为短期计划。

1. 船舶短期策略应遵循的原则(Principal for short term strategy)

船舶短期决策的制定应遵循如下原则：

(1) 识别问题。利用所有的资源和可用的时间建立处理问题的计划，并考虑优先性。

(2) 得到驾驶台团队的参与。

(3) 通过相互交流形式和团队成员核查计划。在制定决策时应当听取建议，比较计划，充分考虑每个输入条件，并核查是否有遗漏的问题。

(4) 对已达成一致共识的计划进行总结。包括使得每一位成员能切实理解，并建立监督指南，赢得承诺。

(5) 监督已达共识的计划执行情况。对进程做出进展。必要时，修改或更新完善短期策略。

2. 选择优先解决的问题(Set prioritization of trouble things)

在船舶营运过程中，驾驶员或船长往往会同时存在着几个可能导致事故的危险源或者不安全因素，存在着几个需要解决的问题。但是，受到时间、空间、资源的限制，不可能在同一时间一次性解决所有的问题，只有按照问题的轻重缓急优先解决那些迫切需要及时解决的问题。此时，可以使用决策表或者决策矩阵来确定优先顺序。

美国职业安全卫生局(OSHA)推荐决策矩阵。该矩阵按照危险度和处理困难度两个方面相互确定决策的顺序。首先，判断问题的危险度大小，按照危险程度划分为紧迫、重大与一般三个等级，然后确定处理的困难程度，划分为困难、中等和容易三个等级，两两组合得到1～9个等级的决策顺序，数值越小就越优先。风险的决策矩阵可以辅助确定优先顺序。

3. 短期策略制定时船长的职责(Master's duty for making short term strategy)

在制定船舶短期决策过程中，船长应当做好如下工作：

(1) 评估信息的质量，确认其相关性和精度，搜集可能影响到决策的已遗漏信息；

(2) 让驾驶台团队成员参与决策，时间允许的话，应一同参与决策的过程；

(3) 时间允许的话，应对未被标准操作规程所包括的航行问题作出短期策略；

(4) 条件一旦变化，则应随之修改与更新计划。

4. 短期策略实施时驾驶台团队成员的职责(OOW's duty for making short term strategy)

需要时，实施短期决策。包括引航员的驾驶台团队成员，在船舶短期决策制定过程中，若时间允许的话，应积极地参与决策的制定；尽力积极地支持船长开展短期决策。具体而言，引航员和驾驶台团队应当做好如下工作：

引航员应该做到：① 寻求质询；② 如时间许可应确认或拒绝已接到的质询，如时间不许可，则谨慎作出回应；③ 在自信和权威间寻求一种恰当的平衡。

驾驶台团队成员应做到：① 对观点质询；② 当操纵船舶时，阐明并讨论已形成的观点；③ 无论何时，当超过既定界限或与原定意图比较有任何怀疑时，提出质询；④ 当环境威胁到船舶营运安全时，控制船舶；⑤ 在自信和权威间寻求一种恰当的平衡。

第三节　领导
Leadership

作为引导和影响个人或组织的领导，必须通过正确发挥自己在工作中的计划、组织、指挥、控制、协调的职能和作用，积极鼓励和调动下属人员的工作积极性，才能带领他们共同实现预定的目标。

一、领导的含义与作用（Definition and Function of Leadership）

1. 领导的含义（Definition of leader and leadership）

所谓"领导"，就是指在特定的组织或环境中，领导者运用法定的权利和个人影响力对组织成员、群体和组织的行为进行引导、指导和施加影响，从而实现设定目标。领导者率领和引导组织或个人在一定的时间以及其他条件下，按照一定的计划或方法实现该目标的行为过程。也可以解释为："指挥、带领、引导和鼓励部下为实现目标而努力的过程。"从领导的不同形式来看，它可以是名词，指作为一个具体组织或团体的首领式人物；也可以是动词，是指一种能力、方法和艺术。

从以上的含义和社会发展的历史来看，任何时代和任何组织都是不能没有领导的。在不同时期、不同组织中领导的含义都是有一定的相似之处的。这就是领导是目标的制定者，也是率领和激励其下属为目标而奋斗的指挥者。同时，从领导者的身上可以体现出其特定的工作能力、方法和艺术。

2. 领导者和管理者的关系（Relationship between leader and manager）

领导者与管理者是两个不同的概念。领导和管理，在工作的动机、行为的方式方面存在着很多的差异。不能说管理者是用一种消极的态度来做工作，但是基本上管理者可能是循规蹈矩，就是按照组织某种要求来做事情，而不会越雷池半步，重在执行、维持秩序、把握当前，从事科学化、制度化的管理；但是领导者就不一样了，他完全是用一种个人的、积极的态度来面对目标，重在决策、带来变革、着眼未来，从事艺术化、人性化的管理。领导者只要是对于绩效有帮助和有影响的可以随时去改变它。

管理者更多的是强调一种程序化和稳定性，所以管理总是围绕计划、组织、指导、监督和控制这几个要素来完成，这就是管理的五个要素。但是领导者强调却是一种适当的冒险，而这种冒险可能会带来更高的回报。例如，领导者就相当于把握着梯子，要确定靠到哪一面墙才是对的，他关注的是一种方向；而管理者则是如何顺着这个梯子，最快地爬到顶端，也就是达成组织的目标。所以这两者存在着一些本质区别，今天更强调领导者这个角色和概念，而传统管理者的角色、责任、习惯和行动，都已经受到一些挑战。

3. 领导的作用（Function of leadership）

在任何单位或组织，领导者的好坏直接影响着这个单位或组织的工作成败。领导者在带领、引导和鼓舞下属为实现组织目标而努力的过程中，要具体发挥指挥、协调、激励和监督等方面的作用。

1）指挥作用（Leading function）

指挥作用是领导者帮助下属认清所处的环境，指明活动的目标和达到目标的路径。为了帮助人们在工作中认清所处的环境和形势，明确活动的目标和达到目标的途径，就必须有头脑清晰、胸怀全局，能高瞻远瞩、运筹帷幄的领导来指挥人们的集体活动。领导者只有站在群众的前面，用自己的行动带领人们为实现组织目标而努力，才能真正起到指挥作用。

2）协调作用（Coordination function）

协调作用是领导者需要在各种因素的干扰下，来协调部下之间的关系和活动，朝着共同的目标前进。在许多人协同工作的集体活动中,人们之间往往会因各人的才能、理解能力、工作态度、进取精神、性格、作风、地位等不同或外部各种因素的干扰而导致思想上发生各种分歧、行动上出现偏离目标的情况。因此,这就需要领导来协调相互之间的关系和活动,使大家团结起来,统一思想,为共同的目标而努力。

3) 激励作用 (Encouragement function)

激励作用是领导者通过为部下主动创造能力发展空间和职业发展生涯等行为影响部下的内在动机和需求。在一定组织的工作中,尽管有许多人都具有积极工作的愿望和热情,但是这种愿望并不能自然地变成现实的行动。为此,这就需要有通情达理、关心群众的领导者来为他们排除困难、激发和鼓舞他们的斗志,发掘、充实和加强他们积极进取的动力,以保证每一个职工都能保持旺盛的工作热情,最大限度地调动他们的工作积极性。

4) 监督作用(Supervison function)

监督作用是领导者对团队的工作及其活动的各个方面进行检查目标规划的执行情况,把实际执行情况同既定目标、计划、规章制度、标准等进行对比。发现差异,找出原因,采取措施加以解决。比如在驾驶台值班过程中,监督作用表现在:交接班时间是否符合规定,交接班内容是否符合规定,驾驶台管理是否符合规定,驾驶台各种助航仪器、GMDSS设备是否按时测试、检查与保养,驾驶台各种助航仪器是否正确使用,其警戒、警报系统的设置是否合理,是否处在正常使用状态,瞭望与避让行动是否符合规则要求。

监督作用也包括绩效考核功能。往往把船舶安委会(ISM领导小组)开会的形式改变为组织小组人员到甲板或机舱现场检查。通过检查甲板系泊系固设施、水密透气设施、动力机械设备、机舱日常维护;观看这些设备有无跑、冒、滴、漏现状;试验应急及警报旋扭开关的灵敏度;实操防污设备的工作状态;检点消防救生应急器材配置及所处状态等。这种检查实质上是一种督促提醒,不存在找茬挑刺,它往往有出奇的安全管理效果。平时发现的问题多数是低级错误,若在PSC检查时被发现,却是致命的缺陷。

二、领导的基本要求(Basic Requirements for Leader)

为了能保证领导的正确性和有效性,领导者应具备一些特定的基本条件和素质。作为一名领导者,要想带领下级去完成本部门的既定目标,首先就必须建立起自己的领导权威。权威就是权力与威信的统一,是由领导者的素质及其行为所形成的,它标志着一个领导者的能力是否被他人所承认。一个优秀领导者,能团结与其共同工作的同事和下属,充分调动他们的工作积极性,并通过自身的良好素质与魅力来创建其威信。这些良好的素质包括:

1. 职业素质 (Professional factor)

具有较高的职业修养是领导者必须具有的基本要求。一是他们要有牢固的政策和法律观念,坚定不移地执行国家的法律法规;二是要有强烈的事业心和高度的责任感;三是要有高尚的道德品质和服务精神;四是要有严于律己、宽以待人的品格;五是要有充分的自知之明。

2. 才能素质 (Talent factor)

具有才能和才干是领导者开展工作的关键。才能和才干是一个人知识和经验的综合体现。它体现在领导首先要有敏锐的观察力、分析力和判断力;第二要有较强的组织、协调、决策能力;第三要有一定的社会活动能力;第四要有一定的语言文字表达能力。

3. 学术素质(Academic factor)

具有较高的学术素质是领导者做好工作的基础,即他们应该掌握好科学管理知识与自己领导工作直接相关的专业知识。领导者在这方面一是要掌握好政治和法律知识;二是要学好文化基础和专业知识,不断提高自己工作与业务能力;三是随着社会的不断发展和进步,要学习掌握一定的社会学、心理学、公共关系学和行为科学,协调好人际关系,用科学的方法调动所有人的工作积极性。

4. 身体素质(Physical factor)

具有良好的身体是领导者开展工作的保证,如果没有一个健康的身体,再多的知识、再高的能力也不能发挥其作用。担任领导工作的人员,往往需要深入到实际工作中去调查研究,处理各种繁重事务,并时常具有较大的工作精神压力。为了保证自己工作的正常进行,必须有一个健康身体作保证,否则就承担不起领导工作这一重担。

领导者的以上这些素质并不是自身早就具备的,它们是在工作的实践过程中,通过领导者自己的努力而逐步养成的。因此,领导者必须明确自身工作的素质要求,通过认真学习,总结经验,不断在工作中提高自己从事领导工作所应具备的各种素质。

三、领导的类型与管理风格(Types and Styles of Leadership)

所谓风格,就是指人们做事的习惯、方式或手段。不同的人做同一件事的方式会有很大差异,实现同一目的的途径也不一样,从而形成不同的风格。关于风格,人们更多关心的是风格的多样性与差异性,因而,风格总是与特点相关,从这个意义上说,风格是指不同的人在做事方式上所表现出来的习惯偏好的特点。

领导者在实际工作中都会根据具体的要求,结合自己领导工作的经验和风格而从事具体的领导工作,他们也会因工作要求和具体的实施方式的不同而产生以下多种领导的类型和风格。

1. 领导的类型(Types of leadership)

1) 民主型(Democratic type)与专制型(Autocratic type)

民主型的领导也可以称为对话型领导。这种领导在工作中常采用民主协商的方式,听取下属的意见,并鼓励他们积极发表改进工作中的意见,从而提升自己在组织管理上的灵活性和职工本身的责任感。

专制型的领导独断独行,通过下达命令来要求下属绝对服从。这种类型的领导可能具有一定的工作能力与魄力,敢于承担责任。这种领导在面临困境或者碰到危急关头往往非常果断,常能发挥速战速决的作用。

2) 激励型(Encouragement type)与放任型(Abdicated type)

激励型的领导往往注重职工的个人情感,运用物质激励的管理方式,创造职工积极向上的氛围,不轻易对职工完成自己工作的方式进行不必要的责难,以最有效地调动他们的积极性。

放任型的领导一般都会将工作任务与问题交付下属人员处理,自己不愿多加过问,也不想多担负工作的责任。这种领导可能自己的工作能力与魄力不够高,遇到问题时喜欢由他人来帮助解决。

3) 制度型(Rule-based type)与教育型(Educational type)

制度型的领导要求职工一切按规则做,即要求职工以任务为中心工作,通过制度来约束自己的行动。领导者布置任务也均以制度措施为依据,要求下属必须严格按照规章制度加以执行。

教育型的领导要求由我来教你怎么做,是以人为中心的领导方式来帮助职工制订实现目标的计划,并给予大量的指导和反馈,以启迪职工的思想,促使他们自觉采取符合领导者意图的行为。这种领导在改善工作氛围以及实际成效方面有显著的正面作用。

4) 榜样型 (Example type)与专家型(Expert type)

榜样型的领导通过自己以身作则、率先示范的行动来树立自己的权威,依靠个人的人格魅力和职位上的优势来领导和带动下属,引导下属仿而效之。榜样型领导具有引导性与感染性,往往能通过自己的榜样作用来达到自己所期望的效果。

专家型的领导通过自己个人的特殊技能或者某些专业知识而形成专家性的权力。

领导的类型在实践中是有多种多样的,只有因人因地因时因事而异、实事求是、有的放矢地运用各种领导艺术去指导员工、教育员工、激励员工,领导自身的水平才能发挥出更大作用,管理工作才能显示出卓越的成效。但是,也有部分领导者由于本身的素质问题,或是对有关工作情况的片面理解而采用一些不合事宜或不适应发展需要的方式加以领导,这就会产生一些负面影响,工作也难以如愿以偿。

2. 领导的行为模式(Behavior style of leadership)

著名管理学家保罗·赫塞博士和肯·布兰佳博士在1969年提出情境领导理论,被誉为情境权变理论。该理论认为:领导者的行为包括工作行为(指导性行为)、关系行为(支持性行为)和发展阶段三种关系组成,其行为包括4S模式。实际管理工作中,需要依据不同类型团队成员的特征选择不同的领导行为。4S的领导行为模式是:

(1) 命令式:领导往往采用下达命令的方式来要求或引导下属必须完成的工作任务。他们会给出明确的指令,包括要求他们做什么、如何做、在何时与何地做等细节。其特点是工作行为高,但关系行为低。

(2) 指示式:领导往往采用发出指示的方式来布置具体的工作任务。他们会向下属提供框架性的指示和要求,并给下属进行解释或劝解,要求下属通过自己的努力去完成相关的任务。其特点是工作行为高,关系行为也高。

(3) 参与式:领导往往能在发出指示和布置具体工作任务的同时,自己鼓励且主动地和下属一起共同参与讨论和决定完成工作任务与解决问题的最佳方案。其特点是工作行为低,但关系行为高。

(4) 委托式:领导往往授权或者监控下属完成具体工作任务,他们很少向下属提供如何完成工作任务或解决问题的具体指导和人员支持,也不愿多承担责任和义务。其特点是工作行为为低,关系行为也低。

四、领导风格(Styles of Leadership)

俄亥俄州立大学和密歇根大学布莱克和莫顿对于管理风格提出了重要理论——管理方格图,用于衡量领导者对员工与生产的关心程度。管理方格图将领导职能的行为特征分成工作技能导向的管理(注重技能)与员工导向的管理(注重人员)两个维度,将领导的风格表示为一个连续统一体,每一种风格分别划分为1～9等9个等级。两个维度共同作用,从而产生了 81 个不同的领导方式，界定了管理行为的范围。其中最具代表性的领导方式有以下五种。

1. 动物性格拟人化的不同领导风格（Different leadership styles compared with animals）

为了更为形象化地说明领导风格，西方国家航海教育界发展了该理论，采用动物性格的拟人化比喻来加以阐述。他们常采用以下不同的动物的性格来比喻不同人员的领导风格（如图 6-2）。

图 6-2　动物拟人化的管理与领导风格

1）老虎型（Style of tiger）

老虎型领导方格处于(9,1)方格，属于任务或权威式管理，即高二作能力、低人际交流。其风格的主要特点体现在管理者具有高度的权威性和强制命令性作风，不喜欢他人说三道四，经常个人包办一切。但是，具有这种领导风格的人往往在紧急和灾难情况下有很强的指挥和应急能力。这种管理者的领导风格也常会导致自己单位的工作场所非常平静，工作人员生怕犯错误而被批评，他们之间很少有交流和质疑，整体技术水平低下，相互间道德水平不高。

2）企鹅型（Style of penguin）

企鹅型领导方格处于(1,9)方格，属于乡村俱乐部管理，即低工作能力、高人际交流。其领导风格的主要特点体现在管理者的领导作用与能力体现不够，威信不太高、过于依赖单位群体的力量、无关紧要的交流与沟通太多而无效。但是，有这种领导风格的人往往群众关系很好，能团结互助。这种管理者的领导风格也常会导致自己单位人员在工作中相互间的质疑过少且反映迟钝、由于职业方面的要求不太高而产生工作人员的技能要求和标准较低等现象。

3）蜗牛型（Style of snail）

蜗牛型领导方格处于(1,1)方格，属于贫乏型管理，即工作能力和人际交流均低。其领导风格的主要特点体现在管理者根本就没有威信和领导能力，自己也不愿承担工作的责任与义务。这种管理者的领导风格也常会导致自己单位人员无法得到管理者的领导和进行交流与沟通，从而因工作任务不明确而难以发挥他们的作用。同时，由于这类管理者对工作的要求和标准太低而使整体单位人员的技术水平低下，无法适应工作的需求。显然，领导者事实上没有发挥领导作用。

4）鲸鱼型（Style of whale）

鲸鱼型(也有人称为海豚型)领导方格处于(9,9)方格，属于团队或民主型管理，即工作能力和人际交流均高。其领导风格的主要特点体现在管理者具有威信和领导能力，特别是它们具有明确的奋斗目标和极佳的通信与沟通能力，对个人与团队人员的工作技能要求很高，相互间团结互助。因此，这种管理者的领导风格能使自己单位的全体人员具有共同而明确的工作目的、良好的团队精神和工作技能，完全能适应多变或复杂的工作环境与要求。

5）绵羊型(Style of sheep)

绵羊型领导方格处于(5,5)方格，属于中庸之道式管理，即工作能力和人际交流均中等。从表面上看，绵羊型似乎有些软弱，实际上具有这种领导风格的人往往柔中有刚。同时，管理者对技能和员工都能够给予适当程度的关心。

2. 称职的领导（A good leader）

以上这些通过动物性格拟人化的不同领导风格基本体现出了不同航海人员在实际工作抽象后的极端情况，在实际工作中很难出现纯而简单的典型领导方式。同时，即使是上述五种典型方式，在不同的社会和不同的文化背景情况下也难以做出最佳的选择。研究表明，最有效的群体能够分摊领导职能：一个人(通常为管理者或正式领导)履行完成任务或关注技能的职能，另一位群体成员来履行社会或关注成员的职能。当然，航海人员在特定的决策情况下可能并不完全处于在单个动物性格的领导风格之中。因为有些人在紧急情况下不得不采用老虎型的领导风格，但是在一般情况下的决策时，则可以考虑采用其他动物可取的风格。

在任何时候都能认出团队的现有情况，并相应地适应他/她的管理方式。在管理中平衡好工作与人员的关系。在可平衡的范围内采用不同的管理方式。鼓励团队成员承担有挑战性的任务。通过领导利用一切有效资源来解决问题，领导应抵御“什么都由自己来解决问题”的诱惑。

3. 船舶团队领导者(A good leader onboard)

船长(Master)的权力问题是讨论行政组织结构中船舶行政管理的领导权力，是一个国际性问题，否则国际公约和规则就不会就此做出那么多的相关规定与决议等。由于深受传统管理思想的影响和约束，在当今航海科技高速发展和航运管理方法不断更新的今天，许多从事航运工作的人员在对待和处理一些新问题和新矛盾时略有差异。

权力是人们在日常经济和政治生活中经常遇到并切身感受到的一种社会现象。权力是一个人影响他人的能力。严格地讲，领导与权力是有区别的。最主要的区别在于目标的相容性。权力有依赖性，并不要求构成权力关系的双方有一致的目标。领导者与被领导者则有相互一致的方向。不论如何，权力对于领导工作是极为重要的。约翰·佛伦奇(John French)和柏崔姆·瑞文(Bertram Raven)将组织中的权力划分为职位权力，包括法定性权力、强制性权力(也称惩罚权)和奖赏性权力，以及非职位权力，包括专家性权力和感召性权力（表率权)。“船长的权力(MASTER’S AUTHORITY)”，可以理解为被授予的权力，相当于“职权”，在职务的范围内行使船长的权力。它不仅指法律关系主体具有行为的资格或能力，而且也意味着他必须从事这一行为，必须行使自己的权力，必须履行自己的职责，否则就构成“失职”或“渎职”而违法。如果船长不知道公司对他的授权，那就属于重大的缺陷。这种缺陷是船舶将被滞留的缺陷。船向何处航行、如何航行都是决策。决策可以集体作出，但指挥这条船的只能是一个人。

船舶团队领导可分为团队内部事务管理和外部事务管理两部分，并进一步分解为四种具体的领导角色，如图 6-3。

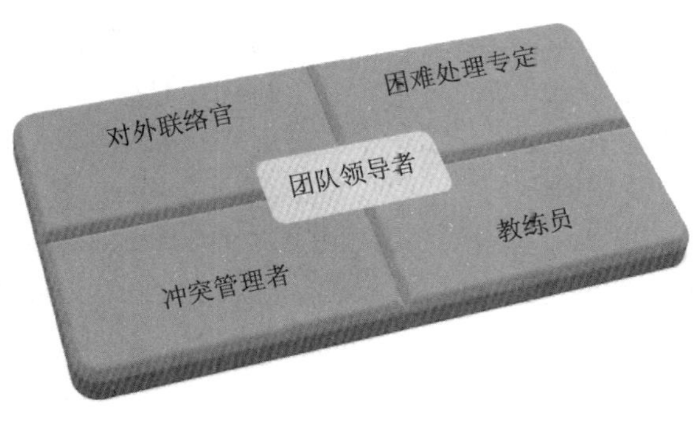

图 6-3　船舶领导

1）团队领导者是对外联络官

团队领导者代表整个工作团队。他需要保护必要的资源，澄清其他人对团队的期望，从外界收集信息，并与团队成员分享这些信息。

2）团队领导者是困难处理专家

当团队遇到困难并寻求帮助时，团队领导者会出现并帮助他们解决问题。团队领导者处理的难题很少针对技术层面，因为团队成员一般比领导者更了解如何完成具体任务。问题越尖锐，领导者的作用可能越大。他们帮助团队成员针对困难进行交流，并获得解决困难所必需的资源。

3）团队领导者是冲突管理者

当出现不一致的意见时，团队领导者通过分析问题帮助团队成员解决冲突。例如：冲突的来源是什么？谁卷入了冲突？冲突的本质是什么？可能的解决方案有哪些？每种方案的优点和缺点是什么？通过这些方式使团队成员针对问题本身进行处理，从而把团队内部冲突的破坏降到最低。

4）团队领导者是教练员

团队领导者明确目标和职责，提供教育与支持，为成功的团队成员喝彩，尽一切努力帮助团队成员保持高水平的工作业绩。

第四节　权威与自信
Authoritiness and Assertiveness

一、权威与自信（Authoritiness and Assertiveness）

1. 权威与自信的含义（Defination of authoritiness and assertiveness）

权威就是对权力的一种自愿的服从和支持。人们对权力安排的服从可能有被迫的成分，但是对权威的安排结果的尊崇则属于认同。反对者可能不得不服从权威作出的安排，但是服从不等于认同，权威就被认为是一种正当的权力。马克斯・韦伯认为，任何组织的形成、管治、支配均建构于某种特定的权威之上。适当的权威能够消除混乱、带来秩序；而没有权威的组织将无法实现其组织目标。他提出了三种正式的政治支配和权威的形式，分别为传统权威、魅力权威以及理性法定权威。面对权威，人们有三种处理方式：挑衅式（Aggressive）、服从式（Submissive）和自信式（Assertive）。这里就自信式作一些说明。

自信是一种特定的通信模式,多兰医学词典定义的自信为:一个行为的形式特点是一个自信的宣言或不需要举证的声明的肯定;这既不是肯定积极威胁另一个(假设支配地位的地位)的权利,也不是拱手允许另一个以忽略或人的权利或观点否定一个人的权利或观点。简单地讲,自信就是按照自己的利益,支持自己的观点和态度,在不咨询其他人的前提下诚实地表达自己的观点和个人权利。高的自信会有挑衅的趋势,低的自信则有服从的趋势,因此需要保持适度的自信,才能实现有效的交流。

2. 权威和自信的不平衡(Balance between authoritiness and assertiveness)

权威与自信的高低不平衡,就会形成四种组合。过高的权威和过低的自信,过低的权威和过高的自信,过高的权威和过高的自信,过低的权威和过低的自信,其中利弊是不同的。如图 6-4。

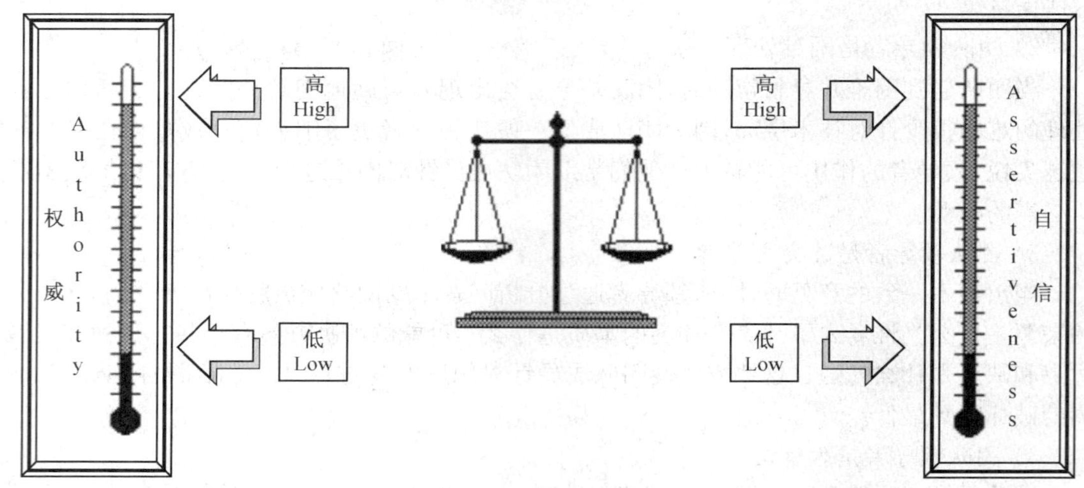

图 6-4　自信与权威

1) 过高的权威和过低的自信(higher authoritiness and lower assertiveness)

拥有过高权威的领导者个性张扬,而过低自信的下属对这样的领导唯唯诺诺,什么事都是领导者一个人说了算,没有质疑,缺乏质询,有可能导致决策的错误。

2) 过低的权威和过高的自信(Lower authoritiness and higher assertiveness)

除了职务,下属在各方面明显优于领导者,虽然领导者有疑惑,没有完全按自己的想法行事,但因具体工作由下属完成,下属也自信有能力完成,风险不大。

3) 过高的权威和过高的自信(higher authoritiness and higher assertiveness)

这是一种危险的组合,在紧急情况下,会出现技术上的分歧,对决策可能意见不一,都想指挥和控制,因自尊而各不相让,导致争吵,延缓行动或行动不力。

4) 过低的权威和过低的自信(Lower authoritiness and lower assertiveness)

最危险的组合,都意识不到问题,不做决定或决定不及时,或由于缺乏质询而使决策不正确。

3. 船舶人员的处理(Action of crew)

如果船长的权威性低到威胁船舶的航行安全,团队成员应有自信确保完成重要任务并实施重要的决策。如果船长的权威性大得形成了过分的压力和超负荷工作,团队成员应减少自信，避免彼此间的冲突，除非危及安全。

一名船长，如果具备扎实的专业知识、精湛的业务能力，良好的心理能力、优秀的管理能力、良好的沟通能力以及较强的应变能力和技能，必然在船舶团队中形成威望，加上船长职务所赋予的权力，必然会使得船长获得个人权威。船长应为缺乏自信心的人营造一个宽松的氛围，多给他话语权的机会；应正确评价缺乏自信心的人的实际能力，安排他去做适当的甚至是稍稍超出他能力的工作，让缺乏自信心的人在成功面前感到喜悦和自我肯定。

驾驶台团队的其他人员在船长的统一领导下，承担着各自的工作职责与义务。一般情况下，他们都应当尊重船长，认真执行其指令。但是当船长指令有明显错误并危及船舶安全时，他们应能具备一定的自信心，及时向船长提出质疑和询问，并协助船长采取正确措施做好工作。因此，要鼓励自信心较低的人勇于质询，鼓励他与人交流，鼓劢他坚持自己的观点，鼓励他承担一定的责任。

二、激励团队成员(Motivation of Team Member)

激励是领导作用的核心之一。安全行为涉及每一个员工，因此领导有责激励每一艘船舶和每一名员工。船舶管理者不仅要根据组织活动的需要和个人素质与能力的差异，将不同的人安排在不同的岗位上，为他们规定不同的职责和任务，还要分析他们的行为特点和影响因素，创造并维持一种良好的工作环境，以调动他们的工作积极性，改变和引导他们的行为。成功的船舶管理者必须知道用什么样的方式有效调动下属的工作积极性。

1. 激励理论(Motivation theory)

激励是指持续激发人的动机的心理过程，是一个心理学术语。广义上讲，激励就是激发鼓励，即激发人的动机，诱导人的行为，调动人的积极性、主动性和创造性，实现目标的心理活动过程。人的积极性从哪里来呢？这需要从个体的需要、动机和激励理论谈起了。激发人的安全动机，就能引发人的安全行为。激励的基础是人的需要。

需要层次理论是激励理论的基础理论，也是内容激励理论的典型代表，由美国著名心理学家和行为科学家马斯洛(A·H·Maslaw)于20世纪40年代提出。他认为人的需要是由从低到高不同层次的5种需要构成，逐级而上。如图6-5。这5种需要依次是：

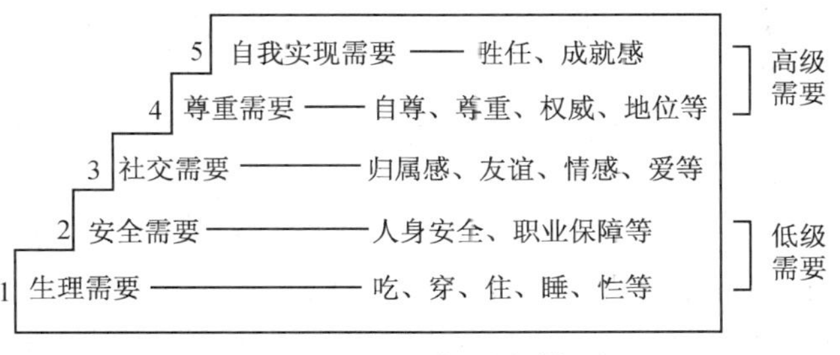

图6-5　马斯洛需求模型

(1) 生理的需要(Physiological needs)，是最优先的需要，指人的生命活动的最基本需要。

(2) 安全的需要(Safety & security needs)，不仅要求有一个安定、良好的社会环境，使人的身心不受侵犯，而且要求有一个安全、稳定的工作环境，希望避免各种伤害。

(3) 社交的需要(Social needs)，有与他人进行正常社会交往的良好愿望，渴望在群体中与同事融洽关系、团结友爱，得到他人的支持和理解，并有归属感，是团队中的一员。

(4) 尊重的需要(Esteem needs)，有自尊和被人尊重的需要。希望自己有威信，有地位，希望得到别人的承认，得到领导的赏识和重视，受人尊敬。

(5) 自我实现的需要(Self-actualization needs),最高一级的需要,指个人需要做他认为最适宜的工作,发挥最大潜力,希望不断地自我创造和发展,取得成就,实现理想。

除了成就欲特别强烈,有较高抱负水平或有心理异常的人会牺牲低层次需要而追求更高层次需要外,人的需要一般是依次上升的。在安全管理中,领导者应注重员工的低层次需要,因人而异,并在此基础上善于引导员工的思想境界向高层次需求发展,根据员工的不同需要层次因势利导。最终促进安全管理工作的顺利进行。

此外,对于内容型激励理论而言,比较典型的理论还有:

美国麦格雷戈(Mc Gregor)提出的"X 理论—Y 理论"。他将传统的对人的看法和管理方法称为 X 理论:天性好逸恶劳,尽可能逃避工作;以自我为中心,对组织需要漠不关心;缺乏进取、怕负责任、反对改革。为此,主张采取"强硬的"管理方法,包括强迫、威胁或严密的监督,或者采取"松弛的"管理办法,顺从职工,保持一团和气。他提出的 Y 理论正相反,认为:人并非天生厌恶工作;能自我指挥和自我控制,外部惩罚和威胁不能促使人努力;能接受责任和主动承担责任;具有想象力和创造性。因此主张采取如下激励人的办法:分权和授权;扩大工作自主范围;采取参与制;鼓励自我评价。两种理论都有参考价值。目前多采用综合 X 理论和 Y 理论而成的权变理论,即在管理中采取强硬与温和相结合,分权与集控相结合,自主与控制相结合的管理方式。

美国的赫茨伯格 (F·Herzberg)提出的双因素理论即"保健因素—激励因素理论"。职工的不满意都在工作环境或工作关系方面,为此应采取"保健"措施消除职工的不满。他又发现使职工感到满意的因素是属于工作本身或工作内容方面的,于是将其列为激励因素。如图 6-6。保健因素虽然不能激发职工的积极性,但因消除了不满意,能减少因情绪波动导致的人失误。激励因素则强调了工作本身的激励作用和精神需要对物质需要的调节作用。两者都有利于安全行为的产生。

保健因素	激励因素
环境条件 政策与管理 监督 工作环境 人际关系 金钱、地位、安全	工作本身 成就感 得到社会承认 挑战性的工作 负有较大的责任 个人成长与发展

图 6-6　保健因素—激励因素理论

过程型激励理论是激励理论另一个典型代表,包括强化理论、期望理论、公平理论等。

行为科学家斯金纳(B. F. Skinner)提出强化理论。基本观点是:正强化(如表扬、奖励)能使行为重复发生;负强化(如批评、处罚)能使行为减少发生;反馈(使工作者知道结果)是强化的重要形式,管理者对被管理者的积极行为给予评价会使这种行为重复发生;欲激励一个人,奖励比惩罚更有效;为了强化某种行为,奖赏(报酬)应在行为发生后尽快提供;对所希望发生的行为应该明确规定和表述,明确而具体的目标有利于对行为效果的评价和及时奖励。安全奖励就是基于该理论。

美国弗鲁姆(V. H. Vroom) 提出期望理论。认为应从提高目标效价和增强实现目标的可能性两个方面去激励个体的行为。适当地确定目标,使个体通过努力有达到目标的可能性,才会有信心和决心,激发起强大的内在力量。一个人把目标效价看得越高,估计实现的可能性越大,那么这一目标对他的激励作用也越大。人对目标价值的评价受个人知识、经验、态度、信仰、价值观等因素影响,而期望概率受条件、环境等因素制约。因此,安全管理人员有责任提高人们对安全目标价值的认识,创造有利的条件和环境,增强实现安全生产的可能性。

美国心理学家亚当斯(Adams)提出公平理论。该理论认为，人的工作动机不仅受到绝对收益的影响，还受到相对收益的影响。即一个人不仅看到自己的实际收益，还会将其与他人的收益作比较，当两者相当或合理时，则认为是正常和公平的，因而心情舒畅地积极工作，否则会产生不公平感，甚至产生对抗情绪，影响安全工作。

2. 有效地激励船员(Encourage crewmember)

安全行为激励必须使员工能享受到工作满足的成功感。所谓工作满足，是由个人认为其应得的收获与其工作量之间的差距来决定的，差距愈小愈有工作满足感。影响工作满足的因素有：工作性质、工作环境、工作兴趣、工作保障、待遇、晋级、主管、同事、学习环境、人身安全、团队荣誉等。据权威资料表明，员工对工作的愿望按强弱依次为：工作的保障与安定；良好的工作环境；情投意合的工作伙伴；开明的主管；升迁的机会；优厚的报酬；发挥才干的机会；学习新工作的机会；合理的工作时间；胜任愉快的工作等。上述激励理论，在运用时应根据情况灵活掌握。

结合各种激励理论，常用的激励方式包括：工作激励、成果激励、批评激励以及培训教育激励。工作激励是通过分配适当的工作激发成员内在的工作热情；成果激励是在正确评估工作成果的基础上给以合理奖惩，保证员工行为的良性循环；批评激励是通过语言和感情上的批评方式来激发员工改正错误行为的信心与决心；培训教育激励是通过灌输组织文化和开展技术知识培训，提高员工的素质，增强其更新知识、共同完成组织目标的热情。采用的途径一般包括物质激励和精神激励，使用的方法包括荣誉激励、尊重激励、关爱激励、纪律激励、差别激励、行为激励、角色换位激励、危机激励和情绪激励等。在船舶管理工作中，激励船员需要注意：

1）合理运用目标激励

目标激励是用提高目标吸引力的方法调动船员的积极性。目标是人们期望达到的成就和结果。它的吸引力越大，就越能产生强烈的情感，进而转化为积极的动机。与此同时，目标应该是具体的和可行的，并且符合船员的需要。比如许多船公司都制定了持续的“百日无事故”的目标，并承诺每次实现目标后都给相关人员一定的奖励。这种活动对保证船舶安全和提高营运效益起到积极的促进作用。

2）结合船员特点分配工作，员工参与计划

不同的态度和人格的船员在从事不同性质工作时能够导致不同的工作绩效。一个责任意识强的船员如果在团队协同中被指派负责某部分工作，他将会以更高的工作满意度去完成工作。一个性格内向但领悟能力强的人更适合于从事复杂的故障分析和繁琐的设备拆解工作。可能对他们而言，及时找出故障或将设备恢复正常工作就是最大满足。

3）满足船员的合理需求，合理进行工作设计和工作满意度激励

与其他群体不同，船舶值班人员的需要有许多特殊性。首先，船舶值班人员没有在低级需要方面得到完全满足。他们经常受到缺乏淡水、新鲜蔬菜和水果的困扰。他们生活在狭小的空间里。他们需要长时间远离自己的亲人。更不用说他们常常遭遇恶劣天气、危险作业、甚至海盗攻击的威胁。其次，他们的高级需要也常常无法得到满足。一个出色的水手可以晋升为水手长。但无论如何，他不能再一次晋升，因为对于支持级船员而言，水手长和机工长是最高职位。因此，结合船舶实际情况，尽量满足船员的合理要求，是营造团结高效团队氛围、激励船员努力工作的重要前提。包括强化安全操作规程、合理安排饮食、提高福利

待遇、明确考核和晋升制度等。

4）检查管理模式是否公平

体制是否公平不仅体现在工资上，而且也体现在其他福利待遇上。一个水手通常不会抱怨船长的工资比他高好几倍，因为他承认船长工作的难度远远不是他努力几倍就能够胜任的。但如果船长在分配扫舱费时也按照职务工资的比例分发，恐怕普通船员就无法接受了，因为即使船长也参与了扫舱劳动，他的贡献也不会超过水手几倍。他们也可能不会直接对这种分配提出异议，但他们在其他工作上积极性受到的打击完全是可以想象的。

5）奖励与绩效挂钩

对于表现良好的船员应该给予相应的奖励。奖励的方法不仅仅局限于金钱，也可以及时地晋升职务，提供上船和离船时的方便，甚至包括口头的表扬。适当的奖励不仅满足了表现良好的船员的需要，而且也为其他船员树立了目标，使所有的人都朝着有利于团队高效运作的方向努力。

6）团队管理与员工激励

有效的团队在于它有出色的产出，能够满足组织内外的需求；成员有共同的价值观，满足成员的个人需要，有助于成员间的沟通和问题的解决。有效团队的成员乐于在一起工作，乐于参与。一般地，成功的团队管理要以绩效为主；鼓励团队合作，成员之间相互负责；确立规范和角色，特别是任务专家角色和团队维护角色；增强团队的凝聚力，有助于成员的满意度提升。

三、船长领导力的在船运用(Leadership from Master Onboard)

为了避免过重的工作负荷，而影响团队成员的工作状态，船长应预先作出计划，该计划应估计到工作负荷可能过高或过低，并采取纠正措施。用授权给他人的方法，纠正工作负荷可能的过高或过低。设置先后顺序，避免超负荷状态。掌控所有团队成员的工作负荷情况，包括引航员的工作负荷情况。保持工作负荷在合理水平，避免团队成员错误的自信和习惯性的想法。尽可能减少引航员的工作高负荷。

在对团队成员的管理模式上，船长应正确把握考虑技能和人性管理之间的平衡。按照需要，在工作技能和人文关怀间平衡的范围内，变换管理模式。鼓励高级船员勇敢承担具有挑战性的工作。

在危机及聚集人群管理方面，船长应监控自己和其他成员发生危机时压力状况。确保团队成员知晓压力过大的危险。监控危机发生的镇静期、情绪激动期以及积极行动期。在三个危机阶段适度改变管理模式，特别避免在情绪激动期参与团队成员的争论。建立标准程序，预测和处理危机中人群的正常压力反应。用不惊扰旅客的方式通报危机情况。对危机中发生的具体事件，应在危机处理后适当的时间再和相关人员进行总结。

在应急处置的情况下，船长应展示自己将应急情况从未预见的快速反应转变到可预见的慢速反应的能力。展示自己用领导的身份解决问题的能力，不要插手具体工作或有由自己完成全部工作的想法。展示自己的判断能力，尽快确定是由自己亲自指挥以控制状态，还是分派给其他船舶团队成员。有序地分派给引水员适当的应急任务。用不惊扰旅客的方式通报紧急情况。对应急中发生的具体事件，应在应急结束后适当的时间再和相关人员进行总结。

思考题

1. 试说明决策的定义与过程。
2. 试说明组织决策中的满意原则和替代方案的作用。
3. 试说明短期决策的特点。
4. 试说明决策如何反映团队的协作能力与经验。
5. 根据弗鲁姆—叶盾和弗鲁姆—亚戈模型,个人决策风格有哪些?
6. 如何获得合理决策?
7. 试说明领导的含义。
8. 试说明领导的五种风格的优势与劣势。
9. 试说明内容激励理论中需求层次模型。
10. 如何有效地激励船员?
11. 试讨论权威与自信的关系与处理技巧。
12. 以船舶进港航行中为例,如何实施短期决策策略:
    (1)正常航行条件,包括潮汐,通航密度;
    (2)应急准备,包括能见度,设备故障;
    (3)紧急情况,包括引航计划、码头泊位条件、风流异常;
    (4)突发状况,包括拖轮就位,避让实施。

第七章 疲劳与压力
Fatigue and Stress

多年来,人们并没有把疲劳与压力问题看作是人失误的潜在原因或影响因素。形成这种误解的一个原因是人们一直信奉多种特性都可以防止疲劳与压力:个性、智力、教育、培训、技术、补偿、动机、体格、力量、吸引力或职业精神。然而,最近的事故数据以及研究指出,事故是由于疲劳与压力对人体机能所产生的影响所致,过度的疲劳与压力会造成人警惕性下降,而人的警惕性与船员的适任能力相关。由此,现行的观点认为疲劳与压力会对船舶安全有很大影响。本章就疲劳与压力所引起的人失误的起因,特点与预防的措施问题进行说明,目标是进行工作量管理。当然,掌握一定的任务分析技巧有利于减轻压力和疲劳的影响。

第一节 疲劳
Fatigue

疲劳原本属于人的生理、生命现象的一部分。鉴于航海具有很强的特殊性,船员属于被限制在工作环境里的一群人。船员疲劳属于职业性疲劳。首先,船员平均离家 6 个月以上,在一艘移动的、受到各种不可预料的外部环境因素影响的船上工作和生活,例如,遭受不同水域的各种天气条件。第二,在船上,工作和娱乐活动没有明显的分别。第三,船员来自世界各地,尽管国籍和生活背景不同,但他们往往要在一起工作和生活很长一段时间。第四,同一些标准化的行业相比,船舶配员的减少使得船舶岗位上人员的操作日趋复杂。第五,由于船舶类型、航线类别和长度、往返港口变化以及船舶在港停留时间长短的多样与复杂程度进一步构成了船员疲劳的独特境况。因而,研究船员疲劳对船舶方面的合理设计、改善环境、加强管理、提高工作效率等增加船舶安全性具有重要的意义。

IMO 海上安全委员会(MSC)在其 1999 年第 71 次会议上审议了有关人员疲劳的问题以及 IMO 对此应努力的方向。会议认为应制定切实可行的指南,向所有相关各方提供有关疲劳的适当信息。因此,MSC 在 2001 年第 74 次会议上以附则的形式通过了《减轻和管理疲劳指南》(MSC/Circ. 1014)。

一、疲劳的定义与症状 (Definition of Fatigue)

疲劳是人的一种生理规律,是为避免机体过于衰弱,防止能量过度消耗的一种保护性反应。目前，对于疲劳还没有形成普遍接受的技术性定义。疲劳通常被描述成人体机能的降低，一种感觉疲劳、萎靡不振或困乏的状态。这种状态是由于长时间的脑力或体力工作、长时间的焦虑以及艰苦的环境或失眠所引起的。疲劳的结果是损害了身体机能，降低了警觉性。IMO 通函（MSC/Circ. 813，MEPC/Circ. 330）中的“人的因素普通术语列表”提出，疲劳是由于体力、脑力或情绪的消耗，造成体力或脑力的下降，使得几乎所有的机体能力、力量、速度、反应时间、协调性、决策性或平衡性都受到削弱的现象。

疲劳类型的划分上也存在着不同的分类方法。主要是疲劳的表现形式很多，比如受到生理、心理、病理及社会等因素的影响下的疲劳。结合船舶实际和通行标准，船员疲劳主要是身体疲劳、生理疲劳和心理疲劳三类。

1. 身体疲劳（Physical fatigue）

身体疲劳主要是器官肌肉性的疲劳。由于全身承受繁重的体力劳动而引起的身体不适，表现为全身性肌肉和关节性酸痛，疲惫乏力，具有全身的广泛性，尤以劳动器官为甚。表征的特征状况包括头痛、肩酸、腰酸背痛、胸闷、口渴、嗓音嘶哑、头昏眼花、眼睑抽搐、手足颤抖或抽筋、全身不适等指标。全身疲劳又分为急性疲劳和慢性疲劳。心理疲劳、营养不良、供氧不足、心悸/心跳不规律等也可引起全身疲劳，是最终的疲劳反应。

2. 生理疲劳（Physiological fatigue）

生理疲劳是器质机能性的疲劳，包括急性疲劳和慢性疲劳，静态作业疲劳和动态作业疲劳，以及姿势疲劳等。表征的特征状况包括头重、疲乏、腿酸、打呵欠、头脑糊涂、昏昏欲睡、眼睛发胀、动作不灵活、站立不稳、想躺下等指标。个别器官或肢体承受紧张作业，使局部肌腱过度紧张或局部血液循环不良而引起的困倦或者怠惰。短时的局部疲劳，一般不会影响其他部位的功能；长期的局部疲劳，由于体内物质的弥散作用，会转化为全身疲劳。局部疲劳与劳动者所从事的职业性质有关。它主要是由不良姿势和体位所引起的。

3. 心理疲劳（Psychological fatigue）

心理疲劳，即精神疲劳，表征心理疲劳的特征状况包括思考困难、懒于交谈、烦躁不安、注意力无法集中、对事情不感兴趣、健忘、缺乏自信、焦急不安、易发脾气、缺乏耐心等指标。引起心理疲劳的因素主要有工作单调、缺乏兴趣；劳动效果欠佳、困难较多、技能不熟练；劳动条件较差、心理感到不舒服；人际关系紧张、精神负担重；不愉快；事业受压力等。

心理疲劳与生理疲劳并不一定同时发生，但心理疲劳可加重生理疲劳。疲劳使注意力分散，适应能力降低，身体机能衰退，导致事故的增加。

二、疲劳对于船舶作业的影响（Influence of Fatigue on Ship Operation）

疲劳是有利于保护人的机体免遭劳损，但是对于包括海运业在内的需要一天 24 小时运行的连续运输方式和行业来说，疲劳被认为是一个关系到船员职业健康和安全的重要问题，过度疲劳使得在船上工作场所发生事故和伤害的可能性有了极大提高。

IMO 对某半年内所发生的事故进行的评估显示，在 1/6 的重大船舶事故及 1/3 的伤亡事故中，船员疲劳的因素与事故有关。显然，解决疲劳问题会对船员的安全产生积极的影响，它会通过减少对贵重财产和环境的破坏及损害潜在地削减船舶所有人、经营人或管理者的营运成本。

人在连续劳动或从事其他体力活动一定时间以后,会自然地发生劳动机能衰退现象,这就是由疲劳引起的。这时,在人体内发生了生理活动变化、机能变化和物质变化,会对船员的工作产生不利的影响。值班驾驶员在值班期间的疲劳,主观上会感觉周身不适,注意力下降,信心不足,需要刻意控制自己和希望休息;客观上表现为反应迟钝或错误、不能在正确的时间作出反应、思维迟缓,记忆力减弱等,这会干扰船员的注意力,降低船员身体和大脑的反应能力,损伤船员作出各种合理决定的能力。最终船员行为质量下降,难以满足当前任务要求的速度与精度。可见,疲劳会使得船员处于亚适任或不适任状态,导致海上安全保障受到影响。

三、疲劳产生的原因(Causes of Fatigue)

引起疲劳的机制包括生理、心理、病理等方面,引起船员疲劳的最普通原因是缺少睡眠、休息质量差、压力和工作量大。此外,还有许多其他原因,并且会根据具体情况的不同而有所不同,例如,工作与环境中的情况引起的疲劳。疲劳原因的分类有许多方式。为确保分类的完整性,并且保证其中包括大多数原因,将疲劳的诱发因素分成以下 4 个方面:

1. 船员因素(Factors of crew)

船员因素与船员生活行为方式、个人习惯以及个人的特性有关。然而,每个人感觉疲劳的情况各有不同,疲劳对每个人的影响通常与这个人所实施的特定行为有关,主要包括睡眠和休息、生物钟或生理节律、心理和感情影响、服用药物和工作量。下列一些因素都会对一定期间内的疲劳程度产生一定的影响:① 一天中开始工作和结束工作的时间,② 过去七天里休息的数量和时间选择,③ 工作期间所从事的活动,④ 工作负荷。

根据人体生理节奏,人类正常的睡眠周期受体温节奏的控制。这种节奏在夜间会积极促进睡眠,在白天则会使人保持清醒。因此,夜间工作可能会使人更加疲劳,一个人更不可能在白天休息的时间里获得宁静的睡眠,所以在同样长的时间里,人们在白天将会比晚上获得较少的睡眠。此外,人在白天睡觉不扎实,容易受到嘈杂声、温度等因素的影响。显然,在管理过程中必须对这个因素予以考虑,以对船员疲劳问题进行有效的处理。

2. 船舶因素(Particular factors of ship)

船舶特有的因素可能会致使船员产生疲劳,主要包括:①船舶设计,即船舶本身容易影响、引起船员疲劳的设计特点;②会影响到船员的工作量,如船舶自动化、设备可靠性等;③检查与维护,即船舶不同设备的日常性与突发性修理及维护保养;④影响到承受压力的大小;⑤在船舶生活与工作环境中的噪声、振动、居住空间等。

3. 管理因素(Factors of management)

管理因素与船舶的管理和营运有关。船上的管理环境会影响到船员自身的人际关系、值班安排、工作分配等。比如,船舶组织管理:船上的等级、职务和分工是固定的,并且固定的岗位有固定的工作性质和范围。船员又是 24 小时都工作、生活在空间有限的船上,船员无论是工作时间还是业余时间都受船上管理环境、人际关系的影响。① 船上管理环境:船舶人文和谐程度,会不断地作用于船员的心理,有时甚至因为船上管理环境而出现不同程度的心理疲劳。这些因素会潜在地引起船员压力和工作量的增长，最终导致疲劳。② 岸上管理环境：主要是船公司的管理，这些管理影响到船员的休假、船员的日常事务等。目前我国的近海、沿海航线船员，特别是高素质船员缺口问题较突出，很多在船船员特别是高级船员得不到及时休假，或是休假期未满就匆匆上船，此类情况在外派公司中较为常见。船员带着疲劳上船，导致疲劳恶性循环。

这些因素包括：① 组织性因素，比如有关员工的政策及其持久性、船上和岸上人员的角色、计划改变、加班加点、中断、船舶保养、船员的培训和选用等；② 航程和计划因素，比如靠港的频率，港口之间航行所需时间，航线上的天气和海况，航线上的通航密度，在港工作性质和工作量等。

4. 环境因素（Factors of environment）

受到过度的环境因素影响会引起或产生疲劳感。例如长期处于温度、湿度、过度的噪声等环境下，船员易出现疲劳，甚至会使一个人的健康遭到损害。此外，环境因素能破坏人的睡眠或对其产生一定的影响，会使人体产生不舒适的感觉。

环境因素可以被分为船舶内部环境因素和船舶外部环境因素。在船舶内部，船员面对的环境因素有噪声、船体振动以及温度、潮湿等。如很多的船舶机械噪声大，环境温度高，很容易给人体健康带来危害，带来疲劳。外部因素则包括码头、天气条件以及船舶的通航密度情况。船舶一旦遇上恶劣的自然环境情况，船舶驾驶员就要比平时值班时更加集中注意力观察周围的情况，船舶驾驶员心理感受到的劳动强度的大小也会产生变化。在大洋上一人值夜班时，特别安静、单调和孤寂，会使船舶驾驶员感到厌倦而引起疲劳，而在船舶周围交通密度大，船舶驾驶员在值班时所面临的压力也大，船舶驾驶员的精神始终处于紧张的状态，也容易产生疲劳。

船舶自身的运动也被认为是一种环境因素。船舶大幅度横摇和纵摇以及拍底时，需要增加 15%～20% 额外的体力才能保持平衡，并且这些船舶的运动会干扰船员睡眠、导致晕船或者加速疲劳。

为了解除这些引起疲劳的原因，需要做许多工作。针对不同的因素，所采取的应对措施的时机也不同，比如噪声问题最好在船舶设计阶段解决；休息问题可以由船员个人解决；船员的培训等问题可以在船员雇佣阶段解决；但有些需要船舶团队全体解决。

四、疲劳对安全的负面影响（Characteristics of Fatigue）

有关研究发现，疲劳对人体机能的负面影响可以与酒精的作用相比。连续 18 个小时无睡眠对人体机能造成的影响程度会相当于人体血液中酒精浓度达到 0.05%时的影响；当连续没有睡眠的时间达到 24 个小时，此时疲劳的影响与人体血液中酒精浓度达到 0.10%时的影响相同。更需要注意的是，此次研究的对象是一些得到很好休息的学生志愿者，他们在整个研究期间没有被要求从事任何繁重的体力劳动。那么对于其他的人群，可能会受到更大的影响。

疲劳会对一个人的机能产生不利的影响，能够影响人们的意识、情绪以及身体（例如完成任务的能力包括身体的运用及其力量，以及解决复杂问题或做出决定的能力等）。疲劳决定了人的警觉程度,降低船员个人和群体的行为有效性和工作效益,并因影响人体的机能而可能会导致错误的发生。以下是疲劳对人体行为机能产生影响的因素:

(1) 不能集中注意力。不能组织有效的活动,注意一些琐碎的小事而忽略了重要的问题,专注于单项任务,警惕性降低,重复无意义的习惯,无精打采。

(2) 记忆力降低。不能记住某一项任务的要素或任务的顺序,工作程序错漏,工作不认真等,对回忆事情或过程感到困难,忘记完成任务或任务的一部分。

(3) 决策能力降低。错误判断距离、速度、时间等,不能理解情势的重要程度,忽视了应考虑的的事情反而具有冒险倾向,对简单的算术、几何计算等感到困难。身体长时间疲劳的人为了节省精力,常常会选择一些具有高风险或危险的工作策略。

(4) 对正常、非正常或紧急情况的反应迟钝。疲劳能够影响一个人对刺激的反应、感知、领会或理解的能力,一旦出现这些刺激,疲劳的人需要更长的时间对它们作出反应。疲劳还会影响到解决问题的能力,而这种能力是处理新出现或新奇任务的组成部分。

(5) 活动失去控制。不能保持清醒,语言发生障碍如言语含糊、缓慢或错乱,举、推或拉时感到力不从心,频繁掉落东西如工具或零件。

(6) 情绪变化。更安静,较平时少言寡语,沮丧易发怒,狭隘并有反社会的行为,消沉。

(7) 态度改变。不能预见到危险,不能注意和遵守警告标志,不能觉察到自己的状况较差,强烈的冒险欲望,忽视正常的检查和程序,显出“无所谓"的态度,不愿工作或干劲不足等。

这些影响中的每一项都会对船上的任何职位产生威胁,特别是对于那些具有重要安全责任的职位。如果一名船员因疲劳问题而没有完成被分配的工作任务,该船员无形中就造成了伤亡或事故的危险。任何危险管理策略都必须将重点放在通过消除疲劳产生的原因,以减少此类危险的潜在发生上。船上各种管理系统和工作程序都应受到严格的检查,以找出其中能够造成船员疲劳的设计上的缺陷。

五、疲劳管理(Control of Fatigue)

1. 疲劳的缓解与消除(Release and elimination of fatigue)

虽然引起疲劳的原因很多,但有研究表明睡眠问题是造成疲劳的主要原因。IMO 专家们认为对付疲劳的最有效的方法是保证船员获得高质量和足够的睡眠。毫无疑问,对船员尤其是值班人员而言,有效的睡眠是保证航行安全的前提。

睡眠是解决疲劳的最有效的策略。一个有效的睡眠必须同时具有以下 3 个条件:

(1) 睡眠的时间。对睡眠的要求因人而异;然而,普遍认为每天应保证平均 7~8 小时的睡眠。

(2) 睡眠的质量。每个人保持自己的睡眠处于深睡的过程中,被认为是高质量的。人们需要深度睡眠。

(3) 睡眠的周期。睡眠不应被打断,一个持续 7 小时的睡眠其效果远胜于 7 个持续 1 小时的打盹。一个人获得固定周期的睡眠应能够使其精神焕发并且保持警觉性。

因此,需要实施以下措施保持睡眠:保证充足的睡眠,特别是当估计到一段时间内睡眠可能会不足；保证持续的睡眠；按照预计的时间表进行休息；养成并保持好的睡眠习惯，如形成睡前放松的习惯；通过保持个人工作和休息的时间记录来控制和有效管理工作和休息时间；保持健康以利工作，这种健康包括药物健康；膳食均衡规律；经常锻炼。

能影响疲劳和体能的另一个重要因素是休息。只有睡眠才能够保持或恢复人体的机能状况。除了睡眠以外，可采用中断工作或改变工作的形式来休息。对于维持人体机能来说，休息或小憩是必须的。影响休息需要的因素是在休息前进行的工作持续的时间和工作强度、休息的时间、新工作的变化和性质。

缓解疲劳最有效的方法是适当的睡眠和合理的休息。还有一些做法被认为是可以提供短时间的缓解疲劳。比如：一个有趣的挑战，一个令人兴奋的想法，日常工作的改变，或其他任何新的或不同的事情；明亮的光线，凉爽干燥的空气，音乐或其他不规则的声音；喝些含咖啡因的饮料（富含于咖啡和茶中，少量含于可乐和巧克力中，当然要注意经常地使用会降低其刺激的作用并使人更加疲劳难以入睡）；任何形式的肌肉运动，像跑步、散步、伸展身体甚至嚼口香糖；与人交流谈话。另外一种是有控制、有策略的小睡，这也可以提高注意力和行为机能，缓解疲劳。要注意的是，这些做法只是暂时地隐藏了疲劳的症状，疲劳并没有被消除。

研究表明，睡眠存在一个生物节律，即大约在 90～100 分钟的时间内经历一个有 5 个不同阶段的周期，国际睡眠医学将睡眠阶段分为五期：入睡期、浅睡期（Rapid Eye Movement，REM）、熟睡期、深睡期（Non Rapid Eye Movement，NREM）、快速动眼期，如图 7-1。浅睡期及深睡期两者成一循环，第一个循环时间较短，第二个循环时间较长。

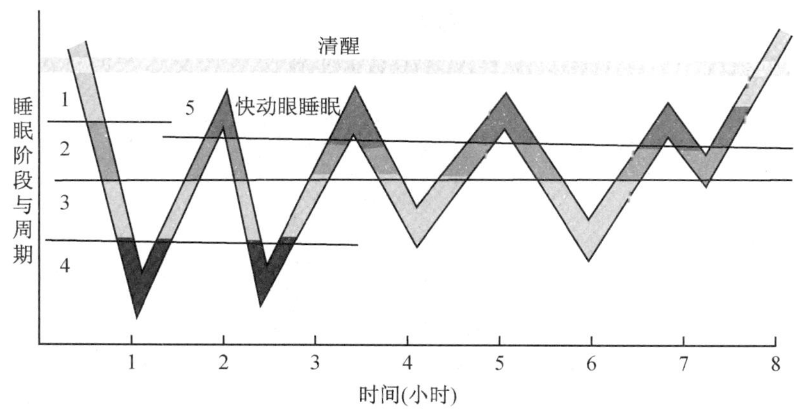

图 7-1　整个睡眠的睡眠周期

在整夜睡眠中，人们通常会经历 4～5 次这样的睡眠周期。睡眠正常的人，第一期睡眠持续约 0.5～7 min，便进入睡眠的第二期，这个时期将一般占整个睡眠时间的 45%～55%。当然，睡眠周期会随着时间和年龄而有所改变。但可以据此推论，“短暂的小睡”作为短时间的缓解措施可以帮助在较长时间的清醒中保持身体机能，小睡最有效的时间是 20 min。也就是说，如果有机会就应该小睡。但是小睡也有某些缺点，一个潜在的危险是小睡如果长于 30 min，将会导致睡眠惯性，而情境意识将会受到影响，醒来之后的 20 min 内将会头昏眼花和迷失方向。小睡也可能会干扰后来的睡眠，在应该睡眠时可能感觉不困。

2. 疲劳的管理原则(Regulation of control fatigue)

作为人失误的主要原因之一,疲劳因素也得到了特别的重视。虽然疲劳尚没有普遍接受的技术性定义,但每一个参与船舶工作的人需警惕能导致疲劳的因素,其中包括但不仅限于那些 IMO 已明确的因素,并应在决定船舶工作时加以考虑。在 STCW 95 公约的规则 VIII/1 中要求主管机关应考虑船舶值班人员,特别是涉及船舶安全和保安工作职责的船舶值班人员由于疲劳所引发的危险。

为所有负责值班的高级船员或参与值班的普通船员以及涉及指定的安全、防污染和保安职责的人员提供的休息时间应不少于:任何 24 h 内最少 10 h;以及任何 7 d 内 77 h。

(1) 休息时间可以分为至多不超过 2 个时间段,其中一个时间段至少要求有 6 h,连续休息时间段之间的间隔不应超过 14 h。

(2) 规定的休息时间可以分成为不超过 3 个时间段,其中之一至少为 6 个 h,而另外两个时间段均不应少于 1 个 h。连续休息时间间隔不得超过 14 个 h。例外,在任何 7 d 时间内不得超过两个 24 h 时间段。

主管机关可以允许对上文所规定的休息时间有例外,但在任何 7 d 内的休息时间不得少于 70 h。规定的每周休息时间的例外,不应超过连续两个星期。在船上连续两次例外时间的间隔不应少于该例外持续时间的两倍。

在紧急或在其他超常工作情况下不必要保持规定的关于休息时间的要求。紧急集合演习、消防和救生演习,以及国家法律与规则和国际文件规定的演习,应以对休息时间的干扰最小并不导致船员疲劳的形式进行。

主管机关应要求将值班安排表张贴在易显见处。该值班安排表应按照标准格式使用船上工作语言和英语制定。主管机关应要求使用船上工作语言和英语按照标准格式保持对船员每天休息时间的记录,以监督和核实是否符合该规定。

在船舶值班人员处于待命情况下,例如机舱处于无人看守时,如该船舶值班人员因被召去工作而打扰了正常的休息时间,则应给与充分的补休。

3. 预防疲劳的原则(Prevention of fatigue)

虽然许多方法可以预防疲劳,但许多预防疲劳的措施超出了个人的影响范围,例如安排航程计划,船舶设计和制定工作时间表。因而船舶需要建立一套疲劳管理体系。在该体系中需要明确管理级船员需要实施一些管理层面的措施,这些对于船上防止疲劳也是很重要的。比如:确保符合国际规则(最低的休息时间和/或最长的工作时间);使用经休息的人员代替经长途旅行、刚上船即接班的人员(即允许适当的时间克服疲劳和熟悉船上的工作环境);建立一个开放的交流环境(例如,使船员清楚感到在疲劳正危害其机能时向主管报告是十分重要的,并且这种报告不会招致责备);演习的安排应最大限度地降低对船员休息/睡眠的干扰;在安排船上作息时间时使用 IMO 和 ILO 推荐的有效的管理技巧,以更有效的方式使用值班制度和职责分派(适当时使用"船上工作安排规范格式"和"海员作息记录规范格式");合理搭配不同的工作以打破工作的单调性,将需要高体力或智力及需要低体力或智力的工作结合分派(工作调动);将可能产生危险的工作安排在白天;强调工作和休息之间的关系以保证充分的休息,可以通过推行个人的休息或工作记录来实现;重新评估传统的工作模式和船上职责分工，以形成资源最有效的利用（例如所有甲板的高级船员共同分担长时间的货物操作、靠泊值班，使用经休息的人员顶替那些经长途旅行、刚上船即接班的人员）；在船员的能力范围内，保持船上的良好状况（例如，定期维护供暖、通风和空调（HVAC），更换灯泡，对出现的非正常噪声源随时进行排查）；查实值班人员是否充分休息，发扬船员的协作精神（良好士气）并解决船员间的个人矛盾；建立船上疲劳事故应变演习，并从中汲取经验（作为安全例会的一部分）；提高采取适当的生活方式以保持长期健康方面的意识（例如，锻炼、放松、营养和吸烟饮酒等）。

第二节 压力
Stress

一、压力的定义 (Definition of Stress)

"压力"这个名词在人的生活中可谓是高频率出现，是现代社会普遍使用的名词之一。随着社会生活节奏的不断加快，压力也不断侵入人的生活，影响着人的身心健康。

关于心理压力的定义有许多不同的说法，但没有一个人们普遍接受的定义。一个现行的较为合理的定义是"压力是人对刺激因素的普遍反应"。这个定义既强调了环境的刺激，也考虑了个体反应方式的差异性。将可能产生压力的环境和事件称为压力源，也称刺激源。压力是一种主观的感受，伴随着对压力情景产生身心反应。一般认为，压力是个人的对具有威胁性的刺激情境而一时又无法摆脱时的被压迫的感受。压力源本身是非特异性的，具有客观性，通过个体感受就会形成压力感。压力源可分为四类：

1. 物理性刺激源 (Physical attack)。

物理性刺激是对躯体产生直接性损害的刺激，如各种疾病、环境的噪声、温度变化（太热或太冷）等。缺乏睡眠和工作太久会产生压力。

2. 心理性刺激源 (Psychological attack)。

心理性压力的发生，简单来说就是"要与不要"的问题。在每个人的心中都有满足基本需求，与达成愿望的想法。如果这些需求的追寻遭受压力，就会产生心理压力。如沮丧和焦虑会产生压力。

3. 社会性刺激源 (Social attack)。

社会性触发指社会生活中所发生的变化。广义上如政治动乱、战争、社会经济制度的变革等；狭义上如工作环境的变动、家庭成员的重大生活事件。现代社会发展迅速，地区人口密集、人类互动频繁，新的工作要求方式等原因，使得社会性压力成为人们压力来源。政策和程序，文化、工作困境和工作风格也可成为产生压力的原因，比如工作量所需的职工数不足，过多的空缺岗位，部门间配合不好，缺乏足够工作的培训，信息不充分，没有控制工作负荷，呆板的工作程序，没时间来适应变化等。

4. 文化性刺激源 (Culture attack)。

文化性触发是指迁徙、移民或是跨国旅行时，因为生活方式、语言的不同而产生的变化。

比如:船员外派,参加一个完全陌生的团队开始工作。

"压力"一词包含许多不同的因素。可以表现为:扰乱人体自然平衡的任何影响;人和环境之间的一种特殊关系,这种环境在个人看来已给他的应付能力带来负担或超出个人应付能力,并且危害到他的健康;对环境变化的普遍反应;处理问题失败而带来的心理反应;持续焦虑时间过长导致疾病和对身体的任何要求的不具体反应。

压力具有明显的情景性、高度的个体化和间接性的特点。压力对人的影响可以是非直接的,通过一些中介变量起作用。如认知评价、人格因素、社会支持因素等。在实际生活和工作中,以上压力源有三个特征:

① 不可控性。几乎人们所能想到的任何事,开心的或不开心的,都可成为压力的一个来源。一些负面事件会对人造成影响,而非常平常、甚至正面事件也可造成压力。比方说结婚、得到一份工作,工作太多或太少,独居禁室或置身于过度嘈杂的环境。

② 不确定性。压力在不同的场合是多样化的,对一个人产生高压的事件可能不会对另一个人产生同样的影响。这意味着因人而异。

③ 挑战极限。压力也可简单地理解为事件造成的身体系统的耗损。人对压力的反应程度受多种因素影响,人的身体素质,心理承受力,对局面的控制程度,人实际感知潜在压力事件的情况。这些都会在各个方面挑战人的极限。

二、压力模型 (Models of Stress)

心理学家拉扎罗斯认为,当人们遭受压力时,首先对压力作出评定,然后根据评定作出情绪上或行为上的反应。初级评定内容涉及压力事件对个人的意义。事件是积极的,中性的,还是消极的。二级评定内容是个体思考如何开发自身的应对能力,减少压力事件带来的危险、破坏或损失等后果。

实验心理学者们在1908年的研究给出了行为(或激励)与压力之间的关系,并总结出一条经典定义:工作压力与工作行为之间的关系可用倒U曲线形象地表现出来,如图7-2所示。该研究结果表明,人的行为受到压力大小的影响。压力太小则使人感到厌烦,提不起精神;如果经常处于一种过重负荷的环境中,比如要进行大量的交涉和工作,压力太大会导致不良行为。只有在压力适度的情况下,才能产生最佳行为。按照这一见解,当工作的挑战性

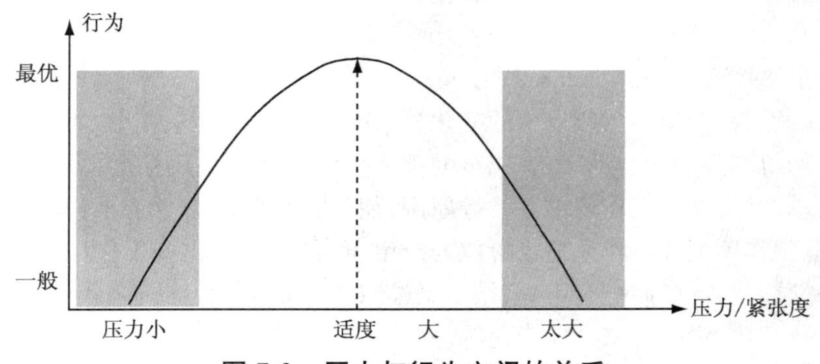

图7-2 压力与行为之间的关系

适中时行为的效果最好。挑战性太低(导致厌倦情绪)和挑战性太高(导致恐慌情绪)都将导致拙劣的行为。人的一生是由各种大小不同的生活事件所串连成的,有的事件很平常,有的事件则会给人带来或多或少的压力,需要去适应;在一定条件下,保持相对的压力状态,对人的健康和事业不仅无害,反而有益。

通常,人面临压力时,总是依着过去经验所形成的习惯,自主性地选择处置对策,或是在潜意识层面使用一些"心理防卫机制",以减少反应的强度。只是有些人会潜抑这些刺激,将心理压力转成自己或他人较能接受的身体问题。当对工作的要求达到或超出人的能力时,工作压力就会加大。应付紧急情况的人会受工作压力的影响。

生活中,人都需要一定量的刺激,并且多数人会在某些形式的压力下兴奋起来。在心理学上也有人认为:任何需要人去适应的改变就叫压力。正常的压力反应会有焦虑、沮丧与忧郁症状,并伴随着身体相对应的症状反应。这样的反应可见于患身体疾病的病人、即将接受手术的病人,以及面对其他生活重大事件时人们的反应。

三、个体行为对压力的短期反应 (Short-term Response of Stress Caused by Individual Behaviour)

在压力之下,如果人们不能适应,就会导致身体损耗,虚弱和与压力有关的疾病,并导致更加无法适应以后在生活中遇到的压力。另一方面,成功的适应会导致成长,愉快,安全,对以后的压力更具抵抗力。因此,压力并不完全是一件坏事情。在日常生活中,发生过多的不悦事件或生活环境的频繁变化,不仅会使人心绪不宁、烦躁不安,损害人的身心健康,还会牵怒于他人,牵怒于自己,牵怒于设备,严重地影响工作的稳定,甚至导致事故发生。

压力所造成的短期反应可从以下六方面来说明:

1. 情绪反应(Response of emotion)

人们面对危险时的情绪反应是恐惧,面对胁迫事件的反应是焦虑,而面对分离或失落的情绪反应则是忧郁。此外,还会表现为缺乏兴趣、烦躁、疲倦、消沉、紧张、不安等。也可以是紧张与忧虑、担心、内疚、不安全感共同表现出来的一种状态,是恢复轻松状态的经常性需要。它伴有一些身心症状,如大量出汗、呼吸困难、胃紊乱、心跳迅速、尿频、肌肉紧张或高血压等。

2. 身体反应(Response of body)

面对危险或胁迫所产生的身体反应为自主神经系统的警醒,这时常可见有心跳变快、血压变高、肌肉张力增加以及口干的现象。而面对分离或失落时,身体的反应是感到疲倦,并且减少身体的活动。对人的身体而言,压力会被看成是一种外来的巨大威胁,一种敌对状态。如果人的应对技巧较为丰富,并且具有可塑性,使人在面临压力环境下有进退自如的余地;如果人使用的心理防卫机制是成熟的、健康的,那么在正常的压力反应之下,人将会学习到成长与进步,且能预防它转变为不正常反应,避免精神疾病的发生。

3. 健康反应(Response of health)

压力最易引起原来就比较脆弱或敏感的器官或系统发病,气管敏感的人,压力可引发气喘;血压本来就不稳定的人,面对巨大压力,血压可能会陡然增高;一连串的压力都有可能会减低人的免疫力。比如:头痛,偏头痛,背痛,眼睛和视力问题,皮肤过敏反应,睡眠紊乱,消化失调,心跳加速,血液胆固醇增加,肾上腺激素增加等。

4. 精神反应(Response of spirit)

压力给人精神上带来的影响是更为直接的。其中忧虑就是压力最容易引起的一种心理反应。其他常见的压力反应还有认知功能失调、思考困难、失去自信及无助感、绝望感等。比如:对工作不满、沮丧、易怒、失落等。其特征是感觉颓废和消极等其他情况,如感觉没有希望、无用和内疚。它也被描述为丧失对事件逻辑发展认知的一种悲伤。它可轻可重,轻微时可导致工作关系出现危机;严重时表现出管理混乱;极端时可能导致自杀。

5. 行为反应(Response of behaviour)

压力也会给人带来行为上的影响。主要表现为:家中或单位人际关系破裂,酗酒和吸毒,过度吸烟,语无伦次,严重失眠,事故频繁等。因此,当人出现这些反应时,一定要认真思考是哪些压力引发了这些反应的产生。

6. 思维反应(Response of thinking)

压力给人造成的思维反应是深层次的。主要表现为:难以作出决定或决策,解决问题缺乏创造性,记忆力下降,反应缓慢,对批评过于敏感等。压力是人从事有目的活动遇到障碍或干扰时产生的一种心理或生理的紧张状态或情绪反应。压力与事故的发生是密切相关的,而且彼此是互为因果的。压力可以诱发事故,而事故的发生又会造成人的压力。

四、压力对工作的长期影响 (Long-term Influence of Work Caused by Stress)

人们在从事各项活动时,总是按照预先的计划向着预定目标前进,并期望得到预想的结果。在遭受压力时,有的人能泰然处之,有的人却一蹶不振、精神崩溃。这是由人们对压力的适应能力不同来决定的。

压力其实是渐渐形成的,没人能事先警觉,因为一点点的压力不会伤害人,或许还有一些好处。但当有一天人发现受到的压力,已经超过负荷量时,甚至不知道是从什么时候开始;有些积极事件,如考上大学、升职、结婚和第一个孩子出生等也会产生一定的精神压力。人只要活着就要面对不同的压力。虽然每个人遇到的压力各不相同,人的个性也各不相同,但是面对压力存在长期影响下的表现:

1. 压力对个人行为的长期影响(Long-term influence by stress to individual)

所有的压力都会对人产生影响,有的压力对人是无关紧要的,有的压力却会对人的身体构成极大的伤害,甚至可能会引发各种身心疾病,这就是压力所产生的生理效应和心理效应。一个人遭受过大压力后,可能产生的反应对工作上的影响有如下几种形式:

(1) 不想工作。例如,亲属的不幸或死亡、离婚或失恋、受到处分或不公正的批评等,都会造成感情上的痛苦,出现怠工。

(2) 压抑,不愿交流。人处于压力状态一段时间后,变得频频发怒,对批评过于敏感。这是紧张与忧虑、担心、内疚、不安全感共同表现出来的一种状态,是恢复轻松状态的经常性需要。

(3) 抵触情绪浓厚。失去对自己的控制,理智感降低,出现一种与自己的年龄、身份不相称的行为。迁居、睡眠习惯等的改变，会使生活习惯反常；环境的变化也会使人体新陈代谢活动受到影响，情绪容易波动等。

(4) 固执己见。不肯改变自己的行为，坚持自己的态度。

(5) 妥协或逃避。用让步的办法避免冲突，以求得心理平衡和矛盾的解决，也会表现为不愿承担责任。

(6) 个人外表异常。一个人在生活和工作中变得反常，这可能是处于压力状态的普遍表现。

2. 压力对组织行为的长期影响(Long-term influence by stress to organization)

对群体而言，过负荷的压力会对工作组织上的影响有如下几种形式：

(1) 不想工作的情绪增加。尤其在周一早上或早餐或加餐休息时产生不想工作的情绪是压力的典型表现。

(2) 易发生事故。压力是判断错误的根本原因，判断容易引起事故，消耗，抵制；许多事故的发生与压力有间接的联系。当生活变化所造成的影响超过了人的心理承受能力，且令人难以自制时，就可能发生精神疲劳，使观察力、注意力和理解力下降，这种情况下发生事故最多，所谓祸不单行是有道理的。

(3) 工作表现不稳定。生活中充满压力事件，通常导致人们注意力不能集中，因而人容易心烦意乱，或不能及时完成工作。

(4) 同事关系紧张。团队人员相互不交流和沟通，相互猜疑，致使人际关系不正常。

(5) 个人流动性高。团队成员的离开非常频繁。

(6) 生产效率降低。团队人员中怠工等消极因素增加，导致生产效率下降。

五、对压力的处理 (Dealing with Stress)

从科学的角度看，缓解压力，提高生活质量，可以通过综合压力管理来实现。综合压力管理理论认为，人类只能缓解某些压力，而不能完全消除压力。

压力所产生的原因不同，缓解的方法也不尽相同。压力的产生不外乎有生理的、心理的、认知的、人际关系的、社会的、文化的和制度的原因等。只有找准压力产生的原因，干预工作才能做到有的放矢，对症下药。

为了保证船舶工作的安全和正常进行，无论从短期和长期的目标出发，须注重船舶通航环境对船舶驾驶员心理影响这一问题，并积极采取有效的应对措施。

在船舶安全工作中防止压力产生的负面影响，主要应考虑良好的个人时间管理，保持良好的健康状况和充足的睡眠；按已建立的标准操作程序来开展每项工作；即使在紧张的工作中，应用幽默和愉快作为防止压力增大的良药，使自己与团队成员放松；按团队管理方式工作，所有的过失可被其他组员发现。岸基部门良好的管理以确保船上有足够的适任人员工作；熟悉潜在的压力局面；开展良好的培训工作，对团队进行关于压力的教育，以保持身体健康。

第三节 工作负荷管理
Workload Management

研究表明,近年来港口生产与通航条件的不断变化,特别是船舶工作的难度与风险的大为增加,对船舶驾驶员的工作环境与心理都带来了很大的影响。目前,绝大多数船舶驾驶员都深感值班工作的风险和本身的心理压力过大,而这些船舶营运风险和本身心理压力负担的增大往往是导致船舶事故发生的潜在因素。

一、工作负荷 (Workload)

工作负荷是指人体在完成特定任务中的最大瞬间力量或在给定时间内可完成工作的量。在超负荷情况下容易产生操作忙乱造成差错和事故。应对不同的工作制定相应的工作负荷标准,以保证操作人员的安全、健康及业绩。

工作负荷又叫工作强度或劳动强度。工作负荷水平常用能量代谢率(RMR)和其他生理指标来表示。能量代谢率是工作消耗的能量与基础代谢的比率。RMR 主要表示伴随肌肉活动的劳动强度。根据这个比率可将工作分为:

① 最轻工作:坐在椅子上的轻度作业(RMR0～1);

② 轻工作:一般事务性工作和轻度体力工作(RMR1～2);

③ 中度工作:以一般速度进行的不太辛苦的作业(RMR2～4);

④ 重工作:需要全身肌肉活动的相当辛苦的作业(RMR4～7);

⑤ 最重工作:如使用大型铁锤那样的重体力劳动(RMR7 以上)。

在不伴有体力活动的脑力劳动中 RMR 值就比较低。一般认为,工作负荷既应包括工作消耗的能量,也应包括工作的难度和复杂性。也就是说广义的工作负荷还应包括心理负荷。

同样的工作,其能量消耗会因人而异,也随完成工作的方法和操作人员的姿势不同而异。为减轻工作的负担必须采用合理的工作方法和工作姿势。各项工作活动的效果通常与个体的生理条件、主观反应和个体业绩有关。单位时间内的工作量过大称为超负荷。在超负荷情况下容易产生操作忙乱造成差错和事故等。

二、船舶状态划分 (Classification of Ship State)

从科学的角度看,缓解压力,提高生活质量,可以通过工作负荷管理来实现。综合压力管理理论认为,人类只能缓解某些压力,而不能完全消除压力。为了保证船舶工作的安全和正常进行,无论从短期和长期的目标出发,须注重船舶通航环境对船舶驾驶员心理的影响这一问题,并积极采取有效的应对措施。图 7-3 反映了值班过程中船舶状态的划分,也是工作负荷与压力之间的转换过程。

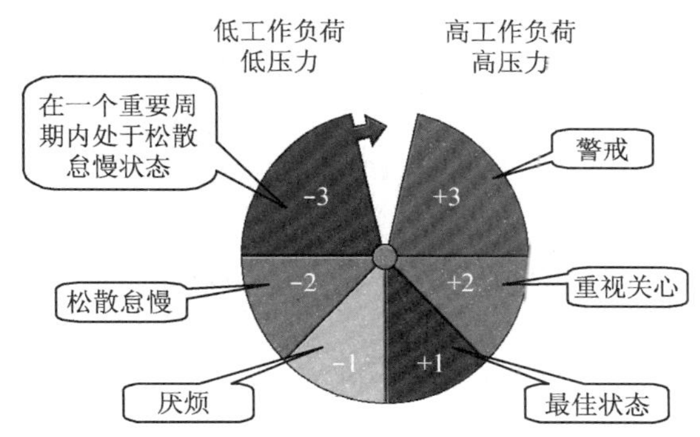

图 7-3　值班过程中的工作负荷与压力

＋1 表现为最佳的船舶状态，可以理解为船舶在沿海航行，船员的工作负荷不太大，比如每小时定位和简单的转向和避让等，压力也不太大，工作难度不高，船不多，离安全等深线距离足够等。

＋2 表现为加强的船舶状态，可以理解为船舶狭水道航行或靠泊等，压力和负荷都在增加，此时，须要增加资源减少个人的压力和负荷。

＋3 表现为紧急的船舶状态，可以理解为在＋2 的过程中出现紧急情况。此时，船舶须要调用额外的资源以降低压力负荷的平均值。并不能认为这样就可以避免事故的发生，但至少船舶能把自身的能力发挥到尽量大。

－1 表现为船舶的厌烦状态，可以理解为船舶长时间处于大洋航行的状态。驾驶员虽然可能按规定履行职责，但可能会打折扣，因为他的工作没有即时必要性，比如可以每班定一次位，也足够安全，瞭望也是如此，大家是在找船聊天，而不是避让通信。

－2 表现为船舶的怠慢状态，此时驾驶员已经丧失了安全意识，甚至出现困倦的情况。

－3 表现为船舶的极致怠慢状态，是在怠慢状态导致出现紧急情况。此时，也可能全船行动起来对危险进行响应，使船的状态进入＋3，但此种状态下资源可用程度和人员承受压力的程度与前述性质是不同的，船舶能力发挥的程度非常有限，事情的结果主要看最后的结果。

三、船舶值班的管理 (Control of Ship Watchkeeping)

首先，工作负荷与任务数量、任务的价值和任务完成时间有密切的关系。通常认为，工作量大小与任务数量、任务的价值成正比，与任务完成时间成反比。为了提高工作负荷，可以使用的手段往往是，缩短任务完成时间，增加任务数量和提高任务的目标；降低工作负荷，则是延长任务完成时间，减少任务数量和降低任务的目标。在船舶值班过程中，往往需要根据驾驶台的状态灵活提高或降低工作负荷。通常地，降低负荷是主要的进出港驾驶台安全工作的内容。实施的方式也主要是减少任务数量，比如，分派任务。通过预先计划，预料到负荷的变化，采取措施纠正或防止其发展。设置优先次序，推迟实施时间。

比如在值班期间，船长须增加压力和负荷，比如要求定期检查船舶设备状况并记录等，比如驾驶台航行值班报警系统(BNWAS)等，但增加的工作不能影响值班(如改海图)，所以增加负荷的效果是有限的，故更重要的是增加驾驶员的压力。值得注意的是在－1至－2的情况。比如，在签署船长常规命令时明确约定：如果值班时睡觉则一律离岗，或者船长要在夜间抽查驾驶员的值班状态，半夜电话了解驾驶台的情况，通过驾驶员的回答结果判断他是否意识清醒。让他们在头脑中有潜在意识：船长会来看的。对船员来说这就是压力。

思考题

1. 试说明疲劳的特征以及对人的影响。
2. 试说明压力的来源与对人的影响。
3. 试说明值班期间的工作负荷的变化。

第八章　计划与程序
Plan and Procedures

计划是管理工作的重要职能之一。合理的计划可以确保组织按照行为的需要分配资源，组织成员按照规定的程序开展自己的工作，监测工作进程是否达到组织目标，以便在未能达到上述要求时及时采取改进措施。与此同时，在船舶管理的过程中，通过建立标准、衡量绩效和纠正偏差等过程来监督计划的实施，以确保船舶的安全和有效地提高营运效益。从 20 世纪 90 年代开始，国际海事组织在国际航行船舶中强制实施《国际安全管理规则》，国家海事局也针对国内航行船舶出台了《国内安全管理规则》，目的是通过加强人的因素管理，通过建立标准、衡量绩效和纠正偏差等过程来减少船舶事故发生。这些规则都要求建立和实施安全管理体系，并通过运行安全管理程序，控制船舶安全。

第一节　航次计划
Voyage Plan

一、计划与船舶计划(Plan and Ship Plan)

1. 计划的定义(Definition of plan)

计划是事先制定的为进行某事或制作某物的一些详细的方法。从时间角度而言，计划可分为短期计划和长期计划。对未来事件预测的时间越长，预测出错误的可能性也就越大。因此，长期计划很少像战术计划那样被用于确定如何分配组织资源来帮助组织实现战略目标，而是通常被作为战略计划来确定整个组织的主要远景目标以及促进这些远景目标实现所需要的方针。另外一种常见的方式是将计划分为单项计划和标准计划两种。前者被用于规范通常不会以相同方式重复出现的行为，例如工程、项目和财务预算；而后者则被用于组织行为反复出现的情况，因为它能用一个或一系列单项决策指导所有重复的行为。标准计划的常见形式是方针、程序和规章制度。

2. 计划的制订(Plan making)

计划工作的基本过程可分为四个阶段：确立远景目标、分析当前形势、分析影响远景目标实现的有利和不利因素以及制定实现远景目标的方案。

(1) 确立远景目标。远景目标为组织的行为规定了基本方向。它们由组织的目的、任务、目标和战略四部分组成。

(2) 可用资源分析。这部分内容包括确定个体与远景目标间的差距、为实现远景目标应准备的资源以及妨碍目标实现的自身局限性。管理者需要搜集各种数据来分析当前形势。这需要保持所有沟通渠道畅通。如果必要,他们还应该建立正式的信息系统来搜集相关数据。

(3) 确定远景目标实现的因素。管理者一旦确定了自己的远景目标,就必须确定环境中哪些因素有助于组织实现其远景目标,哪些因素起妨碍作用。它还包括对未来可能出现的因素及当前因素在未来可能发生的变化的预测。通常,组织的人力资源、财政和设备是管理人员的主要辅助手段。妨碍实现远景目标的障碍一般存在于组织内部,但多数情况是这种障碍存在于组织之外。

(4) 制订实现目标的计划。计划工作的最后一步是制定若干种实现既定远景目标的方案供选择,通过对这些方案的评估和筛选,最后从中确定一个能实现目标的最佳方案。如果原有计划已经引领组织去实现其既定远景目标,则管理者通常应仔细观察该计划的进展情况,随时准备在出现特殊情况时采取应变措施。但绝大部分情况下,他们将重新进行,因为当前的环境和条件已经不能适应远景目标的变化情况。

3. 计划的编制程序(Procedure for plan making)

虽然计划的种类很多,但计划的编制具有一定的普遍性和程序性。计划的编制过程一般需经过以下几个步骤:

(1) 分析内外环境。驾驶台团队在正式编制计划之前,需要对船舶的内外环境进行认真的调查分析。对船舶的外部环境进行分析,即对自然、交通、水文、气象、社会、港口与通航管理、引航员等外部因素的分析,识别哪些因素对船舶的影响是有利的,哪些因素对船舶的影响是不利的,识别机会和威胁各有哪些。对船舶的内部环境的分析,即对船舶结构、设备、信息、船员、岸基支持、安全文化等内部因素的分析,清楚船舶的优势是什么,薄弱的环节在哪儿,即识别船舶的优势和劣势分别是什么。通过以上的分析,可以做到"知己知彼",从而能更好地利用优势来把握住可能存在的机会。分析环境是计划工作的真正起点。

(2) 确定可行目标。在分析的基础上,就可以选择并确定自己的可行目标。计划工作的目标指明了所要做的工作有哪些,重点在哪里。目标的选择是计划工作中极为重要的环节,因为所选择的目标必须与航次目标相一致,有多个目标可供选择时,应分清主次,以保证将有限的资源用于关键目标的实践上;另外,目标应尽可能量化,以保证目标有效、高效的实现。

(3) 确定计划的前提。确定计划的前提,也就是要确定整个计划活动所处的未来环境,这种未来环境必然充满了许多的不确定性。不可能百分百地预见未来,只能通过对现有资料的分析预测计划将要涉及的未来环境。未来环境包含的内容很多,不可能对它的每个方向、每个环节都作出预测,只需对其中有重大影响的主要因素作出预测就可以了。例如,做航次计划时,应尽可能对交通、水文、气象、社会、港口与通航管理、船舶结构、设备、信息、船员等作出预测。就船舶而言,保证船舶安全和高效营运的任务是按照计划航线操纵船舶。航线上的每一航段都有各自应达到的目标,包括既定的航速、最大许可偏航距离和预计到达转向点的时间等,为保证团队实现上述目标,还应该制订下列相应的战略:开航前应该搜集哪些信息;应使用哪种定位方式;怎样改善船舶的操纵性能等。

(4) 确定备选方案。一个计划可能有几个可供选择的方案。在这个环节中,具体要完成两件任务:第一,通过集思广益来发掘多种高质量的备选方案;第二,通过筛选,对最有希望的方案进行仔细的分析。

(5) 比较备选方案。确定了备选方案后，就要根据计划的目标和前提条件，对各种备选方案进行比较分析。比较的关键在于比较标准的选择以及各标准权重的确定。在实际的工作中，一般是各种标准共同使用，这样才能进行有目的的比较。

(6) 选择方案。选择方案是计划的关键。为了保持计划的灵活性，选择的结果可能是两个或两个以上的方案。应明确首先采取哪个方案，另将其余的方案也进行细化和完善，作为后备方案。

(7) 制订子计划。完成选择之后，就必须帮助涉及计划内容的各个下属部门制订支持总计划的子计划，完成子计划是实施总计划的基础。

(8) 编制预算。预算实际上是对资源的分配，它既是汇总各种计划的工具，又是衡量、控制计划进度的重要标准。

4. 船舶计划(Ship plan)

船舶计划是为了确保船舶航行与作业安全事先制定的一些详细方法。合理的船舶计划可以确保船舶按照行为的需要分配资源，组织成员按照规定的程序开展自己的工作，监测工作进程是否达到组织目标，以便在未能达到上述要求时及时采取改进措施。船舶计划可以使船上工作有明确的目标和具体的步骤，可以协调大家的行动，增强工作的主动性，减少盲目性，使工作有条不紊地进行。同时，船舶计划本身又是对船上工作进度和质量的考核标准，对大家有较强的约束和督促作用。所以计划对工作既有指导作用，又有推动作用。

船舶计划具有预见性、针对性、可行性和约束性等特点。预见性是对行动的任务、目标、方法、措施所作出的预见性确认，预见是否准确，决定了成败。针对性是对本单位的工作任务、主客观条件和相应能力而定。从实际出发制订出来的计划，才是有意义、有价值的计划。可行性是计划必须在现实中才真正可行。如果目标定得过高，措施无力实施，目标定得过低，虽实现很容易，但价值和成就很小。约束性是计划一经通过、批准或认定，在其所指向的范围内就具有了约束作用，不得违背和拖延。

船舶计划包括航次计划、船舶应急计划、维护保养计划和船上船员培训计划等。船舶航次计划，也称航行计划，是指船舶在航行前，根据起始港到目的港的路程、所经海域、航道、沿途天气状况、航路指南和航行警告等信息制定最适航路。船舶应急计划是为了保证航行安全，船舶进入或临近进入某种事故或紧急状态时所采取的应对措施和行动。船舶维护保养计划是指为了船舶正常航行和装卸货，对船舶设备进行定期的维护保养行为。船员培训计划是对在船实习生和新到船的交接班船员进行船舶设备使用的说明和航海经验的讲解。

二、航次计划 (Voyage Planning)

1. 航次计划的概念(Definition of voyage planing)

航次计划通常是指船舶接受新的航次任务后，拟定从一个港口泊位航行到另外一个港口泊位的过程中有关航行安全保证的具体措施与对策。

航次计划内容覆盖面广，要求结合航行实际，充分考虑航行中的各种因素，综合利用船舶驾驶学科及航海的专业知识。船舶航次计划制订的好坏直接关系到船舶和海上人命安全以及海洋环境的保护。为此，国际海事组织(IMO)还在1999年11月25日通过了A.893(21)号决议——航次计划指南(Guidelines for Voyage Planning)，对航次计划的各项具体内容作出了进一步的规范。

2. 航次计划内容(Contents of voyage planning)

对于不同的船舶,不同的海上环境,航次计划的内容也会各有不同,但就总体而言,船舶航次计划的主要内容应是一致的。其内容主要包括:航行前航海图书资料的准备和改正;各种助航仪器的检修与启动;人员配备和载货(卸货)计划的完成;淡水、燃油及日用品的储备;航线的确定;开航时间、航行时间及过重要水域时间的计算;航行中重要水域或狭水道的航法研究;跨洋航行时大圆航线的起始点和到达点的选定;航线在某海区可能遭遇到的海况和恶劣天气及其应变措施;到达港的概况、通信、引航以及航道特征等;防污染方面的信息和相关规定,如换压载水、垃圾处理以及污水、废气的排放等限制和要求。

3. 航次计划的目的(Purposes of voyage planning)

做航次计划的目的主要是为船舶航行做准备,以便能用保障船舶安全和保护环境的方式,执行从泊位到泊位的计划航线,同时确保一直对船舶的积极控制。

《STCW 公约》也要求在航行值班中应该遵循的基本原则:“事先应考虑到所有的有关信息作好航次计划,开航前应检查所制定的任何程序。”

所有这些都说明了航次计划的目的包括:为了海上人命安全、航行的安全性和实用性以及海上环境的保护;为了航行和航路计划的拟定,以及在实施该计划过程中对船舶航行及其船位的严格和连续的监控;为了充分考虑到拟定计划和实施计划的所有因素,因为所有船舶都可能存在有影响安全航行的诸多因素,大型船舶或者装运危险货物的船舶可能有更多的不利于航行的因素。

4. 航次计划的制订(Making out voyage planning)

在尽最大可能进行前述评估的基础上,应尽可能详尽地作出航次计划,计划应包括所有的偶发事件和应急事件的策略。航次计划通常是指从引航站到引航站,但 IMO 决议 A. 285(VIII)附则 A(V)有关《STCW 公约》II/1 指出:“尽管引航员在船且有责任和义务,但不能解除值班驾驶员对船舶安全的责任和义务。”显然,即使在某一航段由引航员引航,也需要将航次计划落实到泊位至泊位(Berth to Berth)。

三、评估航次计划 (Appraisal Voyage Planning)

为了保证航行安全,经济地完成航行任务,当船舶接到航次命令后,就应当结合本船的实际情况,充分考虑各种因素,综合利用航海科学技术知识,制订好航次计划。航次计划通常是指船舶接受新的航次任务后,拟定从一个港口泊位航行到另外一个港口泊位的过程中有关航行安全保证的具体措施与对策。航次计划内容覆盖面广,要求结合航行实际,充分考虑航行中的各种因素,综合利用船舶驾驶学科及航海的专业知识。航次计划是航海中一项非常重要而且十分复杂的任务,这项工作做得好与不好,直接影响到船舶在海上的航行安全,也影响着船舶的营运经济效益。船舶航次计划控制的好坏直接关系到船舶和海上人命安全以及海洋环境的保护,也是船舶营运中极为重要的控制对象。

在进行航次计划的准备之前,航海人员需要对可能出现的任何风险有清楚的认识,所以预先要对可能出现的任何风险进行评估,并对风险有风险控制和解决预案。

评估被看作是航次计划的最重要的一步,因为收集所有相关信息,确定计划航线的坚实基础正是在这个阶段。在进行航次计划评估时,首先尽可能地不去考虑商业航行规划的迫切要求,摆在第一位的是航行安全和环境保护的因素,用一定的时间来进行航次计划的评估会在以后的工作中得到收益。

1. 了解航次任务（Comprehension of passage task）

一般承运人下达的航次命令包括：航线、载货港、卸货港、受载期、货物种类和数量、受载要求等。可能是多港装卸，可能指定航线，这时应特别注意，切不可盲目从事，应仔细分析研究营运人的航次命令，除特殊情况外，一般都应执行营运人指定的港序，并据此制订航次计划和具体的航次计划。

2. 所有可用信息源（Assessment of all available information resources）

一般地，航次计划的可用信息源包括：① 船舶的条件和状况，其稳性、设备、任何操纵的局限、海上航道和港口的允许吃水、船舶操纵性能包括任何的限制；② 货物的特殊性质（尤其是危险品），以及货物在船上的分布、积载和系固；③ 全航次船员的伙食及适当的富余量；④ 有效的船员证书和文件的配置，包括船舶设备、船员、旅客或者货物；⑤ 为计划航线或航路配置适当比例尺、精确的并经改正到最近的海图，包括临时性通告、航行警告和无线电航行警告；⑥ 精确的并经改正到最近的航路指南、灯标表、无线电信号表。

任何最新的有关附加资料也是必要的信息，包括：① 有关当局出版的各类航路指南、航路设计海图；② 潮流和潮汐图集和潮汐表；③ 气候资料、水道测量和海洋数据以及其他相应的气象信息；④ 可供使用的气象服务（诸如世界气象组织出版的标号为 No. 9 的 D 卷中的内容）；⑤ 船舶分道通航制、船舶报告系统、交管系统和海上环境保护措施；⑥ 整个航次可能遭遇的船舶通航密度；⑦ 可获得的港口资料，包括紧急的岸基支持的处置和设备。

任何跟这种船舶类型或其货物有关的附加项目将是有益的信息，包括：船舶将航经的特殊水域，比如敏感水域、保安区域，以及应急时需要行进的航程信息或航路的模式。

如果申请引航，还需要收集引航业务资料，引航员的登轮和离船方式与手段，船长和引航员的信息交流手段与内容。

3. 航线评价（Assessement of passage）

在充分收集上述各种信息源的基础上，应对预定的航次或者航路作出全面评估。这种评估应清晰地标明所在区域的风险、可能影响到航行安全的那些区域，包括任何定线航路、报告系统和船舶交通服务，以及任何适用的海洋环境保护。在对计划航线进行了评估并清楚了是短途沿岸航线还是长航线后，船长要亲自决定计划并责成一名驾驶员设计航线。对于大多数船舶而言，这项工作由二副来完成，但某些船舶也会指定一名驾驶员来完成，有些船舶则必须由船长自己设计航线。不管由谁来设计，都必须要求船长对航线负责。

1）大洋航线评价

大洋航线首先考虑的是港口间的距离、油水和储备情况等。

大圆航线是最短航程航线，但其他因素也应予以考虑：① 气象条件。实践证明利用某种气象导航服务是有效的。尽管推荐航线距离较长，但充分地证明了航时较短、船舶遭受损失较小。② 天气系统。例如，夏天航行于中国海的船舶易遭遇热带风暴，需要足够的海域用以规避；高纬度的航线要求考虑冰区条件。

尽管船舶采用推荐航线有其优越性，但要求遵守载重线规则。在某些特殊情况下，比如政治原因，船舶需要避开特定区域。

2）沿岸航线评价

沿岸航线主要考虑的是保持与海岸线和危险物的一定距离。当船舶航经 IMO 采纳的分道通航和定线制的水域时,必须遵守相应的航线。在某些沿岸水域,对于特定类型船舶的最小离岸距离由有关政府规定。一些航运公司也规定了距岸的最小距离。

在群岛海峡区域,必须确定哪些海峡和水道可以使用,是否有引航要求。在某一条件下绕离群岛海峡可能是比较好的选择。

四、执行航次计划 (Implementation of Plan)

制订、讨论和批准计划后,应确定计划的执行,也就是确定计划执行的方法,包括充分利用可以利用的资源。

1. 策略(Tactics)

用于完成计划的策略包括:① 预计潮水时间。确定预计抵达重要航行点的时间,以期利用有利的潮流。② 预计白天抵达的时间。确定预计抵达重要航行点的时间最好是白天,以期能更好地利用白天航行的优点。③ 重要区域的交通状况。④ 预计抵达目的地的时间。特别是在过早抵达时并不见得就有利。⑤ 潮流。当航经相关海域的时间已知,可将从海图或潮流图集中获取的潮流信息在航线设计中加以考虑。理想情况下,在航经之前应计算操舵航向,事实上,严格按照计划航行能消除潮流的影响。⑥ 计划修正。在航行设备不可靠或不精确或时间变动如推迟离港的情况下,只有在执行的过程中不断修正,才能使计划得以安全执行。

2. 辅助人员(Additional personnel)

为使航次计划安全执行,有必要利用额外的甲板或轮机人员控制危险。这包括必要的职位意识:① 在通常情况下,如近岸航行、航经受限水域、驶近引航站等,呼叫船长上驾驶台;② 将机舱从无人值班转换为有人值守;③ 呼叫额外的适任人员上驾驶台;④ 除值班人员外,应保证人员随时可从事驾驶台工作,如操舵、瞭望等;⑤ 除值班人员外,应保证人员随时可适应甲板工作,如准备引航梯、收锚和备锚、准备靠泊设备、系解拖轮等。

3. 开航前会议(Briefing)

召集有关人员开航前会是大有裨益的,虽然航前会可能占用相当一段时间。即将开航时,必须向相关人员做简单通报,以便编制工作时间表和提出进一步的要求。特别是在不同于常规航行的变化,如双值守、锚泊班等应由船长或驾驶员指定相关的人员。

这种航前会需要经常更新,在不同的航段,需要重新通报航行进程。这种通报应使每个人清楚在整个航行中的作用,并使自己做出满意的贡献。

4. 航行准备(Preparation for navigation)

管理的基本要点之一就是确保工作场所经过清理,并可用于完成工作任务。使驾驶台适合于航行,这通常是初级驾驶员的职责。如果有检查表的话,应该在航行前认真去做并实地检查,以便有效地完成这些日常工作,为安全航行做好各项准备。

5. 组织(Organization)

航次计划的整个执行组织包括:① 开航前:航次计划制订与上报批准;驾驶台/机舱团队获得良好的休息;按照公司检查表及时测试驾驶台设备;做好驾驶台开航准备工作;召开航前会议(Briefing)。② 航行中:严格执行航次计划的各项具体要求,并在实施过程中保持连续的监控,然后作好相应的记录。③ 航行结束:应进行总结(Debriefing)。船长应利用任何可能的机会同团队成员讨论计划及其执行情况,应坦然地接受可能有的缺点,以便在将来的航次计划中予以纠正和考虑。

五、监控计划 (Monitoring Plan)

监控航次计划的实施是为了能保证船舶按照预定的航次计划航行，而且，这也是处在驾驶台团队中的值班驾驶员的首要职责。

1. 主要功能(Monitoring function)

监控的功能包括以下方面：按照要求随时确定船位；瞭望与避碰；遵守航行规则；进行时间管理；气象观测；航行及非航行中的应急处理。

2. 监控方式(Monitoring means)

监控方式主要是视觉、听觉以及适合当时情况和条件的一切可用的手段。在视觉层面，需要考虑利用方位、距离、视觉观察、导标线、清晰的标志及方位、灯光弧度等；在电子仪器上，主要是雷达和 ARPA、全球定位仪和差分全球定位仪、回声测深仪、速度和距离计程仪、自动识别系统、综合导航系统和电子海图等。

3. 监控记录(Monitoring records)

在执行航次计划的整个过程中，应保持严格和连续的监控，对该计划的任何改变应予以清晰的标记和记录。另外，对于航行中其他应记录内容也应有相关的记录并保存好。

第二节　制度的制定与执行
Formulation and Performance of Rules

国际安全管理规则(ISM)生效后，从根本上改变了船舶适航的观念，从单纯的技术角度，转向了适航的设备、合格的技术以及适任的船员等全面要求。规则的目的就是将对船舶的管理系统化、规范化、文件化、程序化，来规范人的行为，使之符合国际规则、行业标准，达到安全和保护环境的目的。这在一定程度上解决了对人的素质过分依赖的问题。ISM 规则是国际海事组织经过多年研究制定的，是一套既有理论基础，又有实践背景，适合于所有从事船舶安全管理的航运企业的国际通用标准，具有独特的特点和最低要求的基本功能。规则的生效，不仅改变了船舶的管理，同时也增加和延伸了船东的责任，如公司的制定责任、执行责任、培训责任等。因为船舶发生的任何问题几乎都可归于管理上的问题。

一、制度的定义与组成 (Definition of Rules)

所谓制度，最一般的含义是要求成员共同遵守的办事规程或行动准则，也有认为是一定历史条件下的政治、经济、文化等方面的体系。实际上，“制度”是一个宽泛的概念，是指在特定社会范围内统一的、调节人与人之间社会关系的一系列习惯、道德、戒律、规章等的总和。显而易见，制度是国家机关、社会团体、企事业单位，为了维护正常的工作、生活的秩序，保证各项政策的顺利执行和各项工作的正常开展，依照法律、法令、政策而制定的具有法规性或指导性与约束力的应用文，是各种行政法规、章程、制度、公约的总称。

管理学者诺斯认为“制度是社会的游戏规则，更规范地讲，它们是为人们的相互关系而人为设定的一些制约”,他将制度分为三种类型,即正式规则、非正式规则和这些规则的执行机制。正式规则又称正式制度,是指政府、国家、正式组织按照一定的目的和程序有意识创造的一系列的规则及契约等法律法规,以及由这些规则构成的法理等级结构,包括从宪法、法律、法规,再到明细的规章、标准、规范、章程等,它们共同构成人们行为的激励和约束。非正式规则是人们在长期实践中无意识形成的,具有持久的生命力,并构成文化的一部分,包括价值信念、伦理规范、道德观念、风俗习惯及意识形态等因素。执行机制是为了确保上述规则得以执行的相关制度安排,是制度安排中的关键一环。这三部分构成完整的制度内涵,是一个不可分割的整体。制度具有三个特点。一是指导性和约束性,制度对相关人员做些什么工作、如何开展工作都有一定的提示和指导,同时也明确相关人员不得做些什么,以及违背了会受到什么样的惩罚。二是鞭策性和激励性,制度有时就张贴或悬挂在工作现场,随时鞭策和激励着人员遵守纪律、努力学习、勤奋工作。三是规范性和程序性,制度对实现工作程序的规范化,岗位责任的法规化,管理方法的科学化,起着重大作用。

在船舶安全管理中,制度可分为岗位性制度和法规性制度两种类型。岗位性制度适用于某一岗位上的长期性工作,所以有时制度也叫“岗位责任制”。法规性制度是对某方面工作制定的带有法令性质的规定,如《值班制度》。制度一经制定颁布,就对某一岗位上的或从事某一项工作的人员有约束作用,是他们行动的准则和依据。制度的发布方式比较多样,除作为文件存在之外,还可以张贴和悬挂在某一岗位和某项工作的现场,以便随时提醒人们遵守,同时便于大家互相监督。

二、制度的形成与制定(Formulation of Rules)

规章制度是国际公约、国家法律、法令的具体化,是人们行动的准则和依据,因此,规章制度对船舶营运有着十分重要的作用。制度的存在使得船舶营运更多依赖于预先制定好的一系列规范,减少了对少数个人的依赖,避免了决策的主观性。从这种意义上来说,通过正式规则这一具体制度来对船员进行管理是重要的。

在ISM中明确指出建立的制度需要符合有关的国际和船旗国立法的指令以确保船舶的安全营运和环境保护。因而,船舶管理工作中的正式规则制度包括国际公约和国内制度两个体系。非正式规则则表现为公司安全管理体系文件中制定的管理文件。

1. 国内规则(Local rules)

国内制度主要表现为法律体系和公司制度。国内法同样是分层次的,包括法律、法规、规章和规范等。制定机关的等级越高,其法律的效力就越高,适用的范围就越大。法律仅指全国人大制定的基本法律和全国人大常委会制定的普通法。行政法规是指国家最高行政机关国务院在法定职权范围内为实施宪法和法律制定的有关国家行政管理的规范性文件。地方规章是指国务院各部委、省(自治区、直辖市)人民政府以及省(自治区)人民政府所在地的市和经国务院批准的较大的市的人民政府根据法律和国务院的行政法规、决定、命令而制定、发布的规范性文件。国务院部门规章和地方政府规章在自己的范围内生效,而在一个行政区域内,省政府规章比市政府规章的效力要高。地方性法规与规章之间的效力问题没有规定。其他规范性文件指各级国家行政机关,根据法律、法规和规章的授权或自身的法定职权,为实施法律、执行政策,结合本地区、本部门的实际制定、发布的除行政法规、规章以外的具有普遍约束力的决定、命令及行政措施。海事管理机关制定、发布的文件属于这一层次。

公司制度属于企业管理的内部文件。

在法律的适用中，如果出现冲突适用以下原则：① 如果能够分出谁的效力高谁的效力低，则适用位阶高的，而不适用位阶低的，即上位法优于下位法。② 当冲突双方为同一位阶时，则新法优于旧法，特别法优于一般法。但是如果双方为各个机关所制定的规范，则由各个机关来决定。

我国民法通则规定，中华人民共和国缔结或者参加的国际条约同中华人民共和国的民事法律有不同规定的，适用国际条约的规定，但中华人民共和国声明保留的条款除外。中华人民共和国法律和中华人民共和国缔结或者参加的国际条约没有规定的，可以适用国际惯例。国际公约在国内的法律地位，与批准生效的方式和部门有关。经国务院核准的相当于行政法规，或行政规章。因此，我国的海事法律具有明显的国际性，海事适用的程序法和实体法一般都反映了国际公约精神和行业惯例原则的国内法。我国海商法和海事诉讼特别程序法的主要内容，大多取自国际公约、国际惯例、国际上的的示范法、标准贸易条件、标准合同条款等。

2. 国际公约(International rules)

航运企业是一种国际化的行业，它受诸多国际公约的约束。国际公约一旦被一个国家接受或加入，或对默示生效没有提出异议的，除了声明保留的外，就意味着对该国具有了约束力。国际海事组织的文件分为四个层次，分别为：公约（如 SOLAS，MARPOL，STCW 等）；规则（如 ISM，ISPS）；决议（又分为 IMO 大会决议和海安会决议等）；通函（如海安会、海环会决议等）。决议和通函有的是强制性的，如消防设备的“维护保养、试验和检查应根据本组织制定的指南进行”，这里的指南就是 MSC/Circ. 850《防火系统和设备维护保养和检查指南》。有的是非强制性的，例如英语应作为驾驶台的工作语言，为此可使用经修订的《IMO 标准海事通信英语》(A. 918(22) 决议)。

国际条约不仅包括以条约为名称的协议，也包括国际法主体间形成的公约、规约、协定、议定书、最后议定书等。国际条约本属国际法范畴，但我国政府签订或我国加入的国际条约，对我国的国家机关、公职人员、社会组织和公民也有法的约束力，在这个意义上，国际条约也是我国的一种法理形式，与国内法具有同等的约束力，都是必须遵守的。

三、理解并执行制度（Understand and Perform Rules）

1. 制度是一种管理方法(Rules are one kind of management)

利用制度进行管理，可以简化并规范管理，降低管理成本。管理方法通常可以分为两种，即“人治”与“法治”。“人治”的航运公司是一个人或几个人说了算的公司，或者说是由一个人或几个人的能力专制的企业。这种企业也会有制度，但制度体现了专制者的意志，是制约别人而不制约他自己的。“法治”的航运公司是按一套规定的制度运行的企业。员工的作用与权力是制度赋予的，而且要受制度的制约。在制度面前，人人是一律平等的。

2. 制度必须得到遵守 (Rules must be performed)

制度管理，意味着管理必须具备一定的刚性。制度管理具有一定的严肃性。每一个组织成员必须明确表示对制度的尊重。作为制度的遵守者，在制度没有修订前，必须按照制度来执行，哪怕是不恰当的，也要等到执行结束后再进行补偿。此后再协商决定是否对制度进行补充或修改。必须强化管理，“强化”从某种程度上讲就是理解的要执行，不理解的也要执行，强化是带有强制性的。船上的工作具有分工细、等级严等特点，这是行业性质所决定的，否则无法保证船上工作正常有序地进行。全体船员必须下级服从上级、机舱服从轮机长、甲板服从大副、全船服从船长，并确保船长在船舶工作中的领导地位。比如，在船上安全制度的执行方面，要获得并维持高效率的船舶操作，安全和健康对所有船员来说是至关重要的，因此高标准的安全意识、个人纪律和个人素质被置于首位。

3. 制度是保障公平的一种手段 (Rules are an assurence way of fairness)

制度，其实就是游戏规则。在某一时间段中，必须存在一种明确的，最好是书面的规范，组织内部的每一个成员都必须遵守。这样更容易实现公平。常说“法律面前人人平等”，在制度面前也是人人平等。

四、制度的执行力(Implementation of Rules)

在实际工作中，许多已制定和颁布的制度之所以执行不力或难以实施，大多是由于执行力不足的原因。这些问题存在于以下方面：

1. 制度的推行(Promoting performance of rules)

在制度执行过程中缺乏必要的宣传；缺少合适的评价机制，使得公司中层干部或船上管理人员对推行规范化管理缺乏积极性和动力；缺乏必要的激励措施，使得员工产生推行规范化管理就是扣钱和束缚工作行为的错误思想。

制度的执行缺乏强有力的监督落实机制，虽有具体领导和负责部门来承担监督落实责任，但对制度落实效果的考核力度不够，执行与否与员工利益的关联度较低，制度落实缺乏足够的群众基础。

2. 制度的更新和完善(Updating and improving rules)

制度也不是一成不变的，要根据实际情况的变化而不断修订。对制度不满的时候，也不能否认制度的严肃性，而是通过制度反馈和修改的正当渠道提出建议。因为不满的仅仅是制度的某些条款、某些内容，而不是制度的本身和制度的全部。作为船舶规章制度的制定者，必须不时针对外界环境情况的变化和单位人员的意见或建议对制度进行不断的修正，使之更加合理规范并易于执行。制度的制定和更新必须遵循相应程序。船上有一系列的规章制度，这些规章制度都是为了保证船舶的安全航行而制定的，经过多年的运行，有的规章制度可能已经不符合现代船舶管理的要求，这时候制度就要进行相应的修改和完善。

制度更新不及时，不能根据公司的发展及时修改并下发执行，过时的制度也影响了制度的权威性；部分制度不够完善，不能适应公司发展的要求。

3. 规范管理和安全文化 (Standardization of management, safety culture)

管理执行力不足还缺少制度管理及规范管理的文化氛围。强调企业内部“依法办事”，并以身作则，是各级管理者的责任，但是企业内部从上至下存在认识上的偏差。目前企业多考虑如何利用政策，但随着企业做强做大，要获得长远发展，只有从内到外都要走向规范化，主动地去遵守内外规则。也只有这样才能保证企业内部的公平，提高企业内部员工的凝聚力。比如船上操作方案方面的制度一般包括：① 航海图书资料管理制度(包括供应与改正)；② 航行计划制订制度；③ 开航前及抵港前检查制度；④ 靠离泊作业制度及抛起锚作业制度；⑤ 货物装卸作业及在船期间管理制度；⑥ 船舶高空和舷外作业安全制度；⑦ 关键设备安全操作制度(助航设备、系泊设备、动力设备、通信设备、防污设备、货物装卸设备等)；⑧ 航行值班制度、锚泊值班制度和靠泊值班制度；⑨ 进入封闭场所安全制度；⑩ 明火作业制度；⑪ 恶劣天气航行、锚泊和靠泊值班制度；⑫ 航行(包括雾中航行)、锚泊和靠泊值班制度；⑬ 接受航行警告及气象信息制度；⑭ 燃油加装及内部驳运制度；⑮ 狭水道、港区、桥区、通航密集区等关键区域航行操作制度；⑯ 船岸通信联系及船舶动态控制制度；⑰ 压载水管理制度；⑱ 防恶劣天气制度。通过这些制度的管理基本可以形成规范管理平台,促进安全文化的形成。

4. 管理层的表率作用(Model function in various management levels)

组织管理层应熟悉和带头执行自己的规章制度和管理程序,做到程序大于权力。否则就会成为"人治"化的组织,从而使组织内部的制度得不到良好的执行。另外,如果中、高级管理层内部沟通或协调不够,整体作战能力表现不足;高层的管理风格和中层管理者工作意识不匹配,中层管理者执行力度差,使得高层管理者疲于应付公司日常事务,降低了管理效率等都会导致执行力不足的结果。

为了加大和保持全面执行公司的管理程序和规章制度,包括公司与船舶的各级管理人员都必须认识到以上几个方面的问题,并根据所存在的问题采取有效的对策与措施,最终达到相应的目的。

五、船员的规则意识 (Rule Awareness of Crew)

规则意识是社会意识的一种特殊形式,是人们关于法律制度现象的感知、认识、情感、态度、评价、思想、观点、知识和心理等主观方面的总和,是指发自内心的、以规则为自己行动准绳的意识。规则意识的内容十分广泛,包括对制度的本质、作用的看法,对现行制度的要求和态度,对制度的理解,以及对人们的行为是否符合的评价,等等。船员需要培养成熟的规则意识。

规则意识是现代航海每个船员都必备的一种意识。规则意识有三个层次,它首先是指关于规则的知识。比如说,爱国守法、明礼诚信、团结友善、勤俭自强、敬业奉献、爱护环境、遵循规章制度等。但仅有规则知识是不够的,更重要的是要有遵守规则的愿望和习惯。这是规则意识的第二个层次。重要的不是知道规则,而是愿意和习惯于遵守规则。这尤其表现在没有强制性力量阻止违反规则的时候,也自觉予以遵守。古人说的好:君子慎独。君子在独自一人的时候是很慎重的,因为没有人监督,人性中的不好的一面就会跳出来,千方百计地诱惑你。如果没有遵守规则的愿望和习惯,在船舶值班过程中,在一念之间,你可能就铸成大错,后悔莫及。规则意识的最后一个层次是遵守规则成为内在需要。在这种境界中,遵循规则已成为人的第二天性,外在规则成为人的内在素质。从规范向素质的转变,对于个人来说,意味着规则不再仅仅是一种外在强制,从而在某种意义上使人获得了真正的自由。很明显,船员的规则意识对于船舶安全尤其重要。

第三节 标准程序的实施与监督 Implementation and Supervision of Standard Operating Procedures

一、程序的定义与内容 (Definition and Contents of Procedure)

1. 程序的定义(Definition of procedure)

所谓程序是指一个组织中对某项活动处理流程的一种描述、计划和规定。《辞海》中的解释为按时间先后或依次安排的工作步骤。如:工作程序(Work Procedure)等。具有复杂性、由多个环节组成的管理活动都可以制定程序。程序按照性质可以分为管理程序(Managemental Procedure)、操作程序(Operational Procedure)等。

随着科学技术与生产力的发展,松散型管理逐步进入标准化管理。此时,在质量、安全与环保等领域,社会和顾客都要求生产企业能建立标准化体系。航运业也在20世纪90年代以来,逐步实施ISO 9000系列质量管理体系,ISM安全营运管理体系,以及OHSAS 14000职业健康安全管理体系。程序式标准化管理在今天的船舶运输中已经成为普遍的实践活动。

在这些标准化体系中,程序是为进行某项活动或过程所规定的途径。程序可以形成文件也可以不形成文件。当程序形成文件时,通常称为"书面程序"或"形成文件的程序"。含有程序的文件可称为"程序文件"。程序文件是管理体系文件中最重要的组成部分,是管理体系结构中组织结构、质量职责和权限、资源、工程程序等方面高效、经济、协调运行的方法和保证。

2. 程序的内容(Structure and contents of procedure)

文件化程序中通常包括活动的目的和范围,做什么和谁来做,何时、何地和如何做,应用什么原材料、设备和文件做,如何对活动进行控制和记录等。虽然并不是所有的程序中都全部包括5个W和1个H(What, Why, Where, Who, When, How),但它仍然是一种系统性解决问题的过程。程序主要内容与格式为:标题、目的、适用范围、定义、责任和权限、程序、相关文件、记录等。其内容具体为:

(1) 标题(What):做什么?说明该程序是有关什么的程序,管理活动内容、工作要求及要点。

(2) 目的(Why):为什么?说明要程序设计的理由、意义和重要性,以及要达到的目标。

(3) 范围(Where, When, Who):该程序适用的部门、人员和时间等。

(4) 定义,责任和权限(Who, What):程序文件中有关术语和缩写的解释说明,相关部门和人员的职责和权限。

(5) 程序(How):怎么做?该程序提供的手段、途径、主要战术。

(6) 相关文件(Do your record):与本程序文件相关的其他文件,包括本程序文件的展开文件以及有关参考文件和外来文件等。

(7) 运行记录(Record you do):隶属于本程序的指定表格、报告单等。

二、程序的作用（Function of Procedure）

程序学说认为，管理性活动或操作性活动是一个完整的工作过程，是一个综合的、动态的过程。程序是一种系统解决问题的过程，也是有关思维和行动的特殊方式，一种管理或操作模式。程序化管理或操作是一种科学的管理意识，只有程序化实施，才能有标准化、科学化的管理，才能在最大程度上减小在操作过程中人的不稳定性，以实现操作的安全。

程序为操作人员或按程序操作的人员提供了指导。成功的管理人员、操作人员必定有他成功的经验，如果将这些经验转化为程序，更多的人通过学习这些程序就可以掌握成功经验。而没有必要在经过长时间的学习才能进行操作。实践证明，明显程序化的管理操作模式比经验性的具有更大的优越性。制定程序，有助于管理活动的规范化；节约管理活动的成本和时间，提高管理活动的效率；有利于提高下属的积极性。在船舶营运中遵循这种管理模式，可以实现以下目标：按正确顺序作出正确的决定，正确通知相关方，正确地向有关方报告，找出可最先获得的资源。

三、制定标准操作程序（Development of Standard Operational Procedures）

管理程序是在管理过程中处理例行事物的规范或者计划。制定管理程序，应遵守尽量精简的原则和相对稳定性原则。制定程序，首先要认真分析管理工作的性质、环节以及各个环节的重要性，然后确定具体程序。一般地，按照下面四个步骤来进行：① 分析工作流程，特别注意重点和关键环节；② 确定每一个关键环节的管理范围，涉及到的人、物以及奖惩责任；③ 讨论修改完善具体内容；④ 颁布程序。

在 ISM 规则中，直接提到的包括以下多项程序，这些程序是安全管理的最低要求：

ISMC01“安全管理目标”之“公司的安全管理目标”中要求：评估对其船舶、人员及环境已认定的所有风险并制定适当的防范措施。

ISMC01“安全管理目标”之“安全管理体系的功能要求”中要求：确保船舶的安全营运和环境保护符合有关的国际公约和船旗国立法的指令和程序；事故和不符合规则规定情况的报告程序；对紧急情况的准备和反应程序；内部评审和管理性复查程序。

ISMC06“资源和人员”中要求：公司应当建立并保持有关程序，以便保证涉及安全和环境保护工作的新聘人员和调至该岗位人员适当熟悉其职责；以便标明为支持安全管理体系可能需要的任何培训，并保证向所有相关人员提供这种培训；使船上人员籍此能够获得以一种工作语言或他们懂得的其他语言书写的有关安全管理体系的信息。

ISMC07.“船上操作方案的制定”中要求：对涉及人员、船舶安全和防止污染的关键性船上操作，公司应当建立制定有关程序、方案和须知包括必要的检查清单。与之相关的各项工作，应当明确规定并分配给适任人员。

ISMC08.“应急准备”中要求：对船上可能出现的紧急情况，公司应当予以标识并建立对其作出反应的程序。

ISMC09.“不符合规定的情况、事故和险情的报告和分析”中要求：安全管理体系应当包括不符合规定的情况、事故和险情进行处理的程序，以便改进安全和防止污染工作。公司应当建立不符合规定的情况、事故和险情实施纠正措施的程序。

ISMC10.“船舶和设备的维护”中要求：公司应当标识那些会因突发性运行故障而导致

险情的设备和技术系统。安全管理体系应当提供旨在提高这些设备和系统可靠性的具体措施。这些措施应当包括对备用装置及设备或非连续使用的技术系统的定期测试。

ISMC11. “文件”中要求:公司应当建立并保持/控制与安全管理体系有关的所有文件和资料的程序。

ISMC12. “公司审核、复查和评价”中要求:评审及可能采取的纠正措施应当按文件规定的程序进行。

以船上操作方案为例:关键操作指其过失会迅速或立即导致危及人员、环境和船舶的事故或情况的船上重要的操作活动。操作方案的内容分两种:关键操作和常规操作。关键操作又分为重要性操作和临界性操作,一般在体系文件中做出了规定。常规操作须由各设备的责任人根据设备说明书编写并张贴。操作方案和须知要求:必须满足国际、国内有关强制性公约、规定和规则的要求;应尽可能参照有关行业组织相关的规则,指南和标准的要求;应满足船舶安全和防污染操作的需要;应满足港口国检查提出的要求;应包括预防措施、监督检查和报告记录等要求。关键操作的程序应明确规定操作人员的分工,并由适任的人员负责。

四、实施标准操作程序 (Implementation of Standard Operational Procedures)

体系内的人员需自觉执行体系文件,养成“按照程序办事”的良好习惯才能使体系所建立的安全质量方针和目标最终得到实现。使全体人员按照程序从事工作,是一项长期细致的工作。不可否认,这些众多的程序会使体系内人员受到一定的约束,也会使工作人员感觉繁琐和厌倦,但应该认识到,从更高原则来讲,正是有了这些程序才能使船上各项工作处于较为有序和受控状态,从而大大降低了因无序和混乱而导致人失误最终造成事故的可能性;正是因为有了严格的操作程序,因而大大限制了工作人员的随意性和冒进行为,同时在一定程度上弥补了年轻船员在经验上的欠缺。遵守规章和程序是完全必要和必需的,作为体系内船长和高级船员,应具有大局观,做遵章的模范,做好执行程序的垂范。

诚然,并不是所有的管理人员和操作人员都能熟知程序的内容和步骤,尤其是对于新进人员。因而,要实现程序化的管理和操作,就必须让相关人员熟知相关的程序。使船员接受并习惯程序的途径主要有两种。

1. 岗前熟悉和培训(Post familiarization and training)

所有船员在上船任职前都应接受岗位相关技能方面的熟知培训并获得充分的相关资料和信息。上船后,船员应及时熟悉工作环境、操作程序和设备分布,如果他们以前对这些内容不熟悉,这项工作就显得尤为重要。

船长应按照计划实施符合有关规定的培训。船员也应该利用一切可能的机会训练实际操作技能以便能对本职工作范围内的工作环境、操作程序和设备分布情况达到精通的程度。

2. 船上操练和演习(Shipboard exercises and drills)

船员职业是一项高风险的职业,船舶营运的环境情况复杂多变,气象条件、水文条件以及港口码头条件时常变得非常恶劣;船上机器设备密集,货物的物理和化学性质不一,因此海事相关组织和部门制定了一系列的公约、规则,航运公司也根据ISM规则的要求和自身的实际情况制定了一系列的规章制度、程序文件、操作规程和须知。

船上的操练与演习对于船员熟悉并掌握船上的程序是非常重要的,尤其在应急程序方面。船长应该按照船舶年度演习计划完成符合相关规定的演习。在编制年度演习计划时，应该合理安排不同种类的演习，以便在一年时间内能够覆盖所有船上可能出现的紧急情况。船长应该在船舶安全会议上对船员在演习中的表现进行充分讲评，并将演习计入航海日志。

五、监督标准操作程序 (Supervision of Standard Operational procedures)

程序是控制手段之一，也是控制的依据。在目前情况下，程序或者制度的实施有很大的偏差，是控制功能示弱的地方。为强化控制，必要的绩效评价和纠正偏差是防止程序失效的有效手段。虽然，ISM 规则强调了公司内部安全检查和外部审查的活动，但是符合性评价使得目前程序与控制的不断完善受到影响。在此，不断呼吁，利用绩效评价来完善程序的设计，利用纠正偏差来推进程序的执行。在体系程序运行过程中，进行连续的监视和测量，当发现偏离规定的要求时，及时反馈，以便采取纠正措施，从而使得船舶营运工作和体系运行的各个过程符合规定的要求。

任何程序的设计都有一个循序渐进的过程。程序的制定是不可能一步到位的，它有一个逐步修订并不断完善的过程。首先，在制定程序时要保证程序的严肃性、合理性、科学性、完善性，以严格的制度规范员工的行为，保证船舶营运向预定的方向发展。其次，要了解程序设计与实践之间的分歧与未来发展趋势，并借鉴成功事件的经验完善程序。再次，程序的完善包括一个持续的循环系统：计划—执行—核查—处理，简称为“PDCA”循环圈。它能保证公司的管理制度成为一个持续的流程，在这个流程中程序能得到不断的完善与提升。

思考题

1. 试说明计划对船舶安全管理的影响。
2. 试说明航次计划的评估过程与要素。
3. 试说明程序与制度在控制职能中的地位与作用。
4. 试说明程序的作用以及对安全的影响。
5. 试说明制度的执行力不足的原因与改进措施。
6. 试讨论驾驶台工作程序。

第九章 危机与应急
Crisis Management & Emergency Cope

船舶工作是高风险的工作,受到船舶、环境的影响比较明显。特别是,船舶进出港时往往会遇到通航密度大、航道狭窄和航行难度大的问题。在此过程中,船舶主机或其他设备突然发生意外情况是很难绝对避免的。一旦发生意外情况,则应立即采取相应的应急措施。为此,不但应重视值班人员进出港口时个人应急处理能力的训练与培养,同时要求他们在应急工作中能发挥团队精神,共同积极采取有效措施应对和化解危险。应急是安全防范失效后的抢救行动。科学系统的安全防范,能预防绝大多数事故,但由于"人—船—环境—管理"系统的种种原因,险情和事故还是会以小概率形式出现,如不迅速有效地控制和消除,就会严重危害海上人命财产和海洋环境。目前,船用应急技术设备已臻完善,应急是否成功,主要取决于船上安全管理的效果和船员的素质及行为。船舶应急难以立即得到外援,必须立足自救。船员处在应急的第一线,熟悉现场情况,直接左右着应急的成败。因此,船员必须具有良好的应急意识,丰富的应急知识,熟练的应急技能和协调的群体行为。

第一节 危机管理基础
Introduction to Crisis Management

一、危机及其特征 (Crisis and Its Characteristics)

危机(Crisis)作为一种现象,表现出这样一种理念:危机无处不在,危机随时可以发生。按照《现代汉语词典》的解释,危机是指潜伏的危险或者严重困难的关头。危机是一种紧急事件或者紧急状态,其出现和爆发严重影响了社会或组织的正常运作,对生命、财产、环境等,乃至组织的正常运作形成威胁和损害,超出了社会和组织的常态管理能力,要求采取特殊措施加以应对。中文字中的"危机"由两层意思组成:前一字表示"危险",后一字表示"机遇"。这一说法在危机研究领域非常盛行。在船舶交通运输领域,船舶在海上发生的危机,简称海事危机。海事危机主要是海上的突发事件,即突然发生,造成或者可能造成严重社会危害,需要采取应急处置措施予以应对的自然灾害、事故灾难、环境污染、公共卫生事件和社会安全事件。

海事危机有四个最显著的特征:即意外性、紧迫性、危害性和扩散性。同时,在危机处理中有信息不充分、资源严重缺乏等特征。在这几大特征中,意外性为危机的起因性特征(偶然性、突发性),紧迫性是危机的实践性特征,危害性是危机的结果性特征,扩散性是危机的繁衍性特征。危机首先表现为危机的发生是突然的，而且发展非常迅速，随着危机的扩散与传播，造成的损失或损害会越来越大。在危机中，时间非常紧迫，对时间的把握在很大程度上决定危机事件管理的有效性。

危机四阶段说认为：危机的形成与发展可以分为前兆阶段，爆发阶段，持续阶段和解决阶段。危机前兆是危机向人们发出的警告。在危机开始的阶段，危机的各种征兆不断出现。有些前兆也许不是非常明显，让人难以判断，以至于会被忽视，从而丧失了采取相应措施的机会。进入危机爆发阶段以后，危机的发生不可逆转。在此时，危机的突发性、破坏性和紧急性等特点出现，信息不充分、资源严重缺乏等也会给危机处理带来很多难题。爆发阶段的主要任务是减少危机继续造成的损失，阻止或者延缓危机的蔓延，避免形成连锁反应。在危机的持续阶段，危机已经不再继续造成明显的损失，此时需要实施危机处理，即进行危机的调查、自我分析和恢复工作。通过危机的解决使得组织恢复到正常的状态。一般来说，组织的有形损失较为容易恢复，而无形损失的恢复则需要很长的时间。

二、危机管理与控制（Crisis Management and Copying）

实践证明，是否具有科学的危机管理机制是决定一团队和个人在危机中成功或失败的分水岭。危机管理是根据危机的特征与发展阶段，在危机管理基础工作上，通过危机发生前的风险评估与预备活动、危机发生后的解决计划和决策以及恢复活动来避免或最大程度减少危机的损害。危机管理的对象是危机，具体内容包括危机监测、危机预控、危机处理计划、危机决策和危机处理等几个环节。相应地，海事危机管理是指海事管理部门、公司、船舶或个人通过危机监测、危机预控、危机决策和危机处理，从而避免、减少海事危机产生的危害，甚至将这些危机转化为机会。危机管理具有以下特点：

1. 不确定性（Uncertainty）

所谓不确定性，一般是指人们不可能或无法对问题进行客观分类的情形。危机的不确定性表现为危机的突发性。在这种情况下，人们的行为在很大程度上依赖于他对自己信念的置信度。而危机应对工作就是以这种主观概率为依据的。例如，如果你在驾驭船舶时感觉到前面有危险，你马上会有一个反应——减慢速度，当你减慢速度时，你并不能确定前面一定有危险，但是你觉得危险的可能性比较大，为了安全起见，你就这样做了。在海事危机管理工作中，往往存在“危机对象”“危机预测”“危机预控”和“危机处理计划”等方面的不确定性。

2. 应急性（Emergency）

当海上意外事件发生时，团队和个人往往会陷于困境，所面临的压力处于极限状态。危机管理便是立足于应付突发的危机事件，通过有计划的专业处理系统将危机的损失降到最低。同时，成功的危机管理还能利用危机，使团队和个人在危机过后树立更优秀的形象。综合而言，危机管理的应急性主要表现在如下两个方面：① 在爆发阶段，危机的危害每分每秒都在增大，必须以极快的节奏和不同于平时的方式进行管理，这就是应急管理。② 在紧急状态中进行危机管理，要克服由于时间紧急和形势危险而造成的心理压力；要在短暂的时间内迅速作出正确的决策；紧张而有秩序地实施各种危机处理措施。这就是危机决策。

3. 渐进性(Accelerando)

首先，尽管目前船舶大型化和高速化发展很快，但是比较其他工具而言，船舶总体上依然是低速运动状态。其次，船舶本身是一个容错能力很强、精度要求不是特别高的载运工具。因此，船舶危机不是一个孤立事件，总体上都表现出一连串的不安全小事件积累而成的必然。事故发生期间会经历一段时间，且事故后果能自行繁衍、扩散、扩大。海事危机管理要求针对不安全的小事件进行渐进式的管理，在事件发展过程中只要有风险意识，采取措施一定可以终止事故的发生。

4. 预防性(Precaution)

任何的海上危机都可能带来一定的风险，这种风险在一定程度上是可以评估和预测的。在危机管理过程中，最重要的任务就是预防。应该说，危机管理的最佳境界就是避免危机发生，可见危机管理中应该把预防放在首位。预防性是有效危机管理战略的最重要特征，对危机管理成效的影响最大。

综合危机管理的特征，可以看到：由于海事危机管理的不确定性，不同的危机就有不同的管理艺术，在危机管理中，对于团队和个人来说，最重要的不仅要掌握危机管理的程序，还要懂得危机管理中的变通；由于危机管理的应急性，危机反应和处理速度始终是危机管理的核心部分，没有速度的危机管理肯定不是最理想的危机管理；由于危机管理具有预防性，所以危机并不是最可怕的，最可怕的是一个团队或个人没有预防危机的意识，没有抵挡危机的预警机制。

三、危机管理的过程(Process for Crisis Management)

危机管理应该分阶段、有步骤地进行。危机的发展大体上依次经历潜伏生成期、显现与爆发期、持续演进期、消解减缓期和解除消失期等多个阶段。如果将这些阶段与危机管理的程度结合起来，能清晰地看到危机管理过程有缩减、准备、确认、反应和恢复等五大部分。如图 9-1。

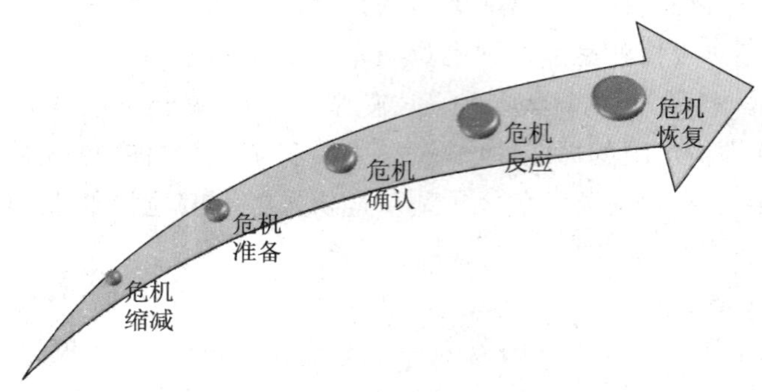

图 9-1 危机管理过程

1. 危机的缩减 (Reduction of crisis)

最高明的危机管理，不在于危机形成和爆发以后的干预，而在于排除可能导致危机的种种可能性，也就是危机的缩减。要缩减危机，首先识别各种危机风险，将所有可能的突发事件一一列举出来，考虑其可能发生的后果；其次对危机风险加以评估，分析危机影响值和危机发生的概率，将潜在的危机因素划分为几种类型，分别进行分级；最后对危机风险进行有效的预防与控制，并且估计预防所需的花费。预防和控制危机风险可以采用风险回避的方法、风险转移的方法、风险自留的方法。因为团队内的任何一个人、一个环节的失误或疏忽都可能将整个团队拖入危机。

2. 危机管理的准备 (Readiness of crisis management)

危机是管理工作中不可避免的，所以必须为危机做好多方面的准备，比如行动计划、通信计划、建立重要关系等。应急方案要按最坏的情况设计，不能留下盲点。例如，美国在1991年发动第一次海湾战争时，一家危机公司为美国政府模拟了128种可能出现的危机，并逐一分析其发生的或然率，并制定了相应的危机预案，对发生几率高的状况更是格外重视。虽然其中有许多都没有发生，但可以想像，一旦发生，有一套完整的应急方案将会减少多少不必要的损失。

3. 危机的确认 (Confirmation of crisis)

确认危机包括将危机归类、收集与危机相关信息确认危机程度、找出危机产生的原因、辨认危机影响的范围和影响的程度及后果。这个部分的任务是确认预想的危机是否是真的危机。有时候，管理者为他们假想的危机忙碌很长时间后才发现，真正的危机在别的地方，而不是他们正在忙碌的。经验告诉，在寻找危机发生的信息时，负责危机管理的人员最好听听团队中各种人的看法，并与自己的看法相互印证。

4. 危机的反应与处理 (Response and retreat of crisis)

危机爆发时的破坏力最大，危机控制如同救火兵刻不容缓。此时目标是要阻止或减少人、财、物的继续损失，阻止或延缓危机的蔓延，避免或延缓连锁反应，减少或避免人员伤亡、环境损害。在处理危机时要反复思考三个关键问题：如何争取更多的时间，如何获得更多的信息，如何降低资源损失和耗费。

一种途径是通过迅速有效的反应防止危机扩大，系统已无法控制灾害的状态下，以特别的危机计划、领导小组、应急措施介入。首先要求迅速建立危机反应小组，这个在船舶系统中，常常以应变部署为主。然后隔离危机，确立优先顺序。突出重点，有步骤地采取行动。在对危机各个部分进行评估之后，确立危机反应行动的主次。

在危机解决的工作中，最为关键的是速度。这主要是由于危机不等人，而且危机的严重程度和结果往往会随着时间的推移而加大和恶化。为此，争取时间是解决危机的首要问题之一。船舶能够及时、有效地将危机决策运用到实际中化解危机，可以避免危机造成更大的损失。第一步要做的就是遏制危机。这要求危机处理部门在最短的时间内掌握并控制危机形势，将损失降至最低。第二步要做的是防止危机的蔓延，把危机限定在一定的范围之内。及时针对危机的实际情况制定和采取有效的措施和方法加以处理，即应根据不同的危机及其情况，有针对性地从危机的根源着手想方设法加以分析和解决。

另一种途径是加强管理，首先是信息管理，其次是资源管理，最后是人事管理。在防止谣言流传的同时，把准确和权威的信息传递给危机的冲击者。获取更多的信息是危机反应能有效进行的保证。管理者在综合更多的信息之后，再做出对危机的判断。在危机处理中，需要获取和储备危机反应所需要的资源，合理配置资源，并将资源提供给危机反应人员。危机对受害者、反应者、旁观者的生理、心理都会造成影响。对危机爆发后的逃避反应、惊慌失措、回救反应和其他心理影响导致的异常反应要恢复理智。危机对人生理影响主要依靠医务人员来处理,而此时危机处理指挥者的状态对危机反应人员的影响很大。

5. 危机的恢复(Recovery of crisis)

危机恢复的目的是恢复危机所带来的损害以维持组织的生存,同时要抓住危机所带来的机会进行重组,从而使组织获得新的发展。

危机突发事件的威胁和危害得到控制或者消除后,履行统一领导职责或者组织处置突发事件的组织应当停止执行依照本法规定采取的应急处置措施,同时采取或者继续实施必要措施,防止发生自然灾害、事故灾难、公共卫生事件的次生、衍生事件或者重新引发社会安全事件。突发事件应急处置工作结束后,履行统一领导职责的组织应当立即组织对突发事件造成的损失进行评估,组织受影响地区尽快恢复生产、生活、工作和社会秩序,制订恢复重建计划。

危机管理的最后一个部分其实就是总结经验教训。如果一个团队在危机管理的前五个部分处理得十分妥当的话,则在总结经验教训的过程可以提供一个至少能弥补部分损失和纠正混乱的机会。当团队或个人面对危机时,应该以公众利益为重,迅速做出适当反应,及时采取补救措施,并主动地、有意识地以该事件为契机,变坏事为好事,因势利导,借题发挥。这样不但可以恢复团队和个人的信誉,而且可以扩大知名度和美誉度。一个优秀的团队和个人越是在危机的时刻,越能显示出它的综合实力和整体素质。一个成熟的、健康的团队或个人与其他团队或个人的区别就在于此。

四、有效海事危机管理的要素 (Factors of Effective Maritime Crisis Management)

危机发生后,不同的危机处理方式将会给团队和个人带来截然不同的结果。在主观上和客观上对危机有足够的准备,团队和个人能够做到冷静应对、及时处理,通常能够化险为夷,甚至因祸得福。

1. 有效海事危机管理的要素(Factors of Effective Crisis Management)

成功的危机管理是可以实现的,其必要条件包括:训练有素的人员;完备的事故应急设施和器材;便于采取行动的船上环境;高效率的危机处理预案(船舶应变部署和船舶应急计划);正确果断的指挥、团队和协调;良好的群体协同;畅通的通信;必要和可能的外部支持。但前提是必须具备以下三方面的关键因素:

1) 制度化、规范化、系统化的危机管理流程

对于团队而言,内部应该有制度化、系统化的有关危机管理和灾难恢复方面的管理团队和业务流程。这些管理团队或流程在业务正常时不起很大作用,但在危机发生时会及时启动并有效运转,对危机的处理发挥重要作用。在危机发生时,一个团队要照顾的方方面面何其多、要处理的工作何其繁杂,而这一切都需要在极短时间内完成。危机属于非常事件,团队无法按照现有制度来应对,必须事先拟订成文的有关危机事件的处理程序与应对计划,从而保证在危机发生时全体员工遵守共同的处理原则和方法,避免发生管理混乱。危机管理

需要有效的团队保障，即确保团队内信息通道畅通、信息能得到及时反馈、各部门及人员责权清晰、有专门的危机反应机构和专门授权，一旦发生任何危机先兆均能得到及时的关注和妥善的处理。

就管理流程方面，团队可以针对可能发生的危机进行流程"再造"。对船舶作业流程进行相关危机分析，对其中的"至关重要"的业务流程可能发生的重大危险进行重新设计，使这些流程不仅能满足船舶正常运作时的要求，而且能够承受可能发生的一些重大危机，或者可以在危机发生时进行快速危机恢复。应构建应急管理体系，包括公司和船舶在内，有一整套公共安全应急管理的体制，并不断促进应急管理体制的改革。

2）有效的领导和良好的人力资源储备

有效的领导是正确解决危机的关键。负责危机处理必须是具备足够决策权的领导。因为危机处理工作通常是需要能充分调动和利用所有资源的特定人员来担任和负责，他不仅要对许多正常情况下的工作业务流程和方式进行改动，还要能及时进行信息与资源的调拨分配。这种统管全局的工作是其他任何人员都无法胜任的。因此在海事危机的处理中，必须由能够支配协调各个部门的领导出面才能够协调。当然这种领导必须具有良好的工作经验和心理素质，以便能在关键时刻掌握全局和正确指挥。

在资源方面也应进行相应储备以进行危机处理准备，特别是解决和处理好危机处理中的人力资源问题。另外，危机管理不仅需要内部的人力资源保证，有时还需考虑和借助外部人员对危机进行处理，包括岸基人员等。如果不提前对此进行准备，在危机发生时很难找到合适人员，甚至可能严重影响危机处理效果。

3）良好的危机意识和信息系统支持

随着信息技术日益广泛地被应用于团队或团队管理，良好的管理信息系统对团队危机管理的作用也日益明显。信息系统作为预警机制的重要工具，能帮助在苗头出现早期及时识别和发现危机，并快速果断地进行处理，从而防患于未然。在危机处理时信息系统有助于有效诊断危机原因、及时汇总和传达相关信息，并有助于团队内的各个部门统一口径，协调作业。良好的、畅通的信息系统可以帮助团队作出正确的决策，避免猜测和谣言带来的社会不稳定，保证关键物资的充足供应，从而最大程度地减少危机造成的危害。

当然，上述这些制度化的先进经验和具有有效的领导与良好的人力资源储备都需要相应团队和人员具有"危机意识"的防范理念。在当今这个充满变化和不确定性的世界，危机可能随时发生，并可能对一个团队产生致命影响。因此好的团队应该在其安全意识和团队文化中注入一定的危机感，使团队人员对危机有合理的心理准备。这种心理准备可以通过系统化的培训、研讨会和危机处理演习等来逐步培养。

2. 高效的危机管理团队(Effective managing team for crisis)

要想使危机管理发挥最大效应，势必要加强危机协调指挥工作，其中发挥作用最大的是危机公关的核心领导机构——危机管理领导，它的决策水平和预见能力的高低将直接决定着危机处理进程和结果。当危机管理成员熟悉了他们的角色并知道了如何在一起合作时，危机的类型就不是最重要的了。

(1) 由一名具有足够权威的专业人员负责处理危机。对于一个具有高度危机意识的船舶团队,在日常的运营过程中,首要的一点就是应该由一名具有足够权威的船长负责危机处理,而且他需要具有足够的协调能力和指挥能力,并且获得足够的授权。然而在具体分工中,许多团队习惯于按照原有的团队结构来分配危机管理的职责。这虽然可以和各部门原先所具有管理职能相配合,但是,由于各部门往往从各自部门利益出发,并因为想法不同、经验差异而造成"扯皮"现象的发生。当负责人将几个部门人员找来一起开会讨论时,本意是想对危机进行评估,结果却往往是各部门人员在会上争论起谁的部门最有能力或者是最有责任来管理危机。这显然无助于危机的管理。

(2) 建立了危机管理体系的团队需有危机管理预案。其中一项重要内容就是,规定发生哪种类型级别危机,由谁承担危机管理的领导责任,上下层级之间的衔接关系。危机管理预案是应对危机的非常必要的计划文书,在文件中需详细说明职责、权利、资源使用、信息传播、实施措施等。如果缺乏这样的文本和预警机制,团队内部很可能自乱阵脚。

不论怎么说,在危机发生以前,每一个团队就应该建立一支高效的危机处理团队。而且这支团队在危机没有发生之前,就应该有一个危机管理负责人,确定各自的职权范围和负责领域,并进行必要的演练和磨合。

3. 海事危机管理的要点(Keys point of crisis management)

危机管理应该遵循以下原则:事先预防原则、快速反应原则、尊重事实原则、承担责任原则、坦诚沟通原则和灵活变通原则。在海事危机管理中注意以下要点:

1)海事危机管理的目的

海事危机管理的目的是以最小的成本得到最大的保障。在损失未发生前采取各种可行控制行动,消除各种隐患减少危机发生的原因,将损失控制在最小程度。在损失不可避免的条件下,则应如何通过投保等对损失的后果给予补偿,或采用其他有效的方法转嫁危机。

2)海事危机管理的结果

海事危机管理的结果直接并严重关系着人命、财产及环境的安全与损害程度。在海事危机管理工作中,必须充分考虑采取的任何措施和行动对到海事危机管理的最终结果,力争在确保人命安全的前提下尽最大努力减少和避免财产及环境的安全与损失。

3)海事危机管理的立足点

海事危机中一般难以迅速获得有力的外援,所以在海事危机中首先必须立足于船舶团队自救(不是个人的自救),以期在条件和环境许可的情况下,船舶能在最快的时间内通过船舶团队人员自身的努力将危机加以化解;如果不可能通过自身力量化解危机,则应尽可能地积极采取措施,以减缓危机的发展速度,争取时间等待外力(岸基部门、会遇他船、专业力量或社会力量)的支持。

4)海事危机管理的优先顺序

海事危机管理的优先顺序是人命优先于环境,环境优先于财产,因此确立船舶应急策略是"人—船舶—机器"保障顺序。首先,尽可能避免机器损坏,但在避免船舶损害的时期,可以直接使用主机,尽管主机可能因此受到损坏。最后,在避免船员与旅客受到伤亡的情况发生时,可以选择弃船手段。船舶是海上人命生存的最佳基地,在不严重危及自身安全的情况下,船员应当尽力救助船舶。

任何船舶只有根据ISM规则的强制性规定，积极对船上可能发生的各种紧急情况做好应急准备，建立应急反应程序，制定应急行动的训练和演习规定，才能确保在船舶发生各种紧急情况时能迅速、有效地采取各种应变措施，防止或减少灾情的继续扩大和损失。

第二节　事故应急的基本理论
Principles of Ship Contingency Onboard

船舶在营运过程中，存在着各种风险，尽管安全管理体系在不断完善，安全管理的水平在不断提高，但各种意外的紧急事件和事故尚属难免。由于船队发展迅速，公司规模不断壮大，船舶保险和保赔市场也发生了变化，船舶所有人免责条款的解释越来越狭窄，变得越来越困难；又由于船舶事故的发生都具有突然性或意外性，事故一旦发生均十分紧急，这种突然和意外必定会导致一定程度的紧张和忙乱。因此，具有一定的危机意识是必要的。

一、船舶应急事件 (Typy of Ship Emergency)

所谓紧急情况(Emergency)，《牛津英语词典》将其解释为“一个突发的、严重的、需要立即采取行动的事件或局面”；《剑桥词典》将其解释为“一个意外的，需要立即采取行动的事件”。紧急情况发生一般会造成对人员、船舶、环境，甚至社会一定程度的损害，其主要成因可能是外来干扰，也有可能是人员、船舶方面的因素等。船舶在海上或港内发生的事故和紧急情况，可按其性质分为：

(1) 人员伤害类：指船员和随船人员在船上发生急病、受伤等事故。具体包括物体打击，机械伤害，触电，灼烫，严重伤病，进入封闭场所，人员落水，搜寻，救助，直升机操作。

(2) 船舶损坏类：指船舶发生碰撞、搁浅、机器故障、恶劣天气情况等致使船舶结构造成损坏，并危及船舶安全的情况。具体包括碰撞、搁浅、触礁，船体破损、进水，严重横倾，恶劣天气损害、风损，弃船。还包括主机失灵，舵机失灵，供电故障，机舱事故等。

(3) 火灾事故类：指船舶因船、设施、货物等各种原因引起的火烧甚至爆炸。

(4) 污染事故类：指船舶将油类或其他有害物质排放入海洋的事故。具体包括船舶溢油，船上海洋污染物的意外排放，其他有害物质污染。

(5) 货物事故类：指船舶因货物泄漏、移动等原因引起的事故。具体包括货物移动，海难自救抛货，危险货物事故等。

(6) 保安事件/卫生防护类：指船舶保安类、公共卫生等公共安全事故或事件。涉及海盗、偷渡、暴力行为、战区遇险、传染病防护。

二、船舶偶发事件 (Typy of Ship Contingency)

所谓偶发事件(Contingency)，《牛津英语词典》解释为“可能发生或不发生的事件”；《剑桥词典》解释为“一个在将来易于发生但不一定发生的事件、偶然的事件”。偶发事件是指在某种过程中遇到的事先难以预料、出现不频繁，但必须迅速作出处理的事件。偶发事件的主要成因:天灾人祸、外来干扰、人际关系冲突、恶作剧、违法行为、感情障碍、性格异常等。船舶的偶发事件种类繁多,如果处理不当,将演变成船舶事故,对航行安全和生命、财产带来危害。

就船舶航行而言,船舶的偶发事件包括,但不限于:

(1) 港口拥挤,叫不到引航员、拖轮而造成延误;

(2) 通航拥挤;

(3) 非紧急时发生船舶设备故障;

(4) 改驶新的目的地;

(5) 因能见度下降而减速;

(6) 因恶劣天气需寻找庇护地;

(7) 因岸上紧急情况需立刻驶离等。

在 ISM 规则中将上述重要性操作划分为关键性操作和临界性操作,要求建立处理这些应急和偶发事件的计划和程序;考虑船上可利用的资源;建立确保计划和程序得以执行的核对表;熟悉偶发事件的处理计划和程序,并对船舶相关人员进行培训、演习和训练,以保证人员做好准备。这些做法实际上都是需要危机管理的技巧。

三、船舶应急基础 (Basis of Ship Emergency)

目前,船用应急和救援技术设备已臻完善,应急救援能否成功,首先立足船舶自救。船员在应急救援的第一线,熟悉现场情况,直接左右着应急救援的成败。因此,船员必须具备良好的应急意识,丰富的应急知识,熟练的应急技能和协调的群体行为。船舶应急是指当船舶进入或临近进入某种事故状态时所采取的应急反应措施和行动。船舶应急的目的是为了使海上人命、财产及海洋环境能摆脱或远离事故危险、尽快恢复安全状态。

1. 船舶应急(Ship contingency)

科学系统的安全防范,能预防绝大多数事故,但由于“人—机—环境—管理”系统的种种原因,险情和事故还是会以小概率形式出现,如不迅速有效地控制和消除,就会严重危害海上人命财产和海洋环境。船舶应急成败直接、严重关系着人命、财产及环境的安全与损害程度。海上船舶应急难以迅速获得有力的外援,首先立足自救。初始行动的有效性决定着应急行动的最终结果。确立应急目标和危机管理的原则,按照应急处置的优先顺序,采取应对与响应措施。而紧急处置是安全防范失败后的抢救行动。

根据 ISM 规则的强制性规定,要求船公司或船舶对船上可能发生的各种紧急情况做好应急准备,建立应急反应程序,制定应急行动的训练和演习规定,以确保在船舶发生各种紧急情况时能迅速、有效地采取各种应变措施,防止或减少灾情的继续扩大和损失。

2. 紧急情况下保护船上人员安全的行动(Action of ship contingency)

1) 船舶安全应急部署与应急反应

船舶所处的环境复杂多变,随时可能发生各种危及船舶和人命安全的事故。现有航运企业交通灾害紧急救援体系的构建,主要是根据 ISM/NSM 要求,立足于航行船舶的自身应急和救援,所以紧急救援体系的主体在于船舶应急体系的构建,一般船舶的紧急救援体系应包括:船舶应变部署;应急任务;应变职责。

为了避免严重后果,把损失减到最低程度,每一船舶都应按主管机关规定的格式与要求,根据本船设备和人员情况,确立应变组织和编制应变部署表与应变须知,明确指定每个人在紧急情况时的岗位及任务;并定期进行训练及演习,以确保发生紧急情况时能正确熟练地使用各种应变设备,做到统一指挥,恪尽职守,行动迅速,忙而不乱,协力抢救,以减少船、货、人的损失。

2)保护人员安全的行动准则

在船舶发生紧急情况和突发事件时,需要紧张有序、忙而不乱的工作程序;需要及早、准确的信息传递;需要迅速、明确的决策指挥;需要及时、有效的岸基支持;需要船长、船员和岸上有关单位和部门、各区域公司、口岸和代理等的共同努力和协作进行处理,以尽量减小损失;或者通过对事故的妥善处理,不仅能够正确地总结分析教训,而且能在一定程度上挽回部分损失。而船长或现场人员在第一时间的处理是否正确、及时、全面,处在第一线的各参与应急处理的单位和部门的行为是否符合法律法规和商务处理的要求,对公司随后处理的成败具有决定性的影响。特别是船长和代理在现场的积极斡旋和处理,对保护公司的利益有着非常重要的意义。能够及时获得岸基或者外界的支持,是保证船上人员生命安全、保护海洋环境、减小事故损失的重要途径。

3)保护人员安全的行动

船舶遭遇紧急情况,最优先的措施是保证人命安全,因此应遵循下列原则:首先检查是否有人员受伤;然后判断是否需要救助;最后决定是否弃船。

3. 在船限制损害和救助船舶的行为(Action to limit damage and savlage onboard)

船舶发生火灾、爆炸、碰撞或搁浅海事后,为最大限度减少损失,遇险船舶应不失时机地采取限制损害和救助的行动。

1) 船舶自救的基本原则

不同种类的海事采取不同的自救措施:对于碰撞、触礁等海事导致船体破损进水,进而有沉船危险时,首先应将主要精力放在堵漏和排水,以保证船舶有足够稳性、浮力及抗沉能力。如进水速度较快难以控制时,即应考虑适当场所实施抢滩。

对于火灾或爆炸等海事,应立即按照应变部署表,组织船员自力灭火,并尽可能驶离会危及邻近船舶和设施的区域。

船舶自救重点因船而异:客船的自救重点永远是旅客;而油船及液化气船的自救重点则在于灭火,防止进一步的爆炸,控制油料外泄,防止船体断裂和沉船。

船舶自救组织工作,应以迅速而准确地调查船舶受损情况为基础。情况不明盲目地实施自救,可能会导致损失的扩大与险情的增加。

抓紧时机,按应变部署施救。在迅速准确调查的基础上,船舶自救是否能够有效实施,往往取决于能否抓住有利时机。船舶自力救助的实施组织,应按应急部署表进行。这是有条不紊地做好该项工作的保证;但不妨碍根据船舶实际受损情况临时做些局部的人员调整。

2) 船舶自救行动

船舶发生海事,应尽最大努力采取自救行动,以确保船舶、人员的安全,这是每个船员应尽的责任与义务。船舶是海上人命生存的良好基础。在尚未危及人身安全时船员必须采取一切有效行动保全船舶;当确认无法避免船舶的沉没或灭失时,船长应果断下令弃船求生,以保证旅客、船员的安全。

通常,船舶自救保全应急措施包括:① 碰撞后应采取的行动;② 渗漏的临时堵塞;③ 紧急情况下旅客和船员的安全措施和救护;④ 火灾与爆炸后的损害控制及人员救护;⑤ 搁浅后应采取的措施,抢滩时的注意事项;⑥ 不论发生任何海事,应想方设法保护车叶和舵设备,尽力保持船舶动力机械设备正常运转;⑦ 制作、装配和使用应急舵;⑧ 救助落水人员。

3) 争取外部救援

船舶遇险时,船长若对本船自救保全的可能性持怀疑态度,则应在尽力自救的同时,争取外部救援。通常可采取:① 发送遇险求援电文通告外界;② 择机发送救生火箭等视觉求救信号,直到确认已引起邻近航空器或船舶的注意为止;③ 当遇险船舶获悉有众多他船前来救助本船时,应及时选定救援船舶和通知这些船舶,并立即明确谢绝无需来救助的其他船舶。外部的救援包括附近船舶的救援、专业船舶的救援和社会力量的救援。

4. 在船应急训练与演习(Drill and exercise training onboard)

为了使船舶应急部署表或应急计划发挥控制或减少人命和财产损失、环境损害的作用,应定期针对各种应急情况进行演习和训练。

演习的目的:① 提高船员安全意识,树立居安思危、常备不懈的思想。② 检查、检验各类应变器材设备的技术状态,发现问题及时解决,使其保证处于随时可用状态。③ 锻炼船员的应急处理技能,在船舶发生各种事故时,做到临危不乱,及时正确施救,减少或控制损失。

演习的一般要求:① 演习应尽可能模拟实际应急情况进行;② 应急警报发出后,全体船员应在 2 分钟内按应变职责的规定,携带指定器材到达指定地点;③ 消防演习时,机舱应能在 5 分钟内开泵供水;④ 弃船演习时,发出弃船信号后,客船和货船全部救生艇应分别于 30 分钟和 10 分钟内降至水面,发出放艇命令后每艘艇应在 5 分钟内放至水面;⑤ 演习中使用过的设备应立即恢复到工作状态,演习中发现的问题应尽快排除;⑥ 演习的日期及其细节应记载于航海日志内,如在指定的时间未能进行应变演习,应在航海日志内记述其原因;⑦ 堵漏演习每 3 个月至少进行一次;⑧ 油污应急演习与其他演习合并举行,公司要求船舶每月至少进行一次。

许多惨痛的事故发生说明,当船舶因大风浪或货物等原因导致船体倾侧后很快就倾覆沉没,查其主要原因是没来得及关闭各关键水密门窗,导致生活区和机舱大量进水而很快沉没。也有船舶在遭遇大风浪中发生船体倾侧,船员全体弃船逃生了,但船舶没有立即沉没而继续漂航,说明它有较好水密性能,还有足够的保留浮力。这实际上要求针对应急任务进行演习,以提高船长及船员们应变能力的技术素质和心理素质。比如,假设船舶发生大角度倾侧时的应急措施演习或操练。

为了保护海上人命安全,船舶每月(或每周)进行应急演习操练是必要的。在弃船演习之前,先发出船舶倾覆前应急措施操练警报信号,或称为弃船演习预备信号。全体船员按应急措施表(应变任务)中的分工职务(不同于弃船应变布署表中分工职务)。首先关闭自己房间的舷窗，还要加盖铁盖。走廊通道水密门，餐厅、厨房、会议室、理货间、物料间等公用舱室的水密门窗，机舱上下两层水密门都有专人分工负责立即关闭。值班人员房间的门窗分配给非值班人员关闭。如条件许可还要检查甲板上货舱、桅房、物料间的水密门、通风孔、过道门的关闭情况；然后全船穿好救生衣，除值班者外在艇甲板或其他指定地点集合待命。此时，船长在驾驶台也应设想模拟船舶已向左(右)发生大角度倾侧而出现危险局面时，则相应采取如何应急措施，以备车变速，改航向顶浪或偏顶浪航行；并发出命令向双层底压水(或抽水)；机舱人员以模拟操作练习其熟练程度及检查设备良好性；还应拟好紧急求救电报稿交电台，而电台要在应急波道上保持和公司、周围船舶及有关电台的电路畅通。在演习信号发出二三分钟后，大副及轮机长应分别检查各层水密门窗关闭情况及其性能如何(如有设备缺陷应列入维修保养计划，以便及时修复)以及船员进入应急状态如何，向船长回报，以便事后总结经验。

四、事故报告与信息交流 (Accident Report and Information Exchange)

船员发现船舶紧急情况，首先需要进行信息报警，尽量及时、准确地发送信息，引起全体人员的重视，以便及时进行应急响应。同时，准确信息有利于船长进行优先决策。还有，按照相关规定，对外部单位(包括公司、海事管理机构、港口管理机构)进行报告。比如，船舶发生火灾、沉没、遭遇海盗时，船长应迅速电告外界。报告分为对内报告和对外报告两部分。

1. 对内报告(Inner report)

船舶应按照安全管理体系中《应急程序》的规定报告公司，并按相关程序运行。根据ISM 规则和以交通运输部部长令形式颁布的《中华人民共和国航运公司安全与防污染管理规定》的有关规定，承担 ISM 规则所有责任和义务的船舶管理人，对所属和受委托管理的船舶的安全和防污染事务(包括应急反应等方面)具有最终决定权，并独立承担所有的责任和义务。如系委托管理，则委托方应服从其指令。当船舶发生任何事故或者紧急情况，船长都应尽快地、如实地报告公司，并建立专用紧急通信通道，以便随时将事态进展及后续处置情况报告公司。公司应要求船舶将紧急情况同时抄送报告公司调度室、相关贸易区、商务保赔、安全技术管理部等。船长的及时报告不仅有利于抢险，最大限度地减少损失，而且有利于公司履行保险告知义务和理赔的谈判与交涉，此类纠纷的解决周期往往较长。

公司应按照应急预案及相关海上应急处置程序做好紧急情况信息收集和处理工作。必要时船舶应向目的港或就近沿岸国代理报告，以便获得必要的支持和帮助。船舶在港内时，区域公司和代理在接到船长报告后，应立即派员以最快速度赶到现场，协助处理。

2. 对外报告(Outer report)

根据《生产安全事故报告和调查处理条例》的规定向政府主管机关等报告。根据 IMO《船舶报告系统和船舶报告要求的一般原则，包括涉及危险货物、有害物质和/或海洋污染的事故报告指南》及《海上交通事故调查处理条例》，事故如发生在我国领海内，应报告最近的当地海事管理机构。在国内港口和沿岸发生火灾、爆炸事故，还应根据《消防法》或者地方消防法规的规定，报告当地公安消防管理机关。在国外港口或沿岸执行港口国法律法规的规定。当船舶遇到紧急情况时，船长可直接向最近的搜救中心(MRCC)报告。如情况危急，并危及到生命安全,可直接发送呼救信号。船舶出租时向租船人报告。挂方便旗船向船舶登记国海事主管当局报告。中国籍船舶在国外发生的事故,公司应当在5天内向船籍港海事管理机构报告。

如事故发生在外国沿岸,船舶应报告沿岸国当地海事主管机构。"沿岸国"的定义为:海事发生在该国的领海水域内。对发生在沿岸国领海水域内的海难事故,其当局具有独立海事调查权和行政、刑事处罚的权力。如果海难事故发生在公海或一国专属经济区内,且同时涉及多个国家时,各国可对事故调查要求或行动建议,就调查成员国进行协商并达成协议。但并不影响各国开展各自独立的海事调查。船旗国全程参与由其他实质利益国家开展的海事调查。在驶往目的港的途中如因事故或者其他原因造成船舶意外损坏时,为防止PSC检查的滞留,在向目的港港口做进港申报时,将情况和损坏向当局报告。

报告船舶入级的船级社,进行必要的检验,以证明船舶的适航状态,并听取他们的建议,同时防止被当局滞留。如船舶加入了船舶应急响应服务(ERS)体系,当需要计算受损船舶的剩余稳性和剩余强度,对船舶的安全性进行评估时,报告签有此项服务合同的船级社或单位,并根据ERS《应急手册》中的规定格式填报。

报告保险人(船壳保险人、保赔保险人和货物保险人)或者当地的代理人,履行告知义务,并取得其协助和指导,进行必要的检验。此项告知义务可由公司商务理赔接到报告后履行;当地代理或公司派出机构,以及船长可根据船上已有的保险代理人名册,直接与保险人通信代理报告,其通常会派检验人员上船。

一般地,报告主要内容(通用部分)有:船名、IMO编号、事件或事故发生日期、时间、地点、气象和海况、航次概况(出发港和目的港、货物情况、稳性和艏艉吃水等)、事件或事故的基本描述(人员伤亡及程度、船体损伤及程度、海洋污染情况)、已经采取的行动和措施、需要的岸基支持、船长签名。

如有,还应包括参与应急处理的公司下属口岸和海外区域公司,以及现场处理代理、代表或应急小组的联系方式(包括工作时间和非工作时间的电话、移动电话、电子邮件地址、传真等)。

第三节　在船应急行动
Action for Ship Emergency Onboard

根据经修正的《SOLAS 74公约》第Ⅸ章提到的ISM规则第8章的强制性要求,1995年11月各缔约国政府大会通过的《SOLAS 74公约》第Ⅲ章第24-2条及《MARPOL 73/78公约》附则Ⅰ第26条的规定,船上对各种紧急情况应做出应变计划准备。

一、人员伤病应急(Emergency Cope for Casualties)

(1)报告公司:需治疗的船上人员的姓名、职务、年龄、性别、国籍、证件号码、家庭住址、发病或受伤时间、地点、简要经过、原因、现生命体征描述、已采取的治疗措施、判断和要求等。以便公司据其提供岸基医疗资源支持，指导抢救和治疗。

(2) 可通过无线电通信获得专业的医疗指导服务(该项服务是免费的)，在英版无线电信号表第一卷列出了有关该项服务的台站。

应提供下列病员信息：病人的性别和年龄；呼吸频率、脉搏速率、血压和体温；受伤和病人的症状概述，病人是否可以走动；病人的病史信息；船舶的位置、航向和航速；ETA 最近港口的时间；海上气象条件。无线电通信医疗机构将建议可能采取的行动。

(3) 对每位船员的治疗必须是充分的，如果船长认为送岸治疗是必须的，应根据病情的需要和可能尽量安排。需改变航线计划靠最近港口送岸治疗的，船长可一边转向一边报告。为救助人命而绕航不属违约绕航。报告公司和弯靠港代理，抵港后送岸治疗；如情况紧急，如果船舶位置在直升飞机的工作巡航半径之内的，可联系最近沿岸国救助中心派直升飞机和医疗人员前往抢救或转送病人。在港口附近的可安排快艇出港接运。

(4) 船员因疾病、受伤、死亡、失踪等原因造成船舶配员不符合船旗国颁发的船舶最低配员规定时，公司接到船长报告后，应迅速书面报告船旗国海事主管当局缺员船员的姓名、职务、性别、年龄、所持证件号码，所做出的后续安排等，申请船旗国海事主管当局允许该船在实际配员组成的情况下开航。及时获得船旗国当局的书面豁免证明，特别是高级船员，并凭此向港口当局办理离港手续。如果船旗国主管当局不同意或者不作反应，船舶将被港口国当局滞留。

二、港内航行动力设备故障(Power Equiptment Failure in Harbour)

1. 应急操纵

由于港口航道内进出船舶多，交通密度大，一旦设备突然故障，应立即正确悬挂船舶失去控制的号型和号灯，尤其应注意关闭桅灯，以及是否对水移动的态势，使船在避碰问题上处在一个有利的法律地位。防止因显示错误而引起对方迷惑，并失去本船的权利。立即报告 VTS，发布警告或采取其他措施，同时用各种手段(灯光、VHF、汽笛等)警告和通知过往船舶。

充分利用船舶的剩余操纵能力。船舶从主机故障到推进器停转，再到惯性消失，船舶完全停住，总是需要时间的。如能充分利用，可为抢险争取宝贵的时间和有利的地位。船长可利用这宝贵的剩余操纵能力，根据当时的环境和情况驶向宽敞、可抛锚处，可抢上风或上流，可酌情驶离航道，特别要防止港口航道的堵塞断航。

利用双锚，调整、稳定和控制船位。航道上不可避免地有很多过江管、线等禁止抛锚区，为了避免更大的损失，应注意避开此类禁区上下游各 100 m 范围。因此要求准确测定船位，准确估计落锚点。不到万不得已不采取“紧急避险”行为(即以较小的损失来避免更大的损失)。

如果当时的环境和情况不允许抛锚，船舶的剩余操纵能力也已消失，此时应注意风向，估计船舶打横的方向。为了能使船尾摆在航道方向，可根据风向主动控制受风舷。召唤拖船协助。

2. 故障处理

立即查明故障的部位和原因,组织船舶力量进行抢修。

3. 报告公司

立即报告公司船舶发生机损的时间和位置或地点,有关机损的险情的部位和抢修情况:机件、设备、属具的名称、型号和损坏情况;发现的过程和原因;是否造成其他事故和险情;有无备件;有无修复的可能性;预估的修复时间;是否需要拖轮救助等。报告要说明情况和要求、打算,以取得公司各方面的岸基支持和指导。以便公司了解情况,做下一步处理,同时有利于分清责任。

4. 报告港口当局

由于事故发生在港内,必然受到港口当局的干预。立即报告港口当局(VTS)服从其强制措施。

5. 拖轮救助

公司或公司在当地的代理,在主要港口大都与某个拖轮公司签有协议,因此,在可能的情况下,可报告港口代理,并通过他们安排拖轮,尽量采用雇佣救助的形式。否则可召唤附近的拖轮协助。一般在船位可控的情况下或者情况尚不十分危急的情况下,不签订"无效果无报酬(NO CURE NO PAY)"救助协议。船长决定救助的形式的主要依据是当时船舶所处的环境和风险的大小。如船舶确有倾覆、沉没、触礁等危险时,船长有权代表船舶所有人和货主签订救助合同。

6. 编写报告

没有能力自行修复的机损,而需弯靠避难港修理的,船长应编写对外海事报告。因机损而造成其他事故的,如碰撞、搁浅、火灾等,按照各条要求编写海事报告。编写轮机长报告、主机故障的部位、原因分析、采取的措施等报公司。

三、船舶碰撞或触碰(Ship Collision or Allision)

船舶在海上或者与海相通的可航水域发生接触造成损害的事故。包括船舶因操纵不当或者不遵守航行规章,虽然实际上没有同其他船舶发生碰撞,但是使其他船舶以及船上人员、货物或者其他财产遭受损失的事故也需要关注。船舶碰撞是发生率很高的海上事故。在我国港口水域,达到所有水上交通类事故的60%以上。

1. 碰撞后的应急行动

船舶发生碰撞或邻近碰撞,应立即发出警报,拉响应变警报,查明本船有无人员伤亡。如有,组织抢救。通知船长和机舱,召集船员采取应急行动。迅速分析和判断碰撞损坏的部位和程度,船舶是否处于危险状态,是否需要救助,何种类的援助。

2. 碰撞后的链式应急

如碰撞后发生火灾,应同时发出消防部署,优先灭火。

判断是否进水,进水部位(属何类型进水),进水舱室的性质,进水程度。如是货舱,舱内货物种类,是否有遇水发生危险的货物。立即全力进行排水,并观测排水的效果,是否能够控制进水速度。破损的如是油舱,应尽一切努力减少海洋环境的污染损害。弄清存油数量、类型,尽量向其他舱室(包括货舱)转移残油或者含油污水。可对破损油舱进行收集和清除油类处理。

如果两船船体互相嵌入，在没有全面了解破损情况，没有达成共识的情况下，不得主动或轻易退出，防止因大量进水，而造成船舶沉没。如风流影响较大，或者需要时，使用系缆进行加固。尤其是在港口航道，该措施有利于利用两船事故后的操纵能力，让开航道，防止港口航道被堵断航，对降低事故损失和等级具有重要意义。

两船是否分开或保持嵌入状态，船长应考虑下列因素：① 分开之后大量进水，本船或他船是否会有立即沉没的危险；② 本船和他船是否装有易燃、易爆的危险货物，是否有发生火灾、爆炸的可能；③ 两船的状态是否对其他船舶造成航行危险；④ 如果其中一船有沉没的危险，对另一船会产生影响，同时可利用剩余的操作能力，互相协调操纵，让开主航道，防止港口堵塞，或者驶向浅滩。

船体没有嵌入，但货舱进水，并有沉没危险，船长可酌情驶向附近的浅滩实施抢滩，减少后续打捞的困难。抢滩应尽量采取以与岸线垂直的态势进行，防止船舶倾斜甚至倾覆的危险，并注意做好落实固定船位的措施。

3. 进水处理

通过测量确定进水部位和进水速度，立即组织进行排水。操纵船舶使破损处位于下风侧，减小波浪冲击和进水量。如果破损在水线附近的，可考虑将船舶向另一侧倾斜，使破损露出水面，减少进水量。如有条件和可能进行堵漏作业。

根据破损稳性的要求，调整船舶保持合理的纵、横倾，保证破损稳性，保证最小干舷。在任何情况下，船舶进水的终止阶段其破舱水线不得超过限界线（margin of safety line），即至少有 76 mm 的干舷。在不对称进水情况下，船舶的最终横倾角不得超过 7°。船长可据此判断船舶的自由飘浮状态，适时宣布弃船。

4. 善后处置

发生碰撞事故的船舶、设施，应当互通名称、国籍和登记港，并尽一切可能救助遇难人员。在不严重危及自身安全的情况下，当事船舶不得擅自离开事故现场。船长应互通公约和法律规定的信息，并记录日志；或者通过 AIS 等显示，搜集对方船舶尽量详细信息，包括船舶所有人公司名称、联系号码、开航港、目的港、人员、环境、货物等损失情况，并记录航海日志。在不严重危及自身安全的情况下，应当尽力履行救助遇难人员的法定义务，并记录航海日志。了解对方人员、船舶、货物的损坏、损失情况，是否具有自航能力，目的港，避难港，预计到达时间等，以便公司安排其到港的联合检验和采取保全措施。

如事故发生在沿岸（沿岸国领海内），向沿岸国当局报告，则应遵照当局的官方指示执行，并报告公司。

5. 自航与弃船

谨慎确认本船的自航能力。全面检查动力、操纵、电力、排水、通信等系统，确认其能够正常使用。船体破损部位对破损稳性和破损强度的影响尚不至于威胁到船舶安全，进水能够有效控制，救生设备完整可用。如能自航至下港或避难港，应修改航线尽量沿岸航行，适当减速，根据风浪情况调整航向航速。注意天气和海况的变化。如不能自航，申请拖带，由公司相关部门商定，参照救助部分处理。当碰撞后果严重，经抢救无效，船舶有沉没危险时，事关人命安危,船长有权按照GMDSS应急通信的程序和规定,发出应急遇难信号。船长有权酌情宣布弃船,但在情况允许时,应当报告公司。

弃船前应当关闭所有油舱、油路、污水阀门,关闭所有水密窗门。按照规定部署,携带规定资料和物品,有序组织撤离。VDR数据储存后将储存硬盘带下来。尽可能多地释放救生设备和携带求救信号。沉没如发生在近岸，应测定准确位置，报告海事主管机关，便于其发布航行警告,在合理的时间内设置临时沉船标志。在没有得到允许前,应安排船舶在沉船附近守候,以避免航海危险的发生,这是船舶所有人的义务。否则,他船与沉船发生碰撞,则沉船船舶所有人负有过失,承担碰撞责任。

四、船舶搁浅或触礁(Ship Agrouding or Stranding)

船舶因操纵不当、机械设备故障、定位失误、走锚或不可抗力等原因可能会造成搁浅或触礁事故。

1. 搁浅或触礁的判断

船舶在正常航行中,突然发生下列情况时,应判断可能发生了搁浅或触礁事故:船舶发生非正常的剧烈震动或抖动。主机转速、负荷发生突然的变化。非风浪的影响,船体突然发生较大的横倾。航向和航速突然发生无法解释的变化。这些作为判断依据的现象或感觉,对后续的应急抢救、判断和决策有重要的意义,值班驾驶员务必详细描绘清楚。

2. 应立即采取的行动

停车,不能盲目倒车,急于脱浅。迅速、准确、反复、多种方法准确测定船位。报告船长。

3. 了解和掌握的情况

事故发生后,应立即了解、掌握以下搁浅的情况:测量本船双层底舱、货舱污水等是否进水。如有进水,确认位置和进水量,并且酌情每隔一定时间测量一次,注意其随潮汐的变化情况。搁浅位置的海图水深。船舶搁浅后的吃水。用水拓沿船体每隔20米左右测量周围的水深,用按比例图示的方法做好记录,判断和了解搁浅的部位和搁浅的情况,包括船体插入浅滩的深度。在用水拓测量水深的过程中,同时了解搁浅位置及其的底质情况。记录搁浅的时间、艏向、与岸线的夹角、初速度,确定搁浅的准确位置,查潮汐表,了解计算当地的潮汐情况和搁浅时刻的潮高和潮流。回忆搁浅前所有的操纵过程。根据船舶搁浅前的吃水,和测量到的水深和搁浅后的吃水变化,判断船底搁浅的情况。通过上述情况的了解和掌握,才能做出脱浅方案。切忌在情况没有充分了解清楚的情况下盲目倒车,企图自行脱浅。除非是极罕见的轻度搁浅状态,否则是很难成功的,并且潜伏着很大的增加施救困难、扩大损害范围的风险。船舶是否有固定横倾角。当时的风向、风力、流向、流速、能见度,以及对船位的影响。正确地显示搁浅的号灯、号型和信号。是否有油溢出,如有立即转移存油或残油,防止或减小污染损害。主、副机是否正常可用,是否能够动车。

4. 做出恰当的脱浅方案

在对搁浅情况全面了解的情况下,在搁浅状态十分轻微时,如果船尾的水深足够,推进器和舵是安全的情况下,并且当时的潮汐合适,可酌情试用倒车的办法自行脱浅,并可适当扭动船身,协助脱浅。当对搁浅的情况不了解,或者当时的情况和环境不允许或者自行脱浅失败,此时最重要的是设法固定船位,使不易漂移,等待救助船或者脱浅时机,防止搁浅态势进一步恶化。通常搁浅的船可能存在三种危险:① 墩底。当船处在一端搁浅的状态时,若改变船的浮力,在涌浪的作用下,就会使船受到墩底的危险,而造成船底的损坏。② 向岸边漂移。船上为了尽快脱浅,通常会通过排压载水当办法减小和调整吃水。而岸边风浪的作用总是使船向岸边推进。在没有有效固定船位的情况下,可能会使船向岸边漂移,使搁浅情况进一步恶化。③ 使船单侧面受风浪。有拍岸浪时,其所产生的力的作用方向不可能与船的中心线一致,产生的力矩会使船体以搁浅点为支点而旋转,使船平行岸线.横置于波浪,船受浪面积增大,更易向岸边推进,严重的可能造成船舶的倾覆。而盲目减载会使受力中心移位使危害扩大。另外盲目倒车的强流会冲刷尾部的浅滩,可能造成中部的过分受力。除非不存在上述三大危险外,否则应集中于固定船位。固定船位的方法有:抛上风、上流锚;增加灌注压载水,增加载荷,使船牢固地坐于浅滩上;申请拖轮协助,防止船舶随潮流流向的改变,船底擦着海底回转。船舶搁浅后,应严密观察船位移动的详细情况,可悬挂两个锤摆进行观察:一个前后向;一个左右向。保持主机备车状态。

五、溢油污染(Oil Pollution)

污染事故包括油类、含油污水、生活污水、压载水、废气排放、垃圾(包括生活垃圾、船舶维修垃圾和货物垃圾)、可能造成海洋污染的货物等违法排放、坠海、泄漏而导致海洋污染的情况。甲板上少量液压油、润滑油等在雨水的冲刷下流到舷外,也会造成较小的油污染。

1. 报告

如果本船发生污染事故,应尽快向当地主管机关报警:船舶位置、发生污染的性质、原因(具体泄漏数量可以后告)、请求当局协助清理。这是发生污染事故后可能是最重要的,是强制性的,属于态度问题的一部分,必须保持与当地行政部门的密切合作。迅速向公司报告:发生污染时船舶位置、时间、天气和海况、流、污染的性质、可能的原因、污染物的性质和排放量、污染范围和程度、已经进行的报告工作、已经进行的清理工作、消耗的物料和器材、向有关当局报告的时间和内容等。

报告公司的海外分公司、代理,请求上船协助处理。如有专业的或合同的应急处理单位,请求协助清理。通知当地保赔保险人通信代理,立即上船协助处理。上述作用报告应做好航海日志记录。

2. 清理与防止再次发生

无论污染事故的规模大小,都应立即发出船舶防污染警报,按照适用的《船舶油污应急计划》组织全体船员立即采取合理的清除、清理、回收污染物的措施。如因船体破损而导致油舱泄漏,应设法将该舱内的含油污水移至其他舱室,包括货舱,并可对该油舱的残油和含油污水进行消油、吸附回收等措施,尽量减小对海域的污染。根据当时的环境和情况,立即采取防止污染扩大的措施,尽管有些防止扩散的措施看起来其效果微乎其微。申请或同意清污部门采取铺设防油围栏、吸油毡等措施。船舶在清理过程中防止第二次污染。采取防止再次发生同类排放污染的措施。在处理事故的过程中,应与当地行政主管部门保持全面的合作,并做好记录。正确认定被排放的污油的种类和数量,报告各相关方面,开展相应的清理、调查、评估、分析等工作。如果尚不能肯定或者部分不能肯定污染是否源自本船,应对污染物进行取样。

六、船舶火灾(Fire on Ship)

船舶火灾事故是常见的海损事故之一,火灾事故造成的损失很大。船舶发生火灾后,为迅速、有效灭火,减少损失,一般应遵守下列行动顺序:查明火情、控制火势、组织救援和检查清理。

1. 查明火情

现场指挥(大副)应指挥灭火队员尽快查明火源及火灾的性质、火场周围情况,以便确定合适的扑救方案、使用适当的灭火剂和正确的扑救方法。

2. 控制火势

在探明火情的基础上可立即展开灭火行动,控制火势。火灾的发生离不开"燃烧三要素",即可燃物质、助燃物质和火源。灭火的方法就是针对三要素而采取的冷却法、隔离法、窒息法等。只要三要素的任一要素被迅速控制,即可达到灭火的目的。根据火源所处的不同位置以及火灾种类的不同,所采取的灭火方法,使用的灭火设备也有所不同,现场指挥应在查明情况的前提下正确选择使用,例如:疏散或隔离火场周围的易燃物、喷水降低火场周围的温度、切断电源、关闭通风、封闭门窗等。

3. 组织救援

设法及时解救被火灾围困的人员及伤员,将其转移至安全地带。

4. 检查清理现场

火灾被基本扑灭之后,应及时检查、清理现场,特别应注意查找存在或可能存在的余火和隐蔽的燃烧物,防止死灰复燃。

七、偷渡者与海盗应急(Smugglers and pirates emergency)

对发现偷渡者的处理涉及船舶安全、人权、反恐、保安和各国移民法律以及某些政治因素等,有些国家极难打通交道,毫无商量的余地,给船方造成难以想象的困难,给公司造成巨大的影响和损失,再加上船舶的特殊环境和条件,使处置十分困难和复杂。法律上认为,船上出现了偷渡者是由于船方的过失,所以在离港前必须按照保安程序和船舶防偷渡须知的规定进行严格的搜查,并做好记录是很重要的,特别是停靠在偷渡案件多发的地区和国家。在偷渡高发区(非洲、中南美洲),经公司同意,船长可考虑采取国际通常做法,可通过代理申请当地警方参与离港检查出具检查证明,船方做好记录证明已谨慎处理。警方的参与为以后的处理争取了主动,对船舶所有人的责任起到保护作用。警方费用一般由保险公司承担。船长应对偷渡者的人权和安全负责,如果其受到虐待或受伤,可能会使案情变得复杂。

船舶或飞机上的人员为私人目的在公海上对另一船舶或飞机或其钱财,在无管辖权的地方对船舶、飞机、人或钱财所采取的任何非法暴力、扣留、掠夺行为,称为海盗行为。海盗活动频繁区域主要有西非海域、南美海域、以及东南亚海域中的印度尼西亚群岛水域、新加坡附近及马六甲海峡水域、菲律宾群岛水域、中国南海和台湾海峡等。

航行于海盗活动频发海域，应加强值班瞭望，增设防海盗安全班。当发现不明船只尾随、堵截、傍靠，并强行攀登时，应认为是面临海盗入侵/劫船。

（1）发现海盗时的行动：① 第一个发现海盗者，应立即通知值班驾驶员，如可行，应立即执行防海盗计划规定的程序；② 鸣放预先规定的警报，打开全船的扩音系统；③ 如可行，船舶应立即加速转向外海；④ 用探照灯照射海盗船，使其耀眼；操作水龙带使其无法靠近；燃放火箭信号；⑤ 向海岸电台和附近船舶报警；⑥ 如海盗正在用带钩的绳索登船，则砍断其绳索。

（2）海盗已登船时的行动，根据已登船海盗的人数、武器情况，可：① 将船员撤至预先安排的安全区；② 向沿岸就近的港口主管机关报告，寻求可能的援助；③ 对武装海盗要避免冲突，防止人员伤亡。

如发生人员伤亡和其他损失，应编制海事声明，做好取证工作，例如照片、损失清单等，并报告公司。船长应编写全过程的详细报告，内容包括但不限于：日期、时间、地点、海盗的形象、人数、可能的国籍、小艇的类型（或特征和照片）和艘数、所持有的武器、登船的方法等，报告公司，并鼓励报告总部设在马来西亚首都吉隆坡的国际海事局海盗事件举报中心，以及就近的沿岸国。这些报告将被用于全面分析、研究海盗袭击事件的趋势和形势，并在第一时间发出警告，通知相关方面，在可能的情况下安排搜寻、救援等协调工作。

思考题

1. 试说明危机管理的内容与过程。
2. 设计一份应急行动的检查表。
3. 设计一份紧急情况下的处理程序。
4. 试说明船舶因舵机故障或主机故障下的驾驶台应急处置程序。
5. 试说明船舶碰撞或搁浅下的团队成员应急处置的分工与合作。

第十章　工作安全分析
Task Safety Analysis and Case Study

工作安全分析是团队工作中的一个事项，是任务分析的一个内容，它能提高有关人员的情境意识；也是安全工作计划的一个基本工具，它可以加强工作的安全和提高效率。在船舶运输中，由于工作危害性分析不充分而造成系统受损和人员伤亡的情况并不鲜见。又因工作危害性的出现常带有随机性，所以必须进行详尽的全方位的危害分析。这项工作对确保船舶运输安全有特殊的重要意义。开展一个有效的工作安全分析，有利于减少船舶作业人员受伤，集中工作注意力，增强感知力。同时，这也能让人员充分参与，对作业进行一个全程的培训。

第一节　任务安全分析
Mission Safety Analysis

从安全管理的角度，任务安全分析表现为工作危害性分析(Job Hazard Analysis, JHA)，任务安全分析(Mission safety analysis)，尤其是"偶发事件计划(Contigency plan)"的制订。这些方法是针对工作或任务风险的两个侧面，工作危害性分析注重危险源的防范与应对，任务安全分析注重安全保障的实现与控制。

这里以工作危害性分析为例，说明任务安全分析的实施，着重说明危险源的识别与预控。

一、工作危害性分析的基本内容(Basic Content of JHA)

广义地说，工作危害性分析是一种操作安全的分析(Operating Safety Analysis, OSA)，也是制造、试验危害以及操作者失误分析等的总称。它是对操作者在系统运行各阶段进行审查后进行的，其内容常包括基本作业、作业方法、潜在危害、对策等。

首先应确定所需分析的项目和范围，并充分考虑与这些项目相关的限定条件，然后按照采用危险识别、潜在风险讨论、风险预防措施等内容与过程进行。

1. 任务实施的危险源识别(Hazard identification of job or mission)

危险源识别是工作危害性分析的初始步骤，也是主要步骤。它的目的是对所界定的工作项目或任务实施的全过程中可能出现或存在的所有危险源加以识别。

为了能全面系统性地做好危险源识别工作，应根据需要和任务特征确定识别工作团队的成员，组织有关人员共同参与危险源的识别工作。该团队的成员应有从事过该工作的人员，以便能全面分析和找出危险，进而确定其原因、产生的后果与影响。识别的重点内容是五个“不安全”，即不安全的作业内容，不安全的设备、器具，不安全的作业方法，不安全的作业人员，不安全的作业环境。例如：作业内容本身的风险性，设备技术状况不佳存在隐患，不安全的操作方法，作业人员的不安全行为表现，作业中指挥、操作、监护不当或者失误，超出设备安全负荷或适用范围，恶劣气象、海况下船舶状态或条件等。这些是事故形成的直接原因，属于危险源。当然对于具有能量意外释放的物体也属于危险源，值得注意。

危险源识别可在某一事故致因理论的指导下，通过头脑风暴法、德尔菲法或者名义小组法等适用的危险源分析方法，将工作涉及到的系统过程或步骤进行模块化、项目化的划分，然后对每一模块或项目进行分析研究。通过观察、调查、座谈、记录等方面分析确定某一个人—机—环境系统中各自特性，特别注意人可靠性方面的问题，也不能仅着眼于对出现过的危险源识别，还应充分考虑到将工作过程中可能发生或存在的预期性危险。

危险源识别可结合标准分析技术或者工具进行，所采用的标准分析工具包括安全检查表(CHECK LIST)、故障假设/检查表(WHAT IF)、预先危险性分析(PHA)、故障模式和后果影响分析(FMEA)、危险与可操作性研究(HAZOP)、人因分析法(HEAP)等。这些方法简单直观，容易掌握，主观性强。

2. 工作的风险分析 (Discussion of job risk)

风险分析是对工作过程中危险源的发生可能性与后果程度或影响范围进行分析，从而确定风险程度。通过相应的标准分析技术对已发生过的危险和可能发生或潜在危险结果的预期性讨论，分析与确定每种危险源的可能形成因素原因的可能性(按照非常频繁、频繁、一般、偶尔和极少来确定发生伤害事件的几率)和后果(按照非常严重、严重、一般、轻微和可忽略确估计产生伤害的程度或范围)，有时也要考虑暴露在危险环境中的时间长短，然后进行综合将这些危险根据危害性的大小加以排序，以便找出高风险区和关键性的风险因素，对工作的标准或规定加以完善或者提示，达到减少风险的存在和发生的目的。

标准分析技术可以采用半定量或者定量的分析方法。常常采用的方法是作业条件危险性评价法(LEC、MLS)、故障模式和后果影响分析(FMEA)、危险度评价指数法、道化学火灾爆炸危险指数法、ICI蒙德法等。还有一些专业分析方法，比如因果推理法(事件树、事故树等)、DNV风险评价法(SAFETI软件)、概率安全评价法(PSA)等。这些方法对使用者有一定的要求，但是可以数值定量，结论比较客观。

在风险分析的过程中，应先明确所评估风险的类型及其相应的风险程度，对各种类型风险的分布和影响风险的各种因素加以确定；在识别和评估高风险区和影响风险主要因素的同时，应认真分析高风险区和影响风险的主要因素的持续时间和管理措施的有效性。

风险类型可根据危害对系统的影响程度进行分级，如图10-1，可划分为四级：

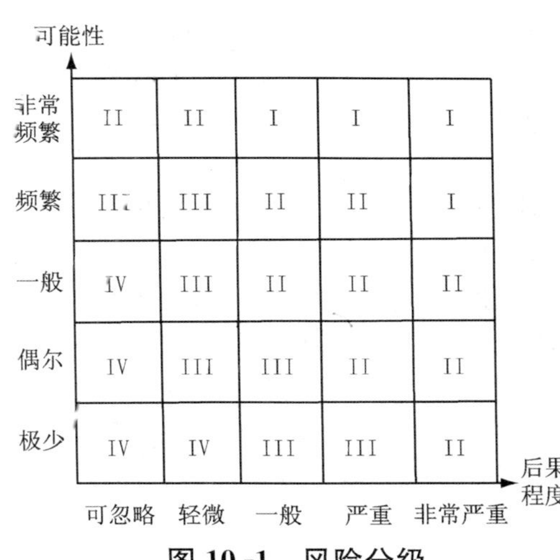

图10-1　风险分级

Ⅰ级：高度危险的作业，必须立即采取措施进行控制甚至停止作业；

Ⅱ级：明显危险的作业，需要采取措施进行控制；

Ⅲ级：可能危险的作业，作业时需要注意防范；

Ⅳ级：低危险，一般人们可以接受。

3. 工作的风险处置措施（Measures for coping risks）

风险处置措施是在危险识别和风险评估的基础上，针对性地提出相应控制风险的措施。在制定风险预防措施时，先要明确需要控制风险的区域，并根据这些风险区域的实际情况制定出可行的风险处置措施；然后将这些风险措施加以细化并形成可操作的风险控制措施；同时，应认真识别所采用风险控制措施可能产生的新的风险及其对策，以消除风险或将其减至最小。主要方法有控制风险、回避风险、转移风险和自留风险等四种方法。比如，台风风险处置措施中，避台是回避风险，防台是控制风险，抗台是自留风险，离船是转移风险。如图 10-2。

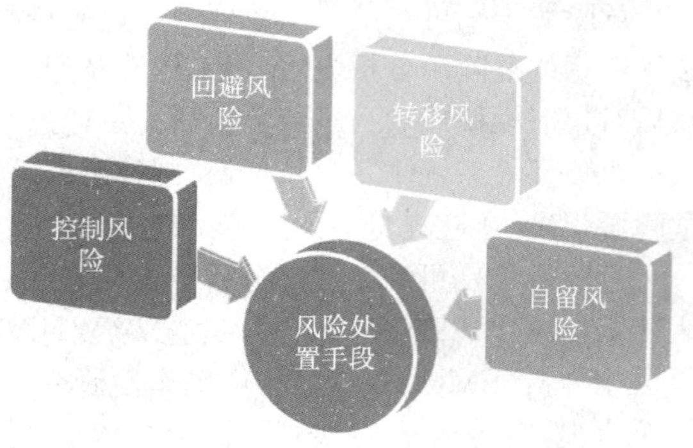

图 10-2　风险处置手段

（1）控制风险，这是船舶风险处置的主要方式，有时也被称为降低风险，是指船舶采取措施，以减小损失发生的可能性及损失程度。一般地，常用的控制策略分成两大类，即风险预防策略（降频率）和损失控制策略（减后果）。风险预防一般利用工程技术方法、教育法和程序管理法来预防事故和损失的发生，从而降低风险损失发生的可能性。损失控制一般是减轻风险损失的可能性或减少后果的不利影响。具体的措施，包括：① 排除隐患，例如排除不安全作业的设备、人员、环境，以及改进安全的方法和器具等；② 改进操作，例如制定操作方案或须知、明确参与人员事前应接受的培训、工作许可制度等；③ 隔离危险，例如划定限制区域，切断电、水、油、气来源，安排监护，制定应急预案等；④ 提高能力，例如选择合格作业人员，事先模拟训练熟悉操作程序或方案，事先提供信息和资料，提供保护装备等。例如，船舶在接收到肯定将影响其航行水域安全的安全通告时，如当时环境与条件许可，可采用择地抛锚、改变航向或降低航速，并积极采取保护措施来预防和减少航路对其产生的风险与影响。需指出的是，以上这些预防风险的方法虽能预防相应的风险，但是它们不可能从根本上回避风险和完全消除风险可能带来的损失。

（2）回避风险，有时也被称为规避风险，是指船舶主动放弃或拒绝采取某项易引起高风险损失的方案与措施来避免与该方案相联系的风险，以免除事故与损失的发生。该方法是一种彻底的风险控制方法，在风险发生之前，以风险较低的解决方案削减并替代高风险的活动，达到完全消除某一特定风险所造成的可能较大损失。例如，船舶在接收到将影响其即将航行水域安全的台风警报时，当时环境与条件确有必要，可直接采用改变航线的方法来绕开台风影响的区域，即回避台风（避台）。应指出的是，以上这些回避风险的方法虽能消除相应的风险，但它们明显具有很大的局限性，因为并不是所有的风险都可以回避或应该进行回避的。

（3）转移风险，有时也被称为转嫁风险，是指通过某种安排，把自己面临的风险全部或部分转移给另一方。当投入的资源有限，不能实行减轻和预防策略，或风险发生频率不高但潜在的损失或损害很大时才采用该方法。转移风险实际上是风险分担的一种形式，不是单方面的风险消除，而是改变风险的影响系统从而再次分配风险程度。船舶在航行中如因不可抗力或遭受意外情况而不得不抛弃部分货物或需对货物采取极端措施而保全船舶的安全就是这类情况。例如，船舶航行途中某货舱内货物发生爆炸或火灾，船长明知用水灌舱会导致舱内货物受损，但是为保全船舶的安全不得不采取此法来加以应对风险。同样需要指出的是，转移风险的方法必须是在必要、可行和有效的前提下进行，而采用这种方法时，船舶客观上是很难做到将全部风险转移到另一方的。

(4) 自留风险，有时也被称为接受风险，是承认风险存在的事实并接受与其相关的风险，指船舶在特定的情况下自己主动地承担一定的风险。在实际工作中，意味着船舶将以特定的方式或采取相应的措施来接受和应对一定的风险。船舶可能会面临无法加以回避的风险或没有足够时间对特定风险采取全面的预防措施的情况，往往用自留风险处置策略。例如，船舶狭水道航行时突然遭遇渔船或小型船舶在航道横穿本船船首而导致双方船舶即将发生碰撞的情况，此时若单凭减速措施根本无法避免碰撞，而采用转向避让又可能产生本船驶离航道而搁浅的风险。考虑到一旦碰撞将发生他船船毁人亡的严重后果，而因航道地质又为软泥、在即使较大幅度转向发生搁浅也不会造成很大损失的情况，此时船舶及时采用减速并大幅度转向，被视为是自留风险策略。需指出的是，自留风险就会有一定风险的存在，而这些风险的程度一般应在人们所能接受风险的范围之内。

在以上四种不同的风险管理方法中，回避风险是一种事先性的风险应对方法；其他三种方法，包括控制风险、转移风险和自留风险等控制技术只能减少损失发生的概率和损失的严重程度，主要是在事件发生时加以考虑和应对的风险管理方法。

4. 工作的风险处置措施评估（Assessment of control measurs to job risks）

实施任何控制措施前，应先核实控制措施是否足够和有效。一般可以借助事故险情案例库，通过统计分析这些事故、险情来衡量风险控制措施的有效性。也可以借助回答以下问题来核实控制措施的有效性和充分程度：① 控制措施是否有效？采取措施后风险是否低于“可容忍”程度？② 控制措施是否可行？受控制措施影响者是否接受风险控制措施？急于完成工作的压力下是否可能被忽略？③ 控制措施是否会产生新的危险？多数情况下这些危险是否被认定和标识出来？核实结束后，需要再次评估风险等级。如此循环，直至确认所有控制措施后的风险等级均处于规定的风险等级水平以下为止，或者否决该项操作。

二、工作危害性分析的形式 (Modes of JHA)

1. 书面工作危害性分析（Written JHA）

在船舶管理工作中，通常应为一些敏感工作作出书面工作危害性分析，具体包括：具有能导致严重后果的潜在危险的工作；以前发生过事故和差点发生事故的工作；可能存在风险的单项工作；连续发生事故的工作；新的工作。

在实施书面工作危害性分析时，必要的准备工作是必须的，包括：查阅生产商的使用说明书和作业指导图书资料，获取信息资源；参考先前的工作中的风险分析；与其他有经验的成员讨论工作步骤；指定执行任务的人和安全检查员。操作性的安全检查表(CHECK LIST)可以作为任务分析或工作危险分析的一部分，以促进安全。制定工作中发生问题项目的检查表，对风险加以鉴别并给出消除每个可能风险的建议,这一做法被认为是有效的方法。检查表是建立操作、应急和应变程序的有用工具。检查表仅是包含在所建立的程序中的需做的事情清单,用于查证(交叉检查)。它帮助使用者记住正常或应急情况下该做的事情。

2. 口头工作风险分析(Verbal JHA)

口头工作风险分析的益处在于能使工人注重其工作。讨论应以这种方式进行,即船员承诺安全地工作。

工作前安全会是口头工作风险分析的最好形式,也是团队内部交流的一个重要方式。经验证明,为了安全目的针对每天所从事的具体作业去复习必要的安全知识,促使作业人员自觉地按照已制定的安全规则进行作业,召开现场班前安全会议是十分有效的。

会议在形式上要求做每项工作前安排时间做简要的安排说明。在工前会上,应使得所有人员参与讨论,使得会议生动活泼,以营造有效的工作氛围。具体内容可以是:① 周围曾发生过的事故及其预防对策;② 作业的危险性及排除方法;③ 改变作业流程及方法,可能造成的危险及对策;④现场检查和清理的记录;⑤上级的安全指示的传达与讨论;⑥公司安全方针与安全管理的规定及说明;⑦以往对改进作业的建议与方案的讨论;⑧有关安全的文件体系与讨论;⑨具体的图表数据、模型与实物等。

这种会议为工具箱会议(TOOL BOX MEETING)。管理者召集相关人员,解说每个人员工作范围,讲解工具使用方法及安全注意事项,查看各工作人员的精神状态及各种工具是否齐全,告知工作人员各生产区域和环节可能造成的危害因素及处理对策,并且倡导作业指导文件作业人员也可相互提出有关建议。

三、船上工作安全操作分析 (Analysis of Safety Operation Onboard)

安全检查表是一种初步定性手段,是任务安全分析的常见形式,也是危险性预先分析、事件树分析、事故树分析等系统安全分析的基础。安全检查表的制定是为实现安全操作而必须实施的检查程序,在表中列出安全控制的关键环节。

安全检查表内容的编制应目的和范围明确,系统完整,内容全面,简单明了,重点突出。由熟悉检查对象的工程人员、操作人员、安全及管理人员以系统工程的观点编写制定检查项目,并以问答方式列出核对表,最终作为对系统安全检查和评估风险、预测事故的依据。

一般地,可先按树形方式写出全部内容,再按层次列入检查表。公司和船舶的各检查表,应构成树状或网状的体系,系统化的检查表体系和内容体系,可避免遗漏、重复或矛盾,从而能有效地保障船舶安全。用于船舶的安全检查表种类包括:① 公司对船舶的全面性安全检查表,侧重检查宏观安全管理和关键点技术状况,周期以 6 个月为宜;② 船上部门安全检查表,是驾驶部门或轮机部门针对本部门的设备或人员制定的安全检查表;③ 开航安全检查表,由船长总负责,在每个航次开航前对船舶适航性进行检查;④ 关键性操作安全检查表,主要针对一旦发生误操作就会立即产生事故或可能引发事故的操作进行控制,检查作业前的设备和人员准备、作业中的操作和作业后的善后;⑤ 管理性检查表,用于船舶日常安全管理。船舶安全检查表的分类和检查周期由公司根据具体情况确定。对公司岸上涉及船舶安全的工作,应当设置和使用安全检查表。

对于检查程序,如果船员依赖于自己的记忆,那么应尽可能使用核查表以免遗漏。一般应考虑:

(1) 岸基管理部门以依次编号的通函形式,向船长和部门长发布相关部门适用的船舶操作各方面的指南和信息,包括:规则的变化;港口信息;货物信息,尤其是散货贸易;其他船舶事件的报告,包括为避免重蹈覆辙可能采取的步骤;船员健康事务的信息;雇佣或船员薪金支付程序变化的信息;按公司规定处理违反任何海关规定的船员。

当船长和部门负责人在准备或修改其核查表和运行船上的程序时,岸基管理部门提供的通函对于他们来说是有用的基础材料。

(2) 船长与轮机长达成的检查(这些检查应在离港前进行),包括:试验驾驶台和机舱的车钟;试验舵机;试验汽笛、驾驶台设备和雷达;试验航行灯;试验驾驶台与机舱的通信。

(3) 直接或通过代理必须送到岸基管理部门的日常信息,包括:离港时间和船上的燃油数量;下一港的预计抵达时间;任何航行故障的细节,给定滞留的时间和预计抵达时间的任何变更。

(4) 在港口之间开展的活动任务有各自的核对表,这些包括:航向计划;维修保养;培训;参加安全演习;参加安全会议;准备货物存放空间;参加操作会议;准备上报高层办公室的报告;汇编修理清单,尤其是即将进行坞修;通信的记录;核对备件和物料清单,如需要,在适当的时间重新订购;如要求,准备预算。

(5) 在抵港前和在港开航前,各个部门应具备相关必要任务的表格,包括:将预计抵达时间的信息传给代理和岸基部门;参加进船坞和靠泊;监督货物的装卸;开展必要的维修保养和检验;参加船员事务;准备下次运输;参加协调;参加加油和将物料和备件搬上船;参加安全工作;核对所有开销;向船长报告任何异常情况:由于机械故障对开航延误的可能性;重要备件未送来;船员生病;准备船舶检验。

第二节 资源管理案例分析
Case Studies of BRM

案例分析是专业技术学习和业务培训中的重要内容。在现代管理原理与知识的学习过程中,对一些典型案例进行分析是促进学习的有效方法。为此,船舶驾驶人员在驾驶台资源管理的学习过程中,应尽可能地从管理者的角度,运用驾驶台资源管理的理论与知识,结合自己工作的实践,对一些特定的、有代表性的案例进行深层次的分析来保证能更好地学习和理解驾驶台资源管理的原理与方法,以便在日后的实际工作中能有效地掌握和运用所学到驾驶台资源管理技能,促进船舶航行与操作的安全。这些案例既可以是实际发生的事故案例,也可以是借助模拟器或者实际船舶操作过程中的事件。

一、驾驶台资源管理案例分析的目的(Aims of BRM Case Studies)

驾驶台资源管理案例分析的目的在于为了更好地学习、理解驾驶台资源管理的原理、知识与方法,进一步提升自己在驾驶台资源管理方面的正确理念,掌握现代管理知识在船舶资源管理方面的应用方法。值得注意的是,他们应通过总结他人在这种管理工作中已有经验教训的基础上,学习和增加自己在工作中的专业管理知识与经验,提高驾驶台资源管理的技能和水平。

从事驾驶台资源管理案例分析的人员可在参加驾驶台资源管理课程的学习与培训过程中和熟悉掌握该课程的基本原理与知识的基础上再开始该项分析工作。这种有针对性的、结合典型船舶碰撞、搁浅等案例的分析工作使团队成员能较为系统地复习和运用自己所学到的驾驶台资源管理原理与知识，有利于团队成员进一步巩固和深化理解所学的知识，提高这类案例分析的能力，为日后进一步做好驾驶台资源管理工作打下良好的基础。

二、驾驶台资源管理案例分析的原则（Principles of BRM Case Studies）

驾驶台资源管理案例分析的原则与其他类型的事故分析原则有很大的不同。当团队成员在对其他不同类型海上事故或事件的案例进行分析时，他们的原则往往是必须找出事故的主要原因和责任人，并分清相关人员应承担的责任的主次和比例。为此，团队成员必须根据相关规则的具体条款细节，从技术的角度去认真分析和查找原因，并按照规则的要求去衡量和决定涉事人员的责任情况。然而，这不是资源管理的角度分析案例。

驾驶台资源管理案例分析的原则主要是从事故的原因着手，从深层次的角度去分析和查找在隐藏在事件表层后面的人的因素及其产生的原因。在从事这些分析工作时，可根据船舶资源管理中所用的关键性术语来寻找相关的原因，并排列出导致船舶发生事件的失误链。因此，这种案例分析的重点在于寻找船舶驾驶台资源管理中人的因素与失误情况及其发生的原因，而不单纯地从船舶操作的技术性层面去分析存在的问题和原因。

三、驾驶台资源管理案例分析的内容（Main Contents of BRM Case Studies）

根据驾驶台资源管理案例分析的原则与方法，参加该项工作的人员应在分析中认真采用驾驶台资源管理中提出的一些关键性术语和观点，结合案例中相关人员的实际情况，通过比对分析的方法来寻找事件发生原因中所涉及到的人的因素与失误，并排列出导致船舶发生事故的失误链及其产生原因。

这种比对分析方法的具体内容包括认真分析和对照案例中的相关人员的：

（1）工作态度和情境意识情况；

（2）船舶方案设计与准备情况；

（3）通信方式和信息交流情况；

（4）船舶驾驶台人员，特别是与引航员之间的团队工作情况；

（5）船舶驾驶台设备、资料等硬软件的使用情况；

（6）船舶的决策与领导情况(包括工作任务的布置与说明)；

（7）工作压力与程序执行的情况；

（8）文化意识与差异的情况；

（9）船舶应急措施与具体实施的情况等。

为了简化驾驶台资源管理案例的分析工作和提高分析的效力与质量，参加分析工作的人员可在全面了解案例情况的基础上，将事件原因中涉及到人的因素与失误的内容逐项与上面列出的内容加以对照分析，从而得到案例中所存在的相关驾驶台资源管理方面的实际问题与原因和它们的产生原因。

在驾驶台资源管理案例分析的最后阶段，参加分析工作的人员应在找出的相关驾驶台资源管理方面的问题与原因基础上，通过进一步的分析和研究，探讨如何防止类似案例的发生的具体方法与措施，即在以后的工作中将如何采用哪些驾驶台资源管理的有效方法来防止类似事故的发生。

四、驾驶台资源管理案例分析的注意事项（Precautions of BRM Case Studies）

驾驶台资源管理案例分析是一项综合性分析工作，鉴于它与其他案例分析工作的共同点和相异之处，参加该项分析工作的人员应注意以下各点：

（1）首先应根据案例的发展过程寻找和分析事故发生过程中人的相关因素（重点在于人的失误）及这些因素（失误）与后果发生之间的关系。

（2）在事件发生过程中人的相关因素中间寻找失误链的存在及其形成原因（包括相关人员中所具有的任何对安全产生危害影响的想法与行为）。

（3）在对案例采用比对方法进行分析时，可检查案例中是否存在以下问题：① 未能布置好任务和落实责任；② 未能处理好工作的先后次序；③ 未能对过程加以有效的监督；④ 未能充分利用已有的数据、资料和设备；⑤ 未能认真地进行有效的交流和沟通；⑥ 未能及时发现和质疑存在的问题；⑦ 未能认真做好计划和执行计划；⑧ 未能严格执行和遵守操作程序；⑨ 未能切实保证船员的基本休息时间；⑩ 未能合理调节船员的工作压力等。

（4）应尽可能地对案例进行较为系统的分析，不要过于注意细小的技术性问题，而要着重分析和查找驾驶台资源管理中存在的具体问题。

（5）在案例分析的基础上，结合自己所学的驾驶台资源管理原理与知识，总结出日后防止类似事故发生的方法与措施。

思考题

1. 以某一开敞式码头船舶靠泊安全为例，讨论任务安全分析与评估：

(1)危险源识别与风险评估；(2)风险控制方案；(3)审批与复查；(4)表格设计。

2. 以船舶港内航行安全为例，讨论任务完成过程中的危险源以及控制方法：

(1)关键环节；(2)岗位职责；(3)应急措施；(4)冲突管理；(5)检查表的作用。

3. 根据本章所述BRM案例分析的目的、原则、内容，特别是结合相关的注意事项与要求，在对下列各船舶事故案例认真阅读和逐项分析的基础上，总结值班驾驶员驾驶台资源管理的技巧和方法。

案例1　伊丽莎白女王Ⅱ号在Vineyard Sound搁浅

1992年8月7日晚上，邮船伊丽莎白女王Ⅱ号从Oak Bluffs驶向纽约的途中，在Vineyard Sound的出口处搁浅。当时能见度良好，海面平静，落潮。船上载有1 824名乘客和103名船员。

伊丽莎白女王Ⅱ号总长963 ft(293.72 m)，型宽105 ft(32.03 m)。事故发生时的前后吃水分别为32 ft 4 in(9.86 m)和31 ft 4 in(9.56 m)。它由可变螺距双螺旋桨推进，动力来自功率为130 000 Hp的柴电机。海上速度为32 kn，它横渡大西洋的正常航速为28.5 kn。

伊丽莎白女王Ⅱ号是通过Vineyard Sound水道最大、最快、吃水最深的船舶。

除了船长和引航员之外，驾驶台航行团队由8到12个船员组成，其中包括大副、二副、舵手、水手各一位。航行团队和引航员之间没有任何语言障碍。

两台雷达都在工作,前面的一部供船长和引航员使用,后面的供二副定位。三部测深仪中两部在驾驶台后海图室里使用,但是驾驶台的测深仪没有开,测深记录仪也在工作。

事情经过如下:

伊丽莎白女王Ⅱ号 8 月 6 日 1820 离开新斯科舍的 Halifax,8 月 7 日到达 Gay Head 以西 5 n mile 处与引航交通艇回合。

1150- 引航员登船,帮助引领船舶进入 Vineyard Sound 和到达 Oak Bluffs。引航员登上船后,船长认出这个引航员曾经几年前在纽波特罗德岛引过自己的船,引航员对这艘船的操纵特性已很熟悉。引航员拿到引航卡后询问了船舶吃水、船舶特性以及主机、侧推器、雷达等情况。

随后,伊丽莎白女王Ⅱ号开始驶入 Vineyard Sound。伊丽莎白女王Ⅱ号在先前预定的 Oak Bluffs 锚地抛锚。乘客们乘坐汽艇上岸。

2000-这是计划从 Oak Bluffs 启航的时间,目的是能在 8 月 8 日早上 0070 准时到达纽约。

2050- 由于乘客返船的延误,船舶此时才从 Oak Bluffs 启航。船长在把指挥权交给引航员之前,命令动用主机和侧推器调整航向,船舶随后由引航员引领。

随后,伊丽莎白女王Ⅱ号在 Vineyard Sound 内行驶。

2124-如要按计划时间到达纽约的话,船舶必须达到平均 25 kn 以上的速度,船长想早点提速以免在后面用更高的航速。在船长的要求下,引航员将航速增加到了 24 kn。

2142-更换海图。该海图上没有标上 Sow and Pigs Reef 附近浅水区域的显著标记,但是前面一张海图上有。

2144-伊丽莎白女王Ⅱ号经过 NA 浮筒,真航向 235°。当浮筒右正横时,引航员在没有通知船长和值班驾驶员的情况下,将船舶航向改为 255°。

说明:原计划航线经过(船舶实际上也经过)NA 浮筒附近的 40 ft 水深点。船长和引航员计算在 25 kn 的航速下,船舶的下沉量为 2 ft 左右,然后加上 1.5 ft 的潮高,他们都认为大于 40 ft 的水深就能保证船舶安全通过。后来经美国海岸警卫队调查官的调查:根据测深仪的记录,伊丽莎白女王Ⅱ号在通过该 40 ft 水深点附近时,富裕水深只有 1 ft 或不足 1 ft。

二副定了一个船位后,划出 255°T 航迹线。他发现此航迹线将通过离 Brown's Ledge 北部大约 7.5 n mile 处的 34 ft 浅水区域。二副感到有问题,马上将此事通知了大副,大副又通知了船长。船长让大副告诉引航员他宁愿走在更南的由驾驶员原先画好的计划航线上。

215x-2154 之前的很短时间,引航员应船长的要求改向至 240°T。

二副定了一个船位后画出 240°T 航迹线。二副发现这条航迹线将通过一个水深为 39 ft 的浅点。由于伊丽莎白女王Ⅱ号当时的吃水为 32 ft 4 in,二副认为没有问题,所以没有对引航员、大副和船长说什么。

说明:引航员说他看见了二副所画的 240°T 航迹线,也看见它要经过 Brown's Ledge 的南部。实际上船长也看到了。

引航员预计出 Vineyard Sound 时的潮高为+1.5 ft。船长和引航员都认为加上+1.5 ft 的潮高,船舶经过 39 ft 的海图水深点应该没有什么问题。

伊丽莎白女王Ⅱ号经历了好几次颤动。驾驶台人员曾感到两次间断的振动并听到了隆隆响声。当船舶第二次颤动接近尾声时，船长下令停车。

船长事后证实，他首先想到的一是与可能与他船发生了碰撞，二是机械有损坏，最后才想到可能是搁浅。而引航员首先怀疑是机械损坏，比如螺旋桨丢失了。在证实不存在机械故障，附近也没有其他船舶后，船长和引航员得出船舶搁浅的结论。

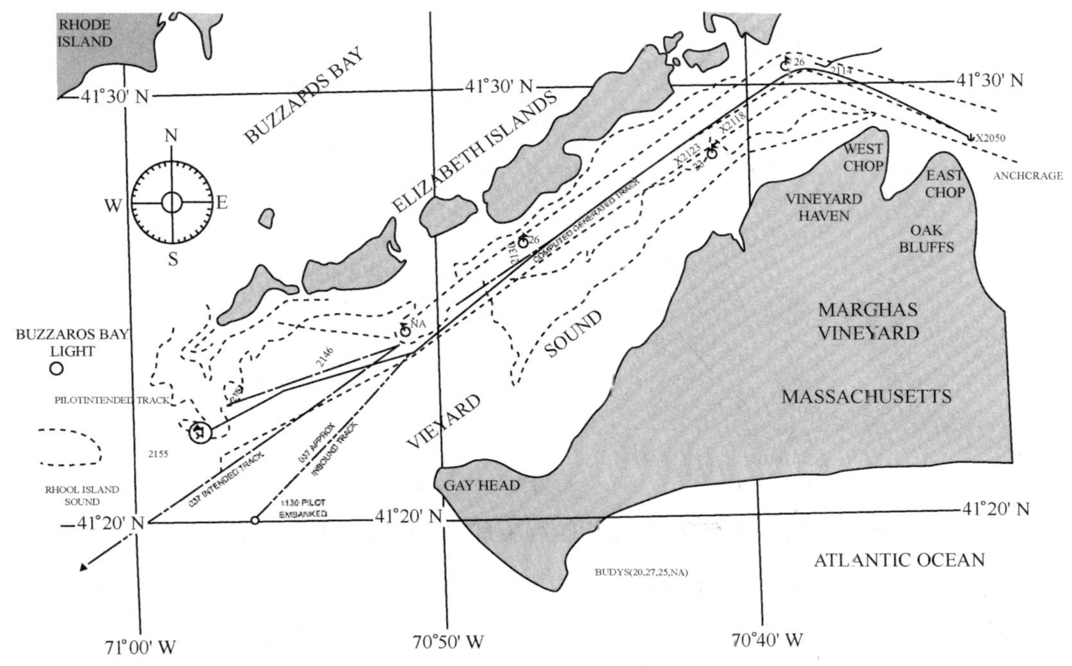

案例1图 伊丽莎白女王Ⅱ号 Vineyard Sound 搁浅示意图

案例2 集装箱船"XL"轮和货船"E"轮碰撞案例

2006年10月25日，集装箱船"XL"轮和外籍货船"E"轮在东海海域（概位26°53′N/121°26′E）发生碰撞，造成干货船当场沉没，船上21名船员，11人获救，10人失踪的重大水上交通事故。

当时海域东北风5～6级，中浪，能见度良好。气温24 ℃，水温约22 ℃。据推算25日0530时，在26°53′N/121°26′E附近水域为涨潮阶段，涨潮流为西南约0.5 kn。

集装箱船"XL"轮为船长为280 m、总吨为66 433 t的标准集装箱船。"XL"轮2006年10月23日从广州启航，挂靠香港、深圳盐田港，1300时抵厦门港，加载后于24日1330时离港开往韩国釜山港，船上共载有5 458 TEU，前后吃水12.6 m/12.9 m。

25日0347时，0000—0400时航行班的值班水手离开驾驶台。0350时，大副上驾驶台接班，交班时航向040°，据称：二副请示大副是否通知值班水手上驾驶台，大副认为海面比较清爽、过往船舶不多，考虑白天工作量较大，需要较多人手，故未叫值班水手上驾驶台一起值班。0400时，航向040°，航速20.5 kn，能见度良好。0500时，大副称在雷达上观察到位于右舷30°约6 n mile处的对方船，速度较慢，并看到一盏尾灯，认为是同向船，随后没有对该船进行连续的观察。0500-0528 时之间,大副未表述其在驾驶台履行了职责。0528 时,大副突然看到对方船已接近其船首右舷处,大副称立即拉车钟至停车位置。但车钟实际在微车进位置。0529 时,船首右舷撞入对方船的驾驶台左侧,两船碰撞夹角约为51°,碰撞后,对方船快速下沉。

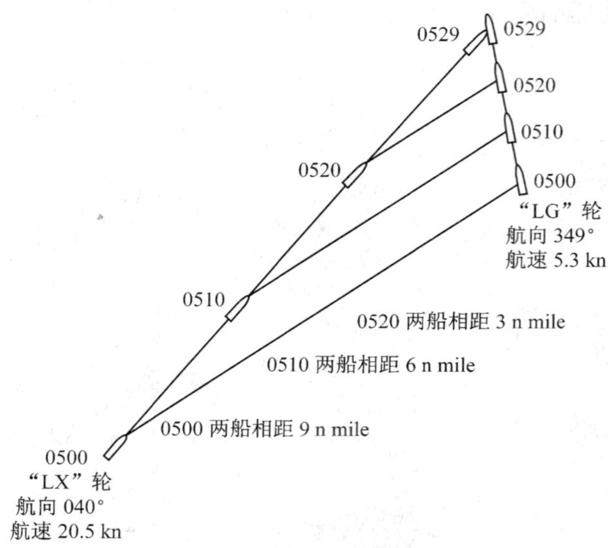

案例 2 图　集装箱船"XL"轮和货船"E"轮碰撞案例示意图

外籍货船为船长 105 m、总吨为 5 360 t 的干货船。2006 年 10 月 7 日 1400 时,"E"轮从巴布亚新几内亚的基姆贝港启航,装载原木 7 119.626 m^3/1 870 根/7 004 t(其中甲板装载 443 根),前后吃水 7.2 m/7.5 m,开往中国张家港。

23 日该航次由于主机增压器故障,船舶只能以半速航行,航速为 5.3 kn。1930 时,抵达基隆港加油,加装 30 t 轻油后,前后吃水 7.1 m/7.6 m。

24 日 0700 时续航。考虑到有冷空气南下,船长取消了原先制定的航行至长江口、航向为 010 的计划航线,决定改航向为 349°,直接驶往中国沿海的北麂岛,然后北上。1200 时,二副接班,航向 349°,25 日 0400 时,大副接班,航向 349°,航速 5.3 kn,能见度良好。0450 时,大副称:从 AIS 中注意到在本船左后方十几海里处的本船,航速为 21 kn 多,航向 040°,但大副没有观察其与本船的 DCPA 与 TCPA。0500 时,大副称:值班水手肉眼发现左后方有一来船并立即告诉大副,大副肉眼观察发现该船位于其左舷约 140°处,距离约 10 n mile,可看见来船的前后桅灯接近一直线,用望远镜看到来船的红、绿两舷灯,判断其为追越船。过一段时间后大副发现来船相对方位没有变化,便通过 AIS 再次确认来船为本船,观测雷达,在 6 n mile 档内未发现其回波,大副保持向前瞭望。

过了一段时间后,值班水手告诉大副,来船离得挺近。大副便让水手用 VHF 呼叫对方,但无应答。大副仍保持向前瞭望,并继续保向保速航行。0529 时,大副问水手几点了,水手看船钟后回答说:"差一分钟 5 点半。"这时,大副透过驾驶室左侧的玻璃窗看见黑乎乎的影子压过来,随即两船发生碰撞。

案例 3　“S”轮澳大利亚昆士兰州海域触礁搁浅

巴拿马型散货船“S”轮 1993 年由日本建造，总长 225 m，宽 32.3 m，最大深度 18.3 m，夏季吃水 13.291 m，总载重量 70 181 t。配备 2 部雷达，其中一部为 ARPA 雷达；2 个 GPS。单车固定螺距螺旋桨，海速 12.5 kn。船舶配备 23 名船员，包括 1 名船长和 3 名驾驶员，驾驶员一天分两段值班 8 小时，每段 4 小时。大副在停泊期间因监管货物装卸而处于大量加班状态。大副具有 20 年海上资历，其中 11 年为驾驶员，3 年的大副海龄，在事故发生前的 1 个月上“S”轮。

2010 年 4 月 3 日，0300 验水尺，0540 完货，装货量 68 052 t，艏吃水 13.29 m，艉吃水 13.38 m。满载煤炭于 1054 时从澳大利亚 GLADSTONE 港开航，目的港为鲅鱼圈。当时天气良好，能见度良好，东南风 3 级。0900 大副用早餐，1035 引水上船，大副船头准备，1054 离泊，1115 大副离开船头，1306 引水下船。

1330 定速，航向 000°，自动舵。二副为了缩短航行路程，向船长征求是否可在案例 3 图中的 C 点处修改一下原定航线。得到船长同意后，他在 819＃海图上由原来的 000°修改成 020°，但没有擦掉在 819＃海图的原计划航线。原计划航线在 GPS 上设定了 0.3 n mile 的偏航报警和 0.2 n mile 的转向点报警，ARPA 雷达显示至下一转向点的方位。修改后的转向点没有输入 GPS，当船舶走 020°航向时，GPS 和雷达不能给出相应的指示和报警。

1400，船舶指挥权交给二副，船长离开驾驶台，值班水手在驾驶台作为瞭望人员。“S”轮以 12 kn 的速度正常航行。

1500，二副用 GPS 定位，船位在原计划航线上。

1530，抵达 A 点，转向到 020°，随后不久，GPS 偏航报警，二副给予了确认。

1550，大副上驾驶台接班。作为交班的一部分，二副向大副说明航向已临时改到 020°，在海图上已显示，但 GPS 没有输入修改后的航线。

1600，二副定位后离开驾驶台。

1601，大副从海图上看过修改后的航线后，估计 1700 应转向到 075°，他没有测量到转向点的距离，也没有用其他方法确定到达转向点的大概时间，他感觉非常疲劳，站在驾驶台右侧，那既方便监视雷达，又便于向外瞭望。

1605，船舶驶入 820＃海图区域，819＃图仍在海图桌上。

1630，轮机长上驾驶台，核查主机转速 83 RPM。大副仍站在右侧雷达附近，确认船速 12 kn。

1635 左右，轮机长离开驾驶台，大副原想 1630 定位，随后又决定 1700 再定位。

1700，大副在卫星船位记录簿上记录船位：23°07.0′S/151°39.2′E，但这个位置已不在 819＃图上（实际上此时的船位已经驶过应转 075°的转向“B”点），于是从海图抽屉中拿出 820＃图，当他把 820＃图放到海图桌上时，他发现船速降至 8 kn，同时发现海图上 DOUGLAS SHOAL 区域标有“NO GO AREA”，这才意识到船舶正接近浅滩。他立即命令值班水手改用手操舵迅速向右转向。刚转到手操舵，大副看到船速迅速降到了零，船舶开始了抖动。

1705，施右舵但没有舵效，“S”轮以船首向 020°搁浅，船舶停止抖动。GPS 船位 23°06.0′S/151°39.6′E，附近海图水深 10.7 m，底质为粗沙、贝壳和珊瑚。

船长在房间做文字记录的时候感到船舶抖动，以为船舶正在转向，一会儿大副打电话叫他到驾驶台，船长急忙到驾驶台，大副告诉他船舶可能搁浅，船长令大副定位。最后确认当地时间 1705，“S”轮在澳大利亚距 GLADSTONE 入口约 50 n mile 的 DOUGLAS SHOAL 处搁浅。

1710，轮机长和二副感到船舶异常，也来到驾驶台，大副定位后确认已搁浅。量各水舱水确认船壳已破损，左舷 No. 3 DBT 进水，并串入左舷其他压载水舱。

4 月 4 日 0024，澳大利亚事故调查人员上船，确认燃油舱破损造成油污，燃油从甲板透气孔中冒出。搁浅造成数个压载水舱和至少一个燃油舱破裂，造成污染；机舱进水。4 月 12 日重新浮起并被拖往 GREAT KEPPEL ISLAND 附近。

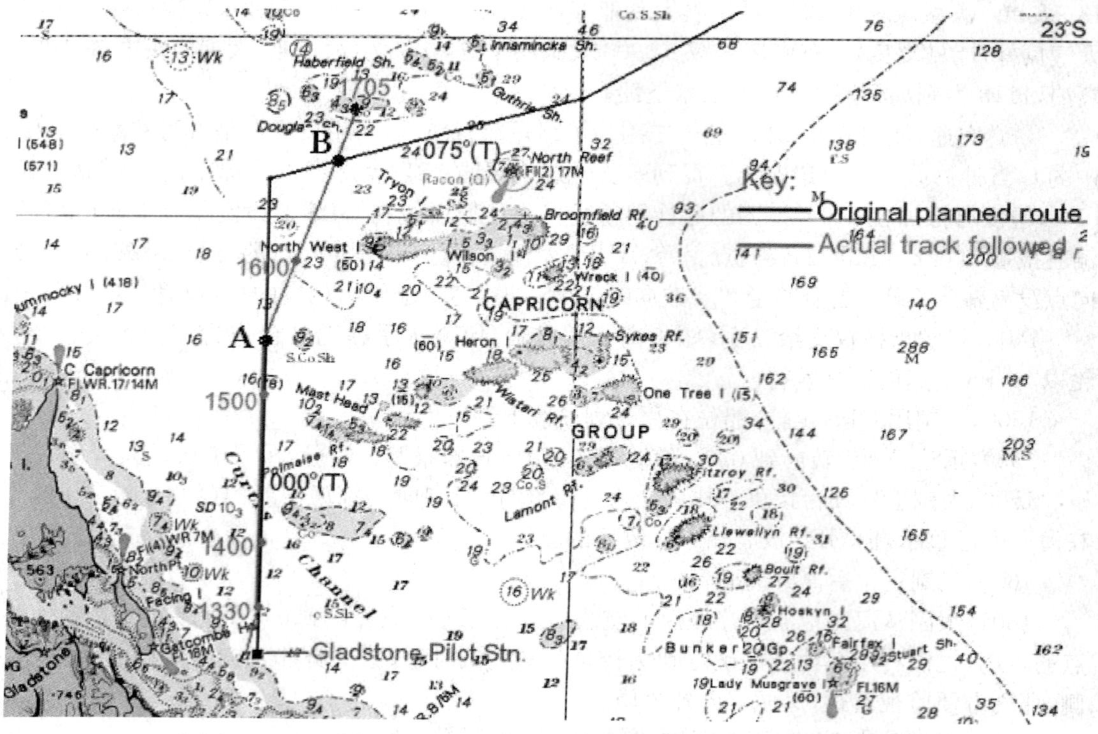

案例 3 图　“S”轮澳大利亚昆士兰州海域触礁搁浅事故示意图

参考文献

[1] 方泉根. 船舶驾驶台资源管理[M]. 北京:人民交通出版社,2006.
[2] SAS Flight Academy. Bridge Recourse Management. Student's workbook Edition 8[M]. Sweden, 2000.
[3] Maritime Simulation Rotterdam. Bridge and Engine Resource Management[M]. Netherlands,2002.
[4] California Maritime Academy. Bridge Recourse Management with Simulator Seminar (Participant Guide)[C]. USA,1998.
[5] Orient Overseas Container Line LTD (OOCL). Handout for Bridge Resources Management Course [Z]. China,Hong Kong,2001.
[6] IMO. Guidance on Fatigue Mitigation and Management[L]. MSC/Circ. 1014, 2001.
[7] J. Swift. Bridge Team Management[J]. The Nautical Institute UK. Great Britain,1993.
[8] 周三多. 陈传明,鲁明泓. 管理学—原理与方法[M]. 上海:复旦大学出版社,1999.
[9] 古文贤. 船舶运输安全学[M]. 大连:大连海运学院出版社,1995.
[10] 陈伟炯. 船舶安全管理[M]. 大连:大连海事大学出版社,1998.
[11] 陈传明,周小虎. 管理学原理[M]. 北京:机械工业出版社. 2007.
[12] 陈宝智. 安全原理[M]. 北京:冶金工业出版社,2002.
[13] 崔国璋. 安全管理[M]. 北京:中国电力出版社,2004.
[14] 叶龙,李森. 安全行为学[M]. 北京:清华大学出版社,北京交通大学出版社,2005.
[15] 蒋军成,郭振龙. 安全系统工程[M]. 北京:化学工业出版社,2004.
[16] 项英华. 人类工效学[M]. 北京:北京理工大学出版社,2008.
[17] 中华人民共和国海事局. 1978年海员培训、发证和值班标准国际公约马尼拉修正案[M]. 大连:大连海事大学出版社, 2010.
[18] 陈森尧. 安全管理学原理[M]. 北京:航空工业出版社,1996.
[19] 赵慧军. 管理沟通—理论·技能·实务[M]. 北京:首都经济贸易大学出版社,2003.
[20] 张静河. 跨文化管理[M]. 合肥:科学技术出版社,2002
[21] 徐新中,段庆礼. 国内安全管理规则与实施[M]. 北京:人民交通出版社,大连:大连海事大学出版社,2003.
[22] IMO. Onboard Ship Administration[L]. Compendium for Model Course 2. 05 . 1992.
[23] 刘明桂. 海上危机管理[M]. 北京:人民交通出版社. 2003.
[24] 乔归民. 关于船长权力的思考. 中国航海[J],2006:67-69.
[25] 尤庆华. 船长、引航员的关系与船舶安全[J]. 中国航海,2005(1):29-33.
[26] 方泉根,"驾驶台资源管理"的培训[J]. 航海技术,2001(4):35-36.
[27] 王凯全,邵辉等. 事故理论与分析技术[M]. 北京:化学工业出版社,2004.
[28] 吴玉良. 团队为王:凝聚群体的力量[M]. 北京:中国物资出版社,2004.
[29] 李健. 驾驶台资源管理与船舶的航行安全[J]. 中国航海,2006(1):42-45.
[30] 饶滚金. "驾驶台资源管理"培训之我见[J]. 航海教育研究,2002(3):19-21.
[31] 陈正杰,丁冬初. 船舶驾驶台资源的管理与使用[J]. 航海技术,2008(2):69-71.

[32] 刘永利,邓兆方. "驾驶台资源管理"培训实践及探讨[J]. 青岛远洋船员学院学报,2010,(1):8-12.
[33] 陈福金. 浅析"驾驶台资源管理"培训[J]. 中国校外教育,2009,(10):135-136.
[34] 庄林忠. 驾驶台资源管理(BRM)的重要作用和实船推广应用[J]. 航海技术,2006,(3):74-76.
[35] 刘永利. "驾驶台资源管理"培训探讨[J]. 青岛远洋船员学院学报,2003,(1):35-38.
[36] 雷涛. 浅谈驾驶台资源管理培训课程[J]. 世界海运,2002,(6):5-6.
[37] 谭旭琛,徐屯金,徐刚,等. 驾驶台资源管理检查[J]. 中国水运(下半月),2009,(9):7-8.
[38] 杜加宝,王琪. 安全行为科学与驾驶台资源管理[J]. 中国水运(学术版),2006,(9):147-150.
[39] 胡先中,王玉. 驾驶台资源管理培训中若干经典场景的设计[J]. 航海教育研究,2007,(S1):47-49.
[40] 蔡松培. 谈驾驶台资源管理与船舶安全操纵[J]. 航海技术,2007,(3):10-12.
[41] 周建平,方泉根. 驾驶台资源管理培训的几点体会[J]. 航海教育研究,2007,(S1):22-24.
[42] 邓华. 企业订单模式下驾驶台资源管理实训过程设计[J]. 航海教育研究,2010,(1):70-71.
[43] 季永青. BRM培训对提高船舶安全的重要作用[J]. 航海技术. 2003,(3):74-76.
[44] 严庆新,牟军敏. 基于BRM理念的船舶安全管理[J]. 中国水运. 2003,(4):28-29.
[45] 徐伯民,秦臻. 海上船舶碰撞事故原因探讨——疲劳的剖析[J]. 中国航海,2009(3):15-20.
[46] 王凤武,张卓. 驾驶台资源管理(第二版)[M]. 大连:大连海事大学出版社,2007.
[47] 中国海事服务中心组织编审. 海船船员适任证书知识更新[M]. 北京:人民交通出版社,大连:大连海事大学出版社,2012.
[48] 中国海事服务中心组织编审. 船舶管理(驾驶员)[M]. 北京:人民交通出版社,大连:大连海事大学出版社,2012.
[49] 中国海事服务中心组织编审. 船舶操纵与避碰(避碰)[M]. 北京:人民交通出版社,大连:大连海事大学出版社,2012.
[50] IMO. Model Course-Leadership and teamwork. STW-44-3-2.

后 记

“船舶驾驶台资源管理”课程的体系是边缘交叉学科的综合体。它涉及到管理学、安全学、行为学、心理学等内容，系统工程学与人机工程学的部分知识也在其中。该课程体系设计的最终目标是为船舶安全本质化服务的。在这门安全科学中，既有安全质量的方针政策和法律制度等属于社会科学方面的内容，又有航海运营的各项技术措施等属于自然科学方面的内容。

本次编写，历时一年有余，依然是吸收、消化国外知识体系，特别是在STCW规则相关要求的基础上，结合了我国海事管理部门的相关规定和国内航运界的实际情况与需求。就安全科学而言，它是科学+技术+管理的综合学科，是一门综合性的科学。管理是工程技术问题，也是社会认识问题。虽然，在管理学、安全管理学、人机工程学、安全行为学等的指导下，本次编写基本完成了理论框架，但是，编者囿于船舶安全营运的贫乏实践限制了材料的深度。理论毕竟需要在实践中检验，特别是指导船舶营运过程中安全保障的实践。

诚然，近年来高新技术的快速发展使得传统的航海技术不断创新，也使得船舶资源管理领域的理论与实践逐步发展和完善。在船员不断创新应用新的航海技术的同时，如何运用多学科下的知识来发现问题、分析问题，进而采用全新的视角来解决问题，是航海科学发展的期待。编者坚信，该课程体系将在船舶管理人员提高资源管理能力，确保船舶安全的工作中发挥更大的作用。在近几年的教学实践中，编者充分地感受到全面传授相关理念还存在诸多困难，特别是在分析问题和解决问题的能力环节上。这个问题的解决将在相当长的时间内依然是教学工作者的期待。

假如船舶资源管理的知识体系被认可是现代管理学发展的一部分，那么中国船员在该知识体系的理论与经验的不断积累，将为中国航海事业作出更大贡献，这也是编者所期待的。

诚恳希望，国内业界专家在本书的抛砖引玉之余，能积极从事该知识体系的深入发展研究，在应用层面，在案例讨论层面，在知识发现层面，均可。

编者深信，在不久的将来，一定会有更具中国特色和创新的“安全管理”与“资源优化”方面的理论和实践成果，那将是编写者的祝愿。

编者
2013年6月